戦後奄美
経済社会論

開発と自立のジレンマ

皆村武一
Minamura Takeichi

日本経済評論社

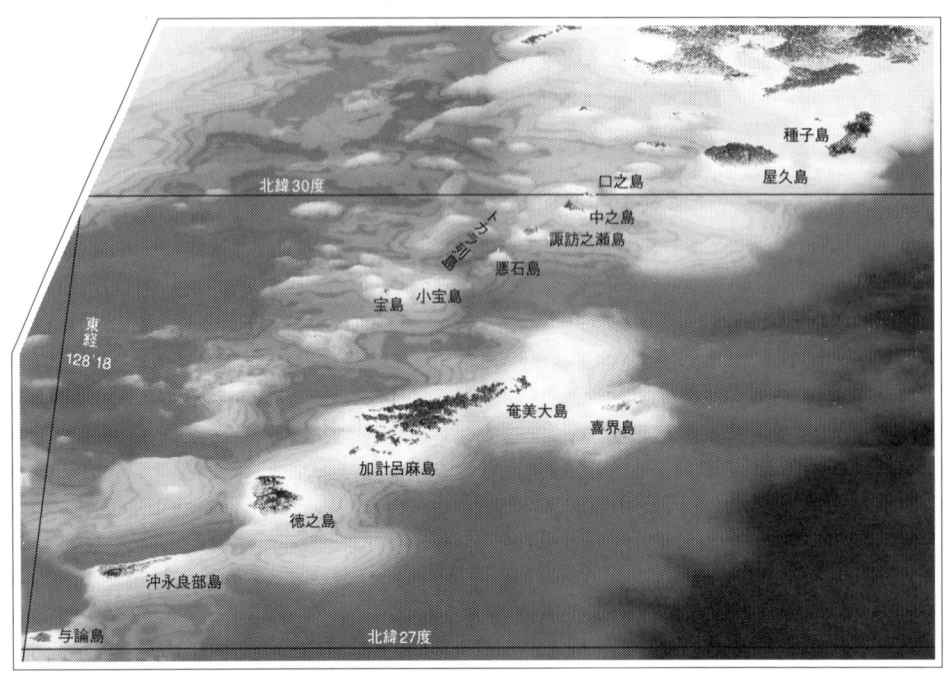

海洋情報研究センター海底地形データ・国土地理院数値標高データ・
地球観測センター受信ランドサットデータにより鹿児島大学教育学部SiPSEグループ作成

目次　　戦後奄美経済社会論——開発と自立のジレンマ——

序　章 ……………………………………………………………………1
第1章　伝統と近代化の相克 …………………………………………7
　1節　遅れる制度改革 ………………………………………………7
　　コラム1　戦前・戦後の奄美調査研究 ………………………10
　2節　伝統社会の崩壊 ………………………………………………12
　　コラム2　奄美の民俗的・文化的特性 …………………………18
　3節　高度経済成長と近代化過程 …………………………………20

第2章　戦前期の奄美経済社会 ………………………………………25
　1節　疲弊する奄美経済 ……………………………………………25
　2節　奄美救済と大島郡振興計画 …………………………………27

第3章　米軍政統治下の奄美経済社会 ………………………………31
　1節　米軍政府の奄美群島占領政策 ………………………………31
　2節　米軍政府下の奄美経済社会 …………………………………35
　　1）貿易の不均衡 …………………………………………………36
　　2）基幹産業の衰退 ………………………………………………37
　　3）政府補助金の停止 ……………………………………………38
　　4）金融の硬直化 …………………………………………………40
　　5）租税負担の過重 ………………………………………………42
　　コラム3　奄美の復帰運動に学ぶ ………………………………44

第4章　奄美群島復興事業と産業振興 ………………………………47
　　時代的背景 …………………………………………………………47
　1節　日本復帰と通貨交換 …………………………………………48

コラム4　離島振興法 …………………………………51
　2節　復興事業と産業振興 ……………………………………53
　3節　産業構造と郡民生産所得の推移 ………………………56
　4節　市町村財政と金融の推移 ………………………………59

第5章　奄美群島振興事業と経済社会の変容 …………………65
　時代的背景 …………………………………………………………65
　1節　振興計画の概要と成果（1964～73年度） ……………66
　2節　高度経済成長と奄美経済社会 …………………………69
　　　コラム5　奄美の人的ネットワーク ………………71
　3節　高度経済成長期の市町村財政と金融 …………………73
　　　コラム6　沖縄振興開発の系譜 ……………………75

第6章　奄美群島振興開発事業と経済構造の変化 ……………77
　時代的背景 …………………………………………………………77
　1節　第1次奄美群島振興開発事業の概要と成果（1974～83年度） ……79
　2節　第2次奄美群島振興開発事業の概要と成果（1984～93年度） ……81
　3節　第3次奄美群島振興開発事業の概要と成果（1994～98年度） ……83

第7章　復興・振興開発事業と奄美経済の特質 ………………89
　1節　産業構造と移出入構造 …………………………………89
　2節　復興・振興開発事業と奄美への経済効果 ……………90
　　　コラム7　ザル経済 …………………………………94
　3節　復興・振興開発事業の評価と課題 ……………………95
　補論　伝統的経済倫理と奄美振興開発事業 …………………102
　むすび ……………………………………………………………109

第8章　国際化時代の地域産業 …………………………………113
　はじめに …………………………………………………………113

1節　大島紬業の展開 …………………………………………………115
2節　サトウキビおよび製糖業の展開 …………………………………121
　　1）戦後の糖業政策 …………………………………………………121
　　2）国際商品砂糖の生産と需要の動向 ……………………………124
　　3）糖価安定法と国内糖業の動向 …………………………………125
　　4）サトウキビ生産農家の経済状態 ………………………………134
　　5）奄美糖業の現状と課題 …………………………………………136
　　補論　沖永良部島農業と喜界島農業の比較
　　　　——花卉園芸中心とサトウキビ中心の農業—— …………143
3節　黒糖焼酎 …………………………………………………………148
　　むすび ………………………………………………………………150

第9章　奄美振興開発事業と地域社会の変容 …………………………151
　1節　郡都としての名瀬市の発展と変容 ……………………………151
　2節　観光ブームと与論島の変容 ……………………………………159
　3節　町村合併によって過疎化した南部大島 ………………………162

第10章　奄美の生産構造と域際収支の推移 …………………………167
　　はじめに ……………………………………………………………167
　1節　島嶼経済自立化の理論的枠組み—嘉数の「自立」論— ……168
　2節　国民経済と地域経済—域際収支と経済自立化 ………………173
　3節　産業構造と移出入構造の変化 …………………………………177
　　むすび ………………………………………………………………181

第11章　奄美経済の自立的発展の可能性 ……………………………183
　1節　島嶼経済社会の特徴 ……………………………………………183
　　コラム8　東洋のガラパゴスと自然保護 …………………………186
　2節　バランスを失った奄美経済 ……………………………………188
　　コラム9　奄美経済の進むべき道 …………………………………192

3節　経済環境の変化と奄美の産業 …………………………… 194
    1）沖永良部島における花卉園芸農業の展開 ……………… 195
    2）ウリミバエの根絶と亜熱帯果樹農業の有望性 ………… 201
  む　す　び ……………………………………………………… 205

終　章　奄美における少子・高齢・長寿と医療福祉 ………………… 207
  は じ め に ……………………………………………………… 207
  1節　総人口に占める長寿高齢者の推移 ……………………… 209
  2節　過疎化と少子高齢化 ……………………………………… 214
  む　す　び ……………………………………………………… 217

あとがき ……………………………………………………………… 219
参考文献・資料 ……………………………………………………… 221
索　　引 ……………………………………………………………… 227

序　　章

　「奄美」という呼称，およびその地図上の位置を正確に知るものはそれほど多くはないであろう[1]。1888（明治21）年に中江兆民が『大阪東雲(しののめ)新聞』で，「君知るや，東洋のアイルランドとはいずこなりや。それは，砂糖のモノカルチュア的生産を行いながら，膨大な負債に苦しめられ，悲惨な状態にある奄美大島のことである」と紹介したことで，世上に広く知られるようになった。そして，戦後は，1946（昭和21）年2月から53年12月まで，日本本国から分離されて米国軍政府の占領統治下におかれ[2]，その間の激しい祖国復帰運動などが全国に報道されることによって，日本復帰後は，「奄美群島振興開発措置法」，および衆議院特別区（1人区）としての激しい選挙戦（保徳戦争），さらに最近は，長寿の島，島唄ブーム，そして特異の亜熱帯性気候と生態系をもつ世界自然遺産候補地として全国に知られるようになった。

　社会は時代とともに変化する。奄美諸島（以下，場合によっては，奄美，奄美

---

1) 「奄美群島は，行政上は鹿児島県大島郡に属し，北方は北緯29度，南方は北緯27度，西方は東経128度18分，東方は東経130度13分を境界線とするすべての島，小島，環礁及び岩礁をいう」（奄美群島に関する日本国とアメリカ合衆国との間の協定，1953年12月25日）。2002年6月20日現在の有人島は，奄美大島，加計呂麻島，与路島，請島，喜界島，徳之島，沖永良部島，与論島の8島がある。総人口は，1955年10月の国勢調査では20万5,364人だったが，2000年10月の国勢調査では13万2,321人となっている（『奄美群島の概要』2001年度版）。

2) 北緯30度以南の南西諸島及び琉球諸島は，1946年1月29日の「若干の外郭諸島を日本の政治上および行政上の分離に関する覚書」（同覚書は，奄美・沖縄では46年2月2日に公布・施行されたので，「2・2宣言」といわれている）に基づいて日本から分離されることになった（外務省特別資料部編『日本占領及び管理重要文書集』第2巻，1950年，p.14）。

　なお，北緯30度から同29度までの島々（十島村下7島）は，1951年12月5日をもって日本に返還されたが，北緯29度から同27度の奄美群島は，1953年12月25日に日本に返還された。

群島または大島郡と称することもある）でも近代（明治）以降，特に，戦後の日本復帰後，経済社会の変化にはすさまじいものがある。1965（昭和40）年前後までは，奄美にはまだ古い社会構造や文化がかなり残存していた。日本社会学会，日本民族学会，日本地理学会，日本民俗学会，日本言語学会，日本宗教学会，日本心理学会および東洋音楽学会等の9つの学会が連合で奄美の学術総合調査（奄美調査の第1回目は，1955〈昭和30〉～57〈昭和32〉年度，第2回目は，1976〈昭和51〉～80〈昭和55〉年度）を行い，調査報告書をとりまとめた[3]。

　九学会の奄美調査は，「奄美は日本列島の中にきわめて特異な地位を占めることが，各面から明らかにされた」と述べている。しかしながら，本土復帰に伴う交通通信網の整備や振興開発事業の実施によって，奄美の自然，社会，文化は急激に変貌を遂げた。高度経済成長期の急速な日本の近代化の過程で，意識的・無意識的にか，奄美の「古いもの」，「伝統的なもの」，あるいは，「特異性」は，遅れた，つまらないものとして遺棄されるべきもの，開発によって克服されるべきものと考えられてきた。

　1953年12月，奄美は日本復帰を果たしたが，戦後の米軍統治下で経済復興にかなりの遅れが生じ，その遅れを取り戻すために，54年に「奄美群島復興特別措置法」が制定され，「経済格差の是正」をかかげて，5年ごとに法律の一部改正を行いつつ，現在の「新奄美振興開発特別措置法」（2004年3月31日期限満了）に至っている。50年間にわたって，交通基盤，産業基盤，社会資本，産業振興，教育環境等の整備を行い，離島が抱えていた不利な条件のかなりの部分が解消された。しかしながら，過疎・高齢化，伝統的な基幹産業の衰退等で奄美の経済は深刻な状況に陥っており，近年は「本土との経済格差」は，むしろ拡大の方向にある。地域の活力が減退したため，地域の伝統文化やアイデンティティーが失われつつある。奄美でも近代化の行き過ぎ，開発優先主義に警鐘が発せられつつある。

　ノーベル経済学賞を受賞したインドのアマルテイア・センによれば，「開発

---

[3]　九学会連合奄美調査委員会編『奄美―自然と文化』日本学術振興会刊，1959年，『奄美―自然・文化・社会―』弘文堂，1982年。

とは，人々が享受するさまざまな本質的自由を増大させるプロセスである。もちろんGNPや個人所得の成長は，社会の構成員が享受する自由を拡大する手段として非常に重要なものになりうる。しかし自由を決定する要因はそれだけではない。社会的・経済的な制度（例えば教育施設や医療）のほか，政治的・市民的権利なども含まれる。開発の目的は，不自由の主要な原因を取り除くことである。貧困と圧政，経済的機会の乏しさと制度に由来する社会的窮乏，公的な施設の欠如，抑圧的国家の不寛容あるいは過剰行為などである」という[4]。

奄美群島の開発は，アマルテイア・センのいうGNPや個人所得の増大はもたらしたものの，果して，本質的な自由をもたらしたであろうか。開発は，多くの資金を必要とし，資金獲得と資金配分をめぐって政治的・経済的・人的な利権，癒着，汚職，支配・被支配の構造が形成されやすい。行政は政治家を通じて資金獲得に奔走する。資金の配分や工事の受注は政治家とのつながりがものをいう。また，公共事業は短期集中的に行われるのが一般的であり，農林水産業や大島紬などの製造業等に比べて高賃金が支払われるために，土木建設業に労働力が流れ，第1次産業や製造業の発展を妨げることになった。島ではモノの生産が伸びずに，工事費や労賃が支払われるので消費は増えていく。飲食業やサービス業などの第3次産業が増えていく。島の経済や住民は政府や島外企業への依存度を高めることになった。これまで，奄美の人々は自立自覚の精神が強かったと言われていたが，公的資金（政府や県の補助金等）に依存した開発は，市町村や住民の自治を侵食し，奄美経済の自立（自律）性を低下させることになった。

第4次沖縄振興計画では，「開発」という語句が消失し，「民間主導の自立型経済の構築」の必要性が強調されている[5]。「奄美振興開発特別措置法」もやがて50年を迎え，期限満了になる。「沖振計画」「奄振計画」なども混じえて，これからの「奄振事業」のあり方や将来の奄美をどのようにグランド・デザインするか，喫緊の課題となっている。

---

[4] アマルテイア・セン著，石塚雅彦訳『自由と経済開発』日本経済新聞社，2000年6月・序章。

本書は,『奄美近代経済社会論』(1988年)の続編をなすものである。前掲書は, 主として, 戦前期の奄美経済社会について論じたが, 本書は, 主として戦後の奄美経済社会について論じたものである。本書の各章・節の大部分は, この10年余のうちに, 筆者が論文(日本島嶼学会『島嶼研究』第3号(2002.9), 鹿児島大学全学合同プロジェクト『離島の豊かな発展のための学際的研究―離島学の構築』NO.1, (2001.3, 2003.3))として発表したものや, 講演会, 放送大学鹿児島学習センターの面接授業, 公開講座(医学部鶴陵会館, 2001.2, 名瀬市2003.2)で使った原稿や, 新聞や雑誌等へ寄稿したものを加筆・補正し, 体系的にまとめたものである。

　戦後の奄美経済社会を大きく規定したのは, 米軍政府の占領支配, 中央集権的行財政, 奄美群島振興開発特別措置法に基づく諸事業, 高度経済成長, そして, 経済の国際化・グローバル化である。これらの大きな波に翻弄(ほんろう)されて, 郡

---

5) 沖縄は戦後27年間にわたる米国の占領統治を経て, 1972年5月15日, 日本に復帰し, 2002年5月に復帰30周年を迎えた。その間, 3次にわたる「沖縄振興開発特別措置法」に基づいて沖縄振興開発計画が策定・実施されてきた。沖縄振興開発計画は, 一貫して本土との所得格差是正, 自立的発展の基礎条件の整備, 特色のある地域としての整備等を目標として進められてきた。このために, 約7兆円という巨額の投資が行われ, 道路, 港湾, 空港, 学校その他の公共施設や農業をはじめとする産業基盤の整備はかなり進み, 県民所得も向上した。だがそれにもかかわらず, 依然として「本土との格差」は是正されず, 経済的自立が達成されないまま推移している。2002年4月から第4次の振興計画が進行中である。振興計画下のアクション・プラン(実施計画)として, 7分野(産業振興, 福祉保健, 文化振興, 社会資本整備, 教育推進, 環境保全等)の分野別計画を策定し, 3年ごとに達成すべき目標を設定している。産業振興計画では,「オキナワ型産業」の戦略的展開の目標値として, 健康食品関連や泡盛の出荷目標値等を掲げている。製造品出荷額(石油・石炭を除く)は, 2001年の4,642億円から2004年には5,028億円, 2011年には6,058億円を見込んでいる(『沖縄タイムス』2002年10月25日)。

6) 復帰50周年を記念して, 地元をはじめ関西・関東鹿児島等ででは多様な行事を企画している。復帰運動に発揮されたあのエネルギーを再び発揮して, 今後の奄美の指針を郡民一丸となって見出してほしい。

民は主体性を保持して，奄美の行方を自ら定めることはきわめて困難であった。これから先は地方分権化のもとで，そして，あらたな自治体の枠組（市町村合併）を踏まえて自らこの困難な道を切り拓いていかなければならない。復帰50周年を契機にして，奄美大島復帰協議会に結集し，復帰運動に全郡民一丸となって示したあのエネルギーと泉芳朗が述べたような郡民の意識改革と島の内部からわき起こる民意によって，奄美群島の発展と活性化が図られることを期待したい[6]。

　本研究は，平成7～9年度・文部省科学研究助成「基盤研究（C）（2）」「伝統社会のシステムとその変容に関する研究」及び平成12～14年度・学長裁量経費「離島の豊かな発展のための学際的研究―離島学の構築―」（代表者：佐伯頼武・永田行博・吉田浩巳医学部長）の研究成果である。研究を進めるにあたって，多くの方々に大変お世話になった。東京国際大学教授兼光秀郎先生（元奄美群島振興開発審議会会長）には種々のご教示を，鹿児島県企画部離島振興課及び同県史編纂室には資料等を提供して頂いた。奄美群島各市町村の諸機関及び住民には調査等でご面倒をおかけした。鹿児島大学大学院人文社会科学研究科地域政策科学専攻（博士後期課程）の深見聡・橋口幸紘氏には校正等でお世話になった。厚く感謝の意を表する次第である。

　日本経済評論社の栗原哲也社長と宮野芳一氏には，出版界をめぐる厳しい状況にもかかわらず，拙著『戦後日本の形成と発展――占領と改革の比較研究――』（1995.10）について2冊目の出版をお引き受け頂いた。これまた感謝を申し上げる次第である。

第1章　伝統と近代化の相克

1節　遅れる制度改革

　金久正が名著『奄美に生きる日本古代文化』を著したのは1963（昭和38）年である。その序に次のように述べている。「奄美大島は，日本文化の南限をなし，------渡航に不便な絶海の孤島という特殊な事情であるから，ここにははからずも日本古代からの諸文化が累積集約され，そのあるものは生き延びて今日まで命脈を保っていることは，真に驚嘆に値するものがあり，時には奇異の感さえもそそるものがある。------ところで，かくこの島に残存する古語古俗も，最近のめまぐるしい世相の変転には抗しがたく，漸次その姿を没していくことは事実であり，この傾向は第2次世界大戦後に特に著しいものがある」[7]。

　奄美には，古語古俗のみならず，古い経済社会組織（形態）や人間関係，意識構造，さらには固有の生態系も長期間にわたって維持・継続されてきた。戦時中に海軍要員として奄美に駐屯し，1960年代から奄美で生活をした島尾敏雄は，「奄美―日本の南東」と題する論考で，「琉球列島中の奄美の島々には近代の文明に毒されない，中世もしくは古代の人間まるごとの生活が息づいていた」，「奄美の島々に伝承された生活文化は，本土のそれと別個のものではなく，その孤独な環境のせいで急激な変化をともなった展開にさらされなかったため，むしろ日本の古い生活文化の痕跡をより多くのこしていることが認められている。方言や民俗，民間信仰，芸能や部落の構造などのうえで，奄美は沖縄とともに，生ける化石としての役割を果たしつつある」と述べている[8]。

　奄美が戦後まで日本の古語古俗や旧制度を広範に残していた理由は，金久正や島尾敏雄が指摘しているように，奄美が永らく本土から隔絶された，孤独な

---

7)　金久正著『奄美に生きる日本古代文化』刀江書院，1963年，p.1.

環境に置かれていた島嶼であったことや,国や県による近代的制度の導入や開発が遅れたことによるものである。昇曙夢(のぼりしょむ)著『大奄美史』は,明治維新に伴う諸制度の変革及び推移について,次のように述べている。

「徳川幕府の没落とともに王政復古の大業がなり,明治維新の恵沢によって,南島の住民も長い間の圧制から解放される日が訪れた。しかし,交通に恵まれないために一切の改正布達が数年も遅れて公布実施されるという有様で,せっかく明治維新の福音に接しながら,島民は久しく新政の恵沢に浴することはできなかった。そのために,文化の発達が内地本土の僻地に比して数年ないし数十年も遅れをきたしたことは,何としても取り返しのつかない一大損失であった。当時の地方官(役人)が,不法にも中央政府の政令を秘して島民に示さず,旧藩以来の酷制をそのまま継続して島民を虐げたために,各地で騒動を醸(かも)したことは,聖代の汚点であり,維新史上の一大痛恨事であったといわねばならない。――明治,大正時代の奄美が,諸制度の改革とともに,産業の開発,文化の進展に恵まれながら,一面,経済的には暗澹(あんたん)たる苦闘史で満たされているのはそのためである。」と述べている[9]。

近代国家の形成と発展は,一方においては,全国統一的な諸制度の確立と均質的な国民性を育成し,他方においては,都市と農村,近代的大工業と伝統的中小企業,資本と労働の間の二重構造を創り出した。全国統一的な貨幣制度,租税制度,教育制度,徴兵制度,行政制度と官僚機構,天皇を中心とした立憲君主国家,法の下における平等(シビル・ミニマム)などは前者の例であり,後者は自由な競争を通じて形成されるのである。

もちろん,奄美や沖縄においても,若干の例外を除いて,全国統一的な諸制

---

8) 名瀬市誌編纂委員会編『名瀬市誌』1968年,pp.667-669.「沖縄学の父」といわれる伊波普猷は,『古琉球』の中で,沖縄と日本本土の文化は同一であるという,日琉同祖論にたちつつ,近代化により日本本土で失われた文化の古い姿が沖縄には残っていると主張した。また,伊波は,柳田国男とともに,奄美を調査した際,奄美にも沖縄同様,日本本土では消えてしまった文化や言語が残っていると指摘した。

9) 昇曙夢著『大奄美史』1959年,p.421.ただし,引用文は現代文調に改めた。

度の確立や均質的な国民性（精神的・意識的構造）の育成が図られた。行財政制度，義務教育制度，貨幣制度，廃仏棄釈，カトリック教徒の弾圧，天皇の地方行幸，皇国史観などである。このような過程を通じて，奄美・沖縄も近代日本国民国家の一部分として組み込まれたのである[10]。戦前の日本自体が，上からの短期間における急速な近代化にもかかわらず，古い封建的諸制度（ウクラード）を少なからず残しており，それが日本における資本主義発展にどのような影響を及ぼしたのか，あるいは，資本主義の発展によって封建的諸関係は克服されたのか否かということで，大論争（いわゆる資本主義論争）が展開されたのである[11]。

　日本の中心部，都市部から遠隔の，しかも，旧社会の諸制度が色濃く残っていた奄美・沖縄では，近代化の過程が他に大きく遅れざるをえなかったことは当然である。

　たとえば，1887（明治20）年9月の臨時県会に，「大島島庁所管島嶼に関わる地方税経済分別議案」が諮られたが，その理由は，以下のように説明されている。「大島島庁所管の各島嶼は絶海に点在して県庁を隔てることほとんど二

---

[10] 1609（慶長14）年の薩摩による，奄美・沖縄の征討によって，奄美は薩摩の直轄支配下に置かれ，沖縄は薩摩の属国とされたため，奄美と沖縄の関係は稀薄になり，奄美は薩摩（鹿児島）との関係が濃厚になった。1871（明治4）年の廃藩置県の際にも，奄美は，大島郡として鹿児島県に組み込まれたが，沖縄は，1876年に沖縄県として日本の版図に組み込まれた（いわゆる琉球処分）。両者のこの歴史的歩みの違いが，復帰運動や日本政府・日本本土に対する姿勢の違いを生じさせる要因になっていると思われる。沖縄は，日本からの相対的独自性を保持しようとする傾向が強いのに対して，奄美にはその傾向が稀薄である。

[11] いわゆる「講座派」と「労農派」の間で，明治維新の歴史的性格，天皇制の政治的・経済的基盤，日本経済の「特殊性」，日本資本主義の発展をめぐって，大論争が行われた。前者は明治維新によって成立した天皇制は，半封建的地主的土地所有を基盤とした絶対主義の再編成であり，したがって，明治以降の日本経済社会は半封建的・軍事的な構造を有しており，停滞的であると捉えるのに対して，後者は明治維新は，たとえ上からのなし崩し的な変革であったとしても，明治以降，ブルジョア的な発展があり，資本主義が十分に発展しつつあると主張した。日本資本主義論争については，『経済学辞典』第3版，岩波書店，pp.1036-37参照。

百里内外に渉り，風土，人情，生業等，内地と異なり，したがって地方税経済上においてもまたその利害の関するところ，おのずから異なるにより，当該島嶼に係わる経費は分別す。」

かくして，大島郡の財政・経済は1888年から県財政・経済とは分離して運営されることになったし，89年に実施された市町村編成法の施行も，「民度の遅れ」を理由にして，1911（明治44）年まで待たなければならなかったのである。「民度の遅れ」は，サンフランシスコ講和条約（第3条）においても，北緯29度以南の南西諸島を米国の支配下に置くための1つの理由として掲げられており，1954年に制定された奄美群島復興特別措置法にも引き続き見出されるのである。

復帰後，生活改善普及運動，方言使用禁止・標準語使用奨励，諸制度の改革等によって，本土化・近代化（言葉や学力の壁を低減した）を進めるとともに，本土からの近代化の波が押し寄せ，1960年代後半には，伝統的な慣習等の多くは消滅の方向をたどっていた。

コラム1　戦前・戦後の奄美調査研究

日本には有人島が428島存在している。鹿児島県には27島，うち奄美群島には8島が存在しており，全国47都道府県では長崎県についで多い。それぞれの島では，気候風土，文化風俗，社会経済など，地理的，歴史的条件が異なり，多様な生活が営まれてきた。それゆえに，早くから多くの人々の関心をよんできた。

奄美諸島に関するいくつかの類書をあげてみると，明治以前のものとして，本田孫九郎親学『本田私考』，壽文・貞俊『大島私考』，薩摩藩士・名越左源太『南島雑話』（嘉永2年に起きた薩摩藩のお家騒動に連座したため，奄美大島に遠島の刑に処せられ，安政2年まで滞在したときに見聞したものを図解したもの。文政11年刊）があり，明治期においては，大蔵省租税大属青山純・同権中属久野謙次郎等一行が大島郡の各島村を巡視してまとめた『南島誌』(1, 2, 3)，大蔵省の役人・赤堀廉蔵『島嶼見聞録』（明治18年，地租改正の命をうけて，川辺・

熊毛郡の諸島に赴いたときに見聞したことを記録したもの），お雇いドイツ人教師・ドーダーラインの『琉球諸島の奄美大島』（1881年），青森県出身・笹森儀助『南島探検』，吉満儀志信『徳之島事情』（1895年）等があり，大正期には，浜上謙翠『大島郡状態書』，愛媛県出身・坂口徳太郎『奄美大島史』（1921年，同書は奄美大島史研究主要参考書類を列記している），鳥原重夫『奄美大島の糖業』（1921年），柳田国男『海南小記』（1925年），昭和期には，大阪毎日新聞社の経済記者・下田将美『南島経済記』（奄美の疲弊した経済状態を実地見聞に基づき「孤愁の奄美大島」と題して連載した記事をまとめたもの），南峰都成植義『奄美史談』（1933年），柳田国男『海上の道』（1961年），などをあげることができる。

戦後の調査研究学術書をいくつかあげると，9つの学会（社会学，民俗学，歴史学，言語学など）からなる九学会が1955（昭和30）年から3回にわたって奄美諸島の調査研究を行い，その成果をまとめた，九学会連合奄美調査委員会編『奄美―自然・文化・社会』（1982年），九学会連合調査委員会編『奄美の島々』（同），鹿児島大学南方産業科学研究所の『奄美大島学術調査概要報告』（1955年8月），熊日新聞南島学術調査団（団長：松本雅明熊大教授）の『南島レポート』（1984年10月，ガリ版刷），また65年には平野輝夫を中心としたグループが薩南諸島（奄美諸島，トカラ列島，屋久島，種子島）の地理学的・比較民俗学的・言語学的研究を行い，平野輝夫編『薩南諸島の総合的研究』（1968年）としてまとめ，松原治郎・戸谷修・蓮見音彦編『奄美農村の構造と変動』（1981年），も刊行されている。また，南山大学文化人類学研究会（代表：吉田竹也）による『正名部落民俗学研究報告書』（1984年9月）などもある。単行本としては，復帰運動を記録した村山家国『奄美復帰運動史』（1971年），昇曙夢『大奄美史』（1959年），鳥越浩之『トカラ列島社会の研究』（1982年），松下志郎『近世奄美の支配と社会』（1983年），吉田慶喜『奄美の振興開発』（1995年），皆村武一『近代奄美経済社会論』（1988年），西村富明『近現代奄美群島史』（1993年），山下欣一『南島説話生成の研究』（1998年），先田光演『奄美の歴史とシマの民俗』（1999年）下野敏見・松下志朗編『鹿児島の湊と薩南諸島』（2002年）がある。

1970年代以降，名瀬市史編纂委員会編『名瀬市誌』をはじめ，ほとんどの町村で『町村誌』が発刊されている。奄美郷土研究会，徳之島郷土研究会，沖永良部郷土研究会の会誌も発行されている。弓削政巳，山下文武，高橋一郎，出村卓三，前利潔，高梨修，中山清美，穂積重信，など奄美在住の研究者による歴史学，考古学，民俗学，経済史の分野でも大きな成果を上げている。入佐一俊『奄美関係資料目録』(1994年)には，約6千におよぶ文献資料が列挙されており，「奄美はまことに資料の山，宝庫であり，鹿児島県内の郡域の資料として，これほどのものがどこにあるでしょうか」と，氏は指摘している。同書は，奄美研究の文献目録として非常に利用価値が高いものである。

2節　伝統社会の崩壊

　明治維新以降の近代化政策に乗り遅れた沖縄や奄美では，「ムラ」「シマ」を色濃く残存させている。伝統社会においては，生活は祭司，宗教，呪術，慣習，政治，文化などと結びついて生産活動，つまり経済活動が行われる。伝統社会における経済活動は，近代社会におけるように，自分だけの利益や経済的打算(合理性)のみに基づいて行われるのではない。「互酬」，つまり，「お互い助け合う」という精神に基づいて行われるのである。沖縄や奄美においては，このような伝統的観念が色濃く残っているために，近代的，合理主義的経済観念が欠如しており，そのために，民度の低さや近代的産業・雇用関係が発展しない，つまり，経済的停滞状況が続いているのである，と指摘されることがある。たとえば，琉球大学の与那国暹(のぼる)は，『ウェーバーの社会理論と沖縄』(1993年)という著作の中で，マックス・ウェーバーの社会理論に依拠しつつ沖縄社会の停滞と近代化について考察している[12]。

　同書は，第1部では，マックス・ウェーバーのアジアにおける「停滞」と

---

12)　与那国暹著『ウェーバーの社会理論と沖縄』第一書房，1993年。

「近代化」の問題を考察し，第2部と第3部で，沖縄の「停滞」と「近代化」の問題について考察している。つまり，氏は，「ウェーバーによれば，アジア社会における強固な伝統主義支配こそが停滞の主要な原因」とされている点に注目して，「沖縄においても近代化への動きはみられるものの，前近代的・共同体的伝統主義の支配が根強く，沖縄社会は全体として近代（廃藩置県後）に入ってからも社会分化や階級分化に乏しい等質社会であったために，資本主義的生産様式の浸透が著しく遅れた理由のひとつである。――ムラなどの強固な伝統的集団の支配力の強さがゲゼルシャフト集団（株式会社や産業組合等）の不振の原因であった」と述べ，黒糖生産組織と分蜜化政策，地割制度と沖縄農業，沖縄固有の宗教（祖霊崇拝的呪術）と政治・社会などの分析を行っている。氏の沖縄経済社会＝停滞社会のエッセンスと思われる個所をおおまかに引用しよう。

　置県後，土地整理と税制改革を経て，近代化への諸条件が漸次整えられてきたとはいえ，戦前までの沖縄の社会には旧慣温存期以来の伝統的諸慣習が色濃く残っており，とりわけ農村は遅くまで昔ながらの姿を多くとどめていた。沖縄の伝統的集団の典型はいうまでもなく「ムラ」である。――他の伝統的集団，たとえば砂糖組・モアイ・ユイも，そのほとんどが「ムラ」を範域とし，「ムラ」と重複していた。沖縄古来の「ムラ」は，生産から消費にいたるまで，さらには神事・祭典など，あらゆる経済・社会生活の単位をなしてきた。このように，「ムラ」の結束が強かっただけに，「ムラ」社会を超えたやや規模の大きい機能的集団すなわち「ゲゼルシャフト」の形成には著しく不得手であり，自由な結社はもちろん，国や県当局の指導のもとに結成された組織的集団でさえうまくいかず，解体するものが続出するありさまであった。

　与那国が述べているように，確かに，戦前の沖縄社会には，伝統的諸慣習が根強く残っており，そのために，近代化（工業化，文明化，合理主義，市民社会）が，日本本土に比較して遅れていたことは否めない[13]。しかし，1890年頃から，沖縄，そしてまた奄美にも本土および海外から資本主義の波が押し寄せ，伝統社会＝「ムラ」も大きな変化を余儀なくされた。

　『沖縄県史』第3巻（経済）は，次のように叙述している。

農村の疲弊状況は，旧慣税制が温存された明治30年代前半までほとんど変化をみせることなく維持されたわけであるが，このような単純再生産さえ危うくするほどの過酷な収奪体制のもとでは，農民の生産意欲はうちのめされ，従って，生産力が停滞せざるをえなかったのも，けだし当然であろう。――農業生産の発展のためには，旧慣制度そのものの抜本的な改革（＝廃止）が前提となる。にもかかわらず，明治政府＝県当局は，旧慣制度の温存を図り，勧業政策にしても，農業の発展を促進するにはあまりにも微力であった。県当局や明治政府の勧業政策が農業生産に一定の影響を与えることができたのは，ただ糖業の面においてだけであった。――県当局や明治政府の糖業奨励策と糖業農民の貨幣獲得をめざした砂糖生産への内面的要求の高まりが相乗して，糖業はかなり急速な発展をとげたわけであるが，このことは，一方では商業・高利貸資本への農民の隷属をより一層深めるとともに，他方では貨幣経済＝資本主義的経済の農村への浸透をも促進せざるをえなかった。農業生産における糖業の比重が増大すればするほど，農村経済の構造的変化を促進し，糖業中心のモノカルチュア的経済構造へ移行する要因が形成されたといえる。砂糖を媒介とする日本本土との移出入交易の進展もまた，このような傾向を促進する要因にほかならなかった[14]。

---

13) 与那国前掲書。第5論文「沖縄の近代化と伝統的生産組織」。なお，向井清史は，著書『沖縄近代経済史』の第2章で，「従来の沖縄経済史研究においては，明示的か否かは別にして，沖縄社会が停滞的社会であったことは自明のこととされてきたように思われる。沖縄は，その内部に発展の動因をもたないいわば化石のような社会として描かれてきたが，実際はそうではなく，むしろ急速に変化，発展を遂げながら，それが資本主義への特異な包摂のされ方によって奇形的な方向へ，換言すれば自律的発展軌道からはずれるようにねじまげられた社会ではなかったか」と述べている。それに対して，来間泰男は，書評：向井清史著『沖縄近代経済史』の中で，来間自身は従来の沖縄経済に関する研究者が沖縄社会を「停滞的社会」として描いたことはない，と反論している（来間泰男著『沖縄経済論批判』日本経済評論社，1988年）。

第1章 伝統と近代化の相克

表1 主要港の輸出入（移出入）の推移

(単位：千円)

	名瀬港			那覇港			鹿児島港		
	輸出	輸入	輸出入	輸出	輸入	輸出入	輸出	輸入	輸出入
1897	322	482	804	1,716	1,317	3,033	8,218	4,350	12,568
1916	1,037	1,336	2,373	7,962	7,269	15,231	18,472	21,196	39,668
1928	7,574	7,372	14,946	18,173	28,498	46,671	40,368	48,926	89,294

(出典)　『近代日本商品流通史資料』第9，10巻，日本経済評論社，1978年11月．

　資本主義的生産の発展は，交通・通信網の拡充とともに，ヒト，モノ，カネの移動を容易にし，遠隔・周辺の地域までも商品市場経済の中に引き入れてしまう。工業（都市）による農業（農村）の支配が強化され，農村の急激な変化がもたらされるようになった。

　表1に見るように，1897（明治30）年の輸出入の合計額は，鹿児島港1,256万8千円，那覇港303万3千円，名瀬港80万4千円で，鹿児島港の地位が圧倒的である。しかしながら，1897（明治30）年を基準年＝100とすると，1928（昭和3）年の各港の輸出入合計は，名瀬港1,860，那覇港1,540，鹿児島港710である。主要港における輸出入の推移より，1897年から1928年の期間中

---

14) 沖縄県『沖縄県史』（経済）第3巻，pp.226－242。沖縄近代史研究の分野で，明治初期沖縄県政の「旧慣温存」政策をめぐって，1974年から80年ごろまで安良城盛昭と西里喜行の間で論争が展開された。「旧慣温存」政策とは，廃藩置県の断行により，沖縄県が設置され，沖縄県政が始まるわけであるが，日本の中央政府が沖縄県に対してとった当面の方針が「古い制度をそのまま残し，急激な改革はひかえるという政策」のことをいう。「旧慣温存」策が，沖縄県に対する差別・収奪のための政策であったのか，どうかをめぐって論争された。安良城は，差別・収奪を意図したものではなかったと主張したのに対し，西里は反対の見解を主張した。この論争は，決着がついたわけではなく，その後，諸資料等の発掘・公表も進んでいるので，再度，再検討の必要性が唱えられている（大里知子「沖縄近代史―「旧慣温存」「初期県政」についての考察―」法政大学沖縄研究所編『沖縄文化研究』第29号，2003年）。奄美においても，旧慣温存・制度改革の遅れはみられたものの，それは必ずしも政府の差別・収奪・植民地化政策を意図するものではなかったと筆者は考えている。

に限っていえば，奄美・沖縄において，鹿児島におけるよりもより急速に商品経済に巻き込まれていったことを示している。

　日本経済は，日清戦争（1894～95年）を契機にして格段の発展をとげた。奄美へも工業製品（食料品，衣類，日用品，器具類，油類，肥料等）が押し寄せるとともに，奄美から労働力の流出が増加しはじめた。1890年頃までは，奄美の人口は，社会的増加傾向をたどっていたが，日清戦争後は社会的減少に転じた[15]。このように，日本経済の発展は，辺境の奄美農村の古い生産様式や社会制度を解体・再編しつつ，ますます商品・貨幣経済の中に引き入れた。

　商品・貨幣経済の進展とともに，社会階層にも両極分解の傾向が生じてくる。地主—小作関係の形成である。1887（明治20）年の小作地率は，福岡県47%，秋田県43%，鹿児島県30%，大島郡1.4%であったが，1920年代には全国平均の小作地率は約50.6%，鹿児島県38%，大島郡24%である。しかしながら，与那国によれば，沖縄県では1903（明治36）年に土地整理が終結するが，その後も農民層の分解は緩慢で，10年代になっても10%内外を保っていたという[16]。このような状況を踏まえて，与那国は，M. ウェーバーの社会理論でもって戦前の沖縄社会の停滞的側面を強調したが，しかしながら，現実には沖縄社会は決して停滞社会ではなかったのである[17]。以下にみるように，労働力の流出が生じていたのである。

　商品・貨幣経済の進展と社会階層の分化は，人口移動にも影響を及ぼす。1898（明治31）年には大島郡及び沖縄県から域外に出稼ぎに行くものはそれほ

---

[15] 沖永良部島からの出稼ぎの始まりは1898（明治31）年1月に口之津に港湾労働者として164人が出たのが始まりであった。それから少し遅れて，99年2月，与論島からも同地方に出稼ぎ者が移住した。与論島出身者は口之津に定着し，一番多い時は1,226人が住んでいた。明治末期の与論島の人口の1/5に相当し，与論島の「分村」と呼ぶにふさわしかった（『道之島通信』No.36，1977年9月15日）奄美諸島からの戦前期の人口移動に関しては，拙著『奄美近代経済社会論』晃洋書房，1988年，第16章及び第18章を参照されたい。

[16] 与那国前掲書，p.200.

[17] 来間泰男前掲書。

ど多くはなかったが，1927（昭和2）年の出稼ぎ者数は，大島郡3万1,351人，沖縄県3万2,139人で，総人口に対する出稼ぎ者の割合は，それぞれ14.4%と5.8%である。徳之島の亀津では58.4%に達し，沖縄県の国頭郡では11.9%に達している。沖縄県では国内移住者の他に相当数の海外移住者がおり，その数は1898（明治31）年から1938（昭和13）年の40年間に7万2,772人に達した。奄美群島の人口は，1920（大正9）年には21万4千人台を記録していたが，その後，人口流出が続き，1944（昭和19）年には18万3千人台に減少していた。終戦と同時に，復員軍人，外地引揚者及び日本本土からの帰郷転住者の激増によって，1950年の国勢調査時の人口は20万5,584人（十島村，三島村を含む）に達した。復帰後，本土へ転出していく者が次第に増え，1960年までの間に7,404人が転出した（年平均約1,100人）。転出先は，兵庫県が34%，大阪府が31%，東京都が13%の順になっていて，全転出者の64%が阪神地帯へ集中しているのは，明治以降の奄美群島と阪神工業地帯のつながりの強さを示すものである。高度経済成長期の1960〜70年の期間中には年平均7千人が関東・関西方面へ転出した。神戸市の中央区（三宮・宮本），灘区，長田区，尼崎市，大阪市の大正区には奄美・沖縄の人々が数多く居住している。1998年現在，関西には1世，2世，3世及びその配偶者を含めて30万人も在住しているといわれ，奄美は1つの目標の下に結束しているという[18]。他方，奄美群島の島々では，大量の人口流出で，村の伝統的な行事の遂行に困難を来たしている。

求哲次によれば，奄美大島の有良(アツタ)集落のユイとよばれる相互扶助は，正月前

---

18) 奄美出身者の多くが住んでいる阪神地帯で発生した1995年1月の大震災で死亡した6,433人のうち，奄美出身者は160余名，沖永良部島出身者は58名（和泊町29人，知名町29人）であった。関西における奄美の各町村または島ごとの郷友会組織については，月刊奄美関西支局編『関西の奄美人—郷土会と私—』1998年7月，を参照されたい。

19) 求哲次「有良(アツタ)の生活誌1・2」『南海日日新聞』2000年12月16日，2001年1月10日年。筆者が生まれ育った沖永良部島でも，1960年ごろまでは，田植え，稲刈り，サトウキビの刈取り，屋根葺等はユイ（イイタバ）で行われていた。

後から行われるサタシ(製糖)から田植えに続き,アラジウチ(畑耕し),屋根の茅葺きなど,家族労働だけでは能率が上がらず,時期を失してしまうような作業を共同で行うことによって,能率を上げようとするものである。こうしたユイワク(共同作業)は,奄美の村々では昭和30年代ごろまで行われていたという[19]。1960年代後半ごろ,奄美の村々も「資本主義の文明化作用」をうけて,「ムラ」や「ユイワク」のようなものが次第に消えていったのである。

コラム2 奄美の民俗的・文化的特性

かの有名な民俗学者・柳田国男は,『海南小記』(1925年)の序で,言語学者チェンバレンと同様に,沖縄と本土との文化が同根であること,沖縄の人々と本土に住む人々が「同じ血をわけた」同胞であることを民族学の立場から繰り返して説いている。そして,沖縄・日本人の起源について,「われわれはかつて大昔に小船にのって,このアジアの東端の海島に入り込んだ者なることを知るのみで,北からしだいに南へ下ったか,または反対に南から北へ帰る燕の路を追ってきたものなのか,いまのところ分からない」と述べている。

『海南小記』の40年後に著わした『海上の道』において,柳田国男は,日本人の祖先は黒潮に乗って南から移住してきたであろうという,日本人起源論ともいうべき説を唱えた。

柳田国男と懇意にしていた沖縄出身の伊波普猷や奄美出身の昇曙夢は,外国人(ドイツのドーダーラインやイギリスのチェンバレン)の説に従って,「奄美・沖縄の先住民がアイヌであった」という説を支持している。ドーダーライン自身は,「この大島人がある意味で,蝦夷のアイヌ族を思わせることも否定できないが,あまり早すぎる結論を出すことには警告する。私自身はいままで絵(写真)でしかアイヌ人を知らないが,その毛深さを別にすれば,大島人との類似点をほとんど見い出すことはできない」と,その説に消極的であるというより,警告すら発していると指摘している(クライナー・ヨーゼフ・田畑千秋共訳『ドイツ人のみた明治の奄美』1992年)。

仲原善忠は,「大正時代まで,大島・沖縄にもアイヌ人が住んでいて,石器

や土器を作った人々はアイヌ人ではないかとの説もあったが，それは誤りで，アイヌ人は大島・沖縄には住んでいなかった」と述べている（『琉球の歴史』p.8）。

ヤマト文化及び琉球文化もアジアとの深い関わりがあることは島尾敏雄や下野敏見・河野和昭等によって指摘されている。島尾敏雄は太平洋の西端で北から南へと弧状に連なっている日本列島を"ヤポネシア"と名づけ，その南端の琉球列島は，アジア・南太平洋諸島の文化や政治，モノを日本本土に運ぶ「海上の道」であったと述べている（「奄美—日本の南島」『名瀬市誌』所収）。

1935（昭和10）年頃に沖永良部島の昔話を収録した，喜界島出身の岩倉市郎は，郷里に近いにもかかわらず，言語上の障害，多大な苦心があったことを記している。山がちな大島や徳之島では「シマ」あるいは「ムラ」ごとに言葉が違っているのである。

島嶼は，人間や生物が生存していくために，必ずしも十分な領域や資源・食料を保証されているわけではない。したがって，古代にあっても周辺の島々と定期的に交易を行ってモノ，カネ，ヒト，情報，文化等を島外に求めざるをえない。奄美諸島の歴史や文化も海や外界との関連で理解しなければならない。1955（昭和30）年頃発掘された笠利町宇宿の貝塚の遺跡は，九州南部の縄文時代後期の文化がこの地方と関係があったことが明らかにされ，またこの付近の砂丘下から発見された土器が本土の弥生式と類似していることも知られた。すなわち，奄美大島と本土とはすでに遠く石器時代の昔から交渉があったことが証明されたわけである（九学会『奄美の島々』1956年）。また数年前に，宇検村の倉木崎の海底に大量の陶磁器が沈んでいるのが発見され，海底遺跡の発掘調査が行われた。海底から引き揚げられた陶磁器の数は2,300点で，その陶磁器のほとんどが12〜13世紀頃に中国福建省近くの窯から集められてものであるという（中山清美「倉木崎海底遺跡発掘調査の意義」上・下『南海日々新聞』1999年9月15, 16日）。

3節　高度経済成長と近代化過程

　第2次大戦後においても奄美の各地に伝統社会の遺物を認めることができたことは前述したとおりである。第2次世界大戦後のサンフランシスコ講和条約第3条の「アメリカ政府は北緯29度以南の南西諸島を必要な時にはいつでも国際連合の信託統治下におくことを要求することができる」とした理由のひとつに，奄美・沖縄の人々の「民度の低さ」「自治能力の欠如」をあげていた。

　なるほど，1960年代末頃までは，そういう側面も強くあったことは否定できないが，戦後の民主主義的教育を受け，アメリカナイズされた生活が津々浦々まで浸透している高度経済成長期以降の現代の奄美においては伝統社会の経済システムは奄美でもおおかた崩壊してしまっていると考えるのが妥当である。63年9月から10月にかけて奄美を調査した熊本日日新聞社の奄美調査団（団長，松本雅明熊本大学教授）に同行した平山謙二郎記者の『奄美を行く南島学術調査団』によれば，「奄美諸島は黒潮うずまく孤島で，交通が不便であったため，日本古代からの文化が一種の温室の形で残存し，民俗学の宝庫とされてきたが，現地入りしてみてこのことがはっきり理解できた。特に記紀（古事記，日本書紀）や万葉の世界に登場する古い生活様式やことば，信仰などに類似したものがいまもなお各部落に命脈を保ち，島民たちの日常生活のテンポを形づくっていることがわかり，調査団をびっくりさせている。」と述べつつも，「しかし，1953年の日本復帰後，急ピッチな復興計画の進行で，この古い優雅な島の伝統もしだいに崩れようとしており，あと10年もたてば完全に破壊されつくすのではないかとみられ，この僻遠の島も新しい文明の荒波の前にその顔を大きくかえようとしている。」と指摘している[20]。奄美経済社会の近代化が著しく進展し，「古きもの」が消失していったのは，復帰後の本土化と奄美復興事業や日本経済の高度成長の影響が奄美にもおよぶようになった

---

20)　平山謙二郎著『奄美を行く南島学術調査団』1963年，ガリ版刷。

第1章　伝統と近代化の相克

1960年代以降である。

　第1回九学会連合奄美学術調査に参加し，再度，1975（昭和50）年12月から79年春までの3年半をかけて奄美諸島を調査した松原治郎らによれば，「1953（昭和28）年の本土復帰以降，一方で，国や県の復興・振興・開発資金の投下があり，他方でいわゆる戦後経済の変動と高度成長とが同時に浸透し，島内生活の様式は一変した。資本主義経済の波は，激しく農村を動かし，農家経営はもとより，生産組織，親族組織，村落自治の運営方式などにも大きな揺れがもたらされた。自給的農業から一挙に換金性の強い農業に転換した村落，完全に農業は崩壊し，土木事業と本土出稼ぎ者からの仕送りに依存するという状態に急変した村落，大島紬の家内生産によって活況を呈する村落等々，その変動も多様である。」と述べている[21]。

　松原らが指摘しているように，奄美群島の農業及び就業形態に大きな変化をもたらしたのは，1961（昭和36）年の大型製糖工場の操業と69年の米の生産調整である。1960年ごろまでは，奄美諸島ではサトウキビ，甘藷（いも），米が農作物の中心をなしていた。食料事情の改善とサトウキビ生産奨励によって甘藷耕作面積が減少し，サトウキビ耕作面積が増加した[22]。69年以降の米の生産調整によって，水田も大幅に減少した。これまでほぼ自給的状態にあった米は移入に依存するようになった。農業部門からはきだされた労働者は，島外流出か土木建設業やサービス業に雇用された。高度経済成長期までは，大島紬もサトウキビも生産増加，収入増加をもたらし，土木建設業やサービス業の隆盛とともに経済の活況をもたらした。しかし，反面においては，従来の農村共

---

21) 松原治郎・戸谷修・蓮見音彦編著『奄美農村の構造と変動』御茶の水書房，1981年，pp. 1-2.
22) 大型製糖工場が操業する前の1957（昭和32）年度の県内のサトウキビ収穫面積は5,143 ha，生産量は22万28トン，産糖は全て含蜜糖で，2万2,876トンだった。大型製糖工場が操業後の65年にはサトウキビ収穫面積1万2,860 ha，サトウキビ生産量77万5,732トン，産糖は分蜜糖8万7,419トン，含蜜糖7,303トン，計9万4,722トンであった（鹿児島県農政部農産課『さとうきび及び甘蔗糖生産実績の推移』2000年7月）。

同体を基盤にした伝統行事は衰退傾向をたどった[23]。

松原は農業生産の変動が年中行事や部落組織におよぼした影響について次のように述べている。

大型製糖工場が導入されてから、正月行事が簡素化され、新正月だけの祝いに一本化されたことである。製糖期間は黒糖生産の場合も大型工場の場合も同じであるが、大型工場の稼動中は、集約的かつ連続的に原料であるサトウキビが搬入される必要がある。そのためにはキビの刈り取り——工場搬入の最盛期にあたる旧正月の頃は、正月行事どころではないのである。もとより、新正月も大型製糖工場が操業にはいったばかりのころであるが、工場の機械を休ませて新正月を祝う。それゆえ、新正月の行事期間も比較的短期間で、1月6日ごろからサトウキビの刈り取りと工場搬入が再開され、工場も再び稼動する。旧暦3月3日に行われていた「浜くだり」も見られなくなった。これまで村の行事を中心的に担ってきた青年団組織も1978（昭和53）年5月には解散した[24]。

同じような事態は沖縄についても指摘されている。1970年から74年にかけて九学会連合が実施した沖縄の自然、文化、社会に関する共同調査報告書『沖縄—自然・文化・社会—』（弘文堂、1976年）は、「沖縄には日本の古い言語、民俗、生活様式などが今日なお保存されているが、本土復帰をめぐり、その自然、社会、文化は急激に変貌しつつあり、今日をおいては、その実態調査の時期を失するに至ることは明らかであった」と述べ、精力的に沖縄の自然、社会、文化等に関する調査結果を取りまとめている。また、1995年に出版された山本英治・高橋明善・蓮見音彦著『沖縄の都市と農村』（東京大学出版会）は、はしがきの冒頭で、「沖縄の歴史的展開は、日本本土と異なっているのみならず、中国や東南アジアそして日本との交流のなかで特色ある社会・文化を形成し、独立した王国としての政治体制をつくりあげてきた。しかし、近世以降現代までの過程で、島津の侵攻、明治権力内への組み込み、第2次世界大戦における破壊、米軍統治、そして日本資本主義体制のもとでの再編成、などによって大

---

23) 蓮見他前掲書。
24) 同上、p.204.

きな社会・文化変動を経験してきた。これらのことは，実に多くの問題を提起している」として，沖縄の日本復帰後の沖縄振興計画に基づく開発に伴う社会構造の変化を分析している。

　奄美群島の日本復帰に伴って，本土との定期航路（鹿児島及び関西）が再開され，人や物，情報の移動が年々増加していった。群島間及び島内部でも船やバス・自動車による移動が容易に行われるようになった。1960年頃までは1,000トン未満の船が週に3～4回航海していたが，65年頃には1,500トン級の船がほぼ毎日，そして航空機も就航するようになった。70年代には5,000トン級の船とジェット機が就航するようになった。情報通信網の整備も進んだ。年間の奄美群島への入込客観光客は，1962年には5万8,664人であったが，65年10万8,738人，75年43万2,298人，2000年には54万5,820人へと増加した。奄美群島から本土へでかける人やモノも同様に増加した。貨物の移出量は，同期間中に9万6千トンから59万9千トンへと増加し，移入量は24万8千トンから107万4千トンへと増加した。1950年頃には古仁屋から名瀬まで，小舟で8時間要していたのが，現在では道路やトンネルの整備のおかげで，自動車で1時間で行けるようになった。このような交通通信網の発展・整備によって，奄美群島の隅々まで近代化の波が押し寄せるようになったのである。

第2章　戦前期の奄美経済社会

1節　疲弊する奄美経済

　戦前期の奄美経済社会は，東北地方以上の悲惨な状態にあり，「ソテツ地獄」と言われている。

　1925（大正14）年8月には，奄美大島（笠利）で，生活難からソテツを食して中毒し，一家が死亡するという悲劇が『鹿児島朝日新聞』で報じられた。大阪毎日新聞社の下田将美経済部長は，1927（昭和2）年11月，奄美の経済事情を取材し，「孤愁の奄美大島」と題する新聞記事を掲載した。氏は記事の冒頭で，「奄美大島の視察に旅立つとき，ハブの棲む島，山ばかり重畳する孤島に，雨と風とにさいなまれて命の露を芋でつないでいる人々の疲弊困憊せる生活苦はあらかじめ頭の中に描いて行った。けれども実地に山間の村々を訪ねてみて疲弊は予想以上であることにまず驚かされた」と述べ，奄美の実態は，「村にはいると，そこには人間らしからぬ生活が目の前に展開されていた。粗末な衣類を着て働いている人々の顔色の悪さから粗食ということがすぐ想像された。人々の常食は芋で，3食のうち1食だけでも外米を食いうるものは上の部類に属している。経済状態の行き詰まりの状態を示す1つの材料として，県税の納入成績の推移をあげている。1920（大正9）年以来，県税は滞納が5割以上であり，25年には期限内納入はわずか2割2分3厘にすぎないという状態である。県税や市町村税の納入率が低いため，県吏，役場職員，教員，県病院職員，警察官の俸給が払えぬ状況にある。」と述べている[25]。

---

25)　『毎日新聞』に連載された記事は，後に下田将美著『南島経済記』として出版された。『南島経済記』については下野敏見・松下志朗編『鹿児島の湊と薩南諸島』（街道の日本史55），吉川弘文館，2002年11月，所収の拙稿「孤愁の奄美大島」下田将美著『南島経済記』を参照されたい。

松本学知事は，1928年の県議会で，「大島疲弊の原因は第1に，同郡は地理的にみて南海の孤島であり，また台風の襲来する位置にある。この天災による被害のために，民力は枯渇し，民心は退廃し，意気も沮喪するというほとんど名状すべからざる状態にまで疲弊したものである。その救済振興策を図ることは国家としても当然の事と思う。――同島は国家の宝庫であると同時に，本県の宝庫であり，同島民が日本の国民であると同時に，本県の県民であるゆえに，大島振興は国家の助成にのみ待つべきものではない。大島経済と内地経済とは兄弟の間柄というべく，弟の病気を癒すために兄たる内地経済が助成せねばならぬ。あたかも大島経済の現状は，下痢患者の如きものであって，断固たる手術を施すのでなければ生命に係わる問題である。つまり，破産以外にあるまいということである。」と述べ[26]，県としても国に対して何らかの救済振興策を講ぜざるをえなかった。1926（昭和元）年の県会（県議会）において，「大島郡救済に関する建議案」が提出され，全会一致で採択され，27年には天皇の奄美行幸を機に，内務大臣宛に「大島郡振興建議案」が提出された（提出者岩切太郎他14名，賛成者20名）。

　「建議案」によると，「大島郡の疲弊の原因は，1つに，南海に偏在していて交通機関が備わっていないこと，2つに，民度が低いうえに，租税負担が過重であること，3つに，民力枯渇して財源涵養の余裕がないこと，4つに，金融が極度に梗塞して資金が欠乏していること，5つに，そのために島民ややもすれば遊惰に走りやすいこと，6つに，大島郡は，今なお独立経済であるために，群島民自身の経済でもってしては到底どうすることもできない状態にある。」ということで，政府に訴え，救済策を要請したということである[27]。

　政府の方では，貧民救済策の1つとして，第1次世界大戦後，日本の委任統治領となった南洋諸島を糖業の適地として，また，満州を貧農の開拓地として位置づけ，移民政策を展開していたが，与論島をはじめ奄美群島から多数の南

---

26) 鹿児島県『鹿児島県議会史』第1巻, p.946.
27) 同上, p.949. 大島郡の分別経済＝独立財政制度について最初に取り上げたのは，西村富明である。西村富明「奄美大島『独立経済』の一考察」『奄美研究郷土会報』第21号, 1981年2月参照。

洋移民や満州開拓団を送り出した[28]。

2節　奄美救済と大島郡振興計画

　奄美の疲弊困憊(こんぱい)状態を報じる新聞記事や鹿児島県知事・県会の要請をうけて策定されたのが,「大島郡産業助成5ヵ年計画」(1928〜34年)である[29]。同計画の下に,糖業奨励事業と一般産業助成事業(普通農事,畜産,養蚕,水産,林業,鉱業,土地改良事業,その他)が,それぞれ総額100万円と65万円の経費(年平均23万6千余円)をもって実施された[30](表2)。

　1935(昭和10)年度から44(昭和19)年度にかけて「大島郡振興計画」が,策定された。この計画は,次のような大綱のもとに策定された。

---

28) 与論町誌編集『与論町誌』pp.384-398. 与論島から1928年秋,28人が南洋テニアンに出発し,1944年2月,145世帯,総勢635人が満州に開拓団として出発した。なお,与論島を出た人々の三井三池炭鉱での生活史については,与洲奥都城会『三池移住50年の歩み』1966年8月を参照されたい。

29) 鹿児島県『奄美群島復興の成果』(1963)によれば,「大島郡振興計画」が樹立されるに至った経緯は,「サトウキビは大島紬とともに,郡民の換金作物として群島経済の二大支柱となす重要産業の地位を占めていたが,台湾や沖縄の製糖業が発展するにつれて,市場がせばめられ,生産基盤も不備なうえに,周期的に襲来する暴風被害等により,きわめて不振の状態に陥っており,このため移出入のアンバランスを生じ,郡民経済は年を追って困窮の度を深めつつあった。島民は,この窮迫した群島経済の立て直しを図るため,1923(大正12)年から政府に対して砂糖消費税の免税を陳情したが,免税は認められず,税額相当分の国庫補助金を交付(1928年以降)することになり,これを財源としてこの計画が樹立された。しかし,同計画は,1929年度から33年度までの5ヵ年計画で実施に移ったが,1934年度から実施を要請した「大島郡振興計画」が政府財源その他の事情により,1935年度から実施することになったので,1934年度まで1年延長された」ということである。

30) 1928年度の大島郡全体の歳入総額は159万円である。したがって,年平均交付額23万6千円は歳入額の約16%を占めている。

表2　大島郡産業助成5ヵ年計画

(単位：円)

	糖業奨励金	産業助成金	合　計
1928（昭和3）	136,567	0	136,567
29（　4）	160,355	131,604	291,959
30（　5）	152,408	132,785	285,193
31（　6）	125,750	100,696	226,446
32（　7）	143,702	98,916	242,618
33（　8）	144,687	91,303	235,990
34（　9）	144,672	90,813	235,485
計(1928-34)	1,008,141	646,117	1,654,258
年平均	144,020	107,686	236,322

（出典）鹿児島県『奄美群島復興の成果』1963年12月.

表3　大島郡振興計画額と実現額

(単位：円, %)

種　別	計画額	実現額	実現割合	国費額	県費額
教育費	459,030(2.5)	0	0	0	0
産業振興費	45,920(0.3)	0	0	0	0
経済更生費	342,340(1.9)	179,879(2.7)	52.5	146,132	33,747
農事糖業費	2,370,947(13.1)	1,904,172(28.9)	80.3	1,764,158	140,014
畜産改良費	432,950(2.4)	247,218(13.8)	57.1	171,977	75,241
水産振興費	776,952(4.3)	332,344(5.0)	42.7	207,236	125,108
林業改良費	870,506(4.8)	478,231(7.3)	54.9	316,819	161,412
蚕糸業振興費	1,011,758(5.6)	600.333(9.0)	59.3	381,460	218,873
土地改良費	3,153,089(17.4)	777,801(11.8)	24.4	607,543	170,258
工業振興費	630,844(3.5)	355,810(5.4)	56.7	250,739	105,071
土木費	7,462,200(41.2)	1,689,070(25.7)	22.6	1,611,530	77,540
保健施設費	246,000(1.4)	18,500(0.4)	7.5	16,000	2,500
支庁臨時職員費	224,880(1.3)	0	0	—	—
通信施設改善費	47,225(0.3)	0	0	—	—
総計	18,079,641(100.0)	6,584,808(100.0)	36.4	5,473,594	1,111,214

（出典）鹿児島県『奄美群島復興の成果』1963年, p.2.

1. 10ヵ年を期し，大島郡民の窮状を救い，将来振興の基礎たるべき施設を整備する。
2. この施設は，だいたい現在の県本土の施設程度に進めることを目的とする。

3. 将来，産業施設の基礎たるべき積極的施設をなすとともに，産業不振の一因たる自然的障害を除去するに必要な諸施策を講じ，もって郡民の努力を効果的にする。
4. 諸般の施設と相まって，人心を作興し，共同勤労の風も養い，自力復興の途をひらく。
5. 本計画の遂行をまって，独立経済を撤廃するものとする。

　大島島庁財務課長・谷村秀綱は，「大島経済の財政を救い，郡民の負担を軽減するには，内地と共通経済にするということが根本の問題である。しかし，いま直ちに共通経済にしたのでは県の力で十分な施設を造ることは期待できないから，目下政府に要望している『大島郡10ヵ年計画』の実現を待って，共通経済に移行する必要がある」と述べた（「大島経済分別の沿革」）。

　この「大島郡振興計画」は，1935年度を初年度として実施されたが，途中，日華事変が起こり，さらに太平洋戦争に突入して，この計画に対する国の財政支出は減少し，計画事業費約1,800万円のうち658万円（36％）が実施されたにすぎなかった[31]。

　表3によると，糖業費の割合が，実現額構成比（28.9％），実現割合（80.3％），国費割合（92.6％）ともに高い比率を示しているが，これから，奄美群島の主要産業である糖業の生産基盤整備に重点がおかれたものであることが窺い知れる。次に，土木費は，実現割合（22.6％）は低いが，実現額構成比（25.7％），国費割合（95.4％）ともに高く，産業基盤としての港湾（名瀬港，亀徳港，茶花港，湾港等），道路，一部のため池等が整備された。「大島郡振興計画」は初期の目的を達成できなかった。その間，1944年には「第2次大島郡振興計画」（10ヵ年計画—2,968万円）が策定されたが，これもまた実現されるに至らなかった。本格的な奄美振興開発政策は，1954年の「奄美群島復興特別措置法」の制定を待たなければならなかった。

---

[31] 1935年度の大島郡全体の歳入額は182万円である。したがって，「振興計画」の予算総額は10ヵ年の歳入総額に相当するものであった（拙著『奄美近代経済社会論』晃洋書房，1988年，pp.52-53）。

第3章　米軍政統治下の奄美経済社会

1節　米軍政府の奄美群島占領政策

　太平洋戦争において奄美群島は沖縄と違って直接の決戦場とはならず，また，米軍による直接的な軍事占領も行われなかった。戦後の占領管理期間も沖縄に比較して短く，沖縄ほどには軍事的観点から重要視されていなかったので，奄美に対する米軍の占領管理政策は緩やかなものであった[32]。1945年12月，北部琉球諸島（奄美群島）を調査した沖縄駐留の米国海軍政府は，奄美の占領統治に反対の意向を示していた[33]。そのためか，奄美では軍事基地建設や住宅建設のための土地の強制収用や占領軍およびその関係者の駐留も少なかった。軍政官海軍少佐P．F．ライリー以下19名で，他に進駐軍はいなかったため，一般住民とのトラブルや交流もほとんどなく，したがって，米軍の占領政策の影響はそれほど強いものではなかった[34]。

　1946年1月29日，沖縄地区司令官プライス海軍少将が奄美大島にやってきて，2月初旬に奄美・沖縄が日本から行政分離の宣言がなされるとの通告をし

---

32)　拙著『戦後日本の形成と発展―占領と改革の比較研究』日本経済評論社，1995年。
33)　米国の琉球占領支配に関する文書として，「ワトキンス文書」がある。1945年12月5日付けの同文書によれば，「大島郡の住民は，すべての点で自分たちを本土の日本人とみなしている。沖縄でみられるような『沖縄人』対『日本人』という感情は全くない。大島郡においては"すべての道は鹿児島に通じる"。大島郡は鹿児島県の不可欠な一部である。大島郡を鹿児島県から絶縁することはほとんど不可能に思われる。大島郡を軍政府の下に置くことは，やっかいで実行不可能だ，との結論は避けがたい。―日本の行政機構の権限を中断して，『すべての統治権，裁判権』をプライス元帥が握るという布告を掲示することは，誤りであろう。」と述べている（杉原洋翻訳『南日本新聞』1995年11月18日）。

た。つまり，①大島郡は鹿児島県から切り離す。②食糧は軍政部が補給する。③俸給給料は軍政部から支給する。④日本国の法律・旧慣を適用する。⑤宣言後は日本国から切り離す。⑥政治方針は軍政部から指示する。⑦軍政部に対する犯罪は軍政部で，他の犯罪は軍政部が指揮して日本の裁判所にさせる。⑧通貨は日本貨と軍票を使用する。足りない通貨は持ってくる。⑨大島は沖縄の支配下にあるのではない。大島郡人が政治をする。但し，監督は海軍軍政部がする，というものであった[35)]。

通告のとおり，1946年2月2日，日本政府は連合国軍最高司令部から重大な覚書を受け取った。「日本の領土」に関する指令であった。この指令によって，日本の領域は，北海道，本州，四国，九州および約1千の小島に限定された。北緯30度以南の南西諸島（トカラ列島，奄美群島，琉球列島）は，日本本土から行政分離されたのである[36)]。

奄美群島においては，日本本土におけるような連合国軍による経済社会の大改革（外的強制による改革）はほとんど実施されなかったが，米国および米軍

---

34) もちろん，軍政下において，トラブルや摩擦，不等な干渉，抑圧があったことはいうまでもない。軍政府は，連合国総司令部が日本本土において実施した一連の民主化改革を実施するために占領支配したのではなく，米国の軍事的目的のために奄美群島をも占領支配したのである。奄美郷土研究会『軍政下の奄美―日本復帰30周年記念誌―』1983年，参照

35) 1947年11月1日付けの「命令15号」は，（イ）軍政府，連合国又は代行庁を誹謗し，公衆を扇動し，反対せしめ，反対の世論を喚起する集会を禁ずる。（ロ）軍政府，連合国，その代行庁に敵意を有する言論を固く禁ずる。（ハ）出版の自由について（1）新聞，書籍，機関紙誌の発行は軍政府の認可をえなければならない。（2）軍政府，連合国，代行庁に敵意を有し，損害を与え，侮辱するような印刷物を発行し，頒布し，そのために所持することを禁ずる。（3）軍政府とその要員に関する報道記事，社説を発表しようとするときは軍政長官の検閲認可をうけなければならない。平和団体及び労働組合は既存のものは，この布告公布後30日以内に，公布後組織するものは，第1回集会後15日以内に，(a)会名，所在地，(b)会の目的または綱領，(c)役員名，住所，異動のあったときは後任者について，(d)収入の出所，(e)会合の席数を届け出なければならない，と指示している（沖縄返還同盟奄美支部編『奄美の復帰と復興』pp.7-8）。

第3章　米軍政統治下の奄美経済社会

政府の占領管理政策に反しない範囲内において、住民またはその代表者による諸制度の改革と民主主義の普及は妨げなかった。つまり、奄美において、そしてまた沖縄においては、米軍政府は、社会の積極的な改造者としての任務を負っていたのではなく、米国および太平洋地域の安全と連合国最高司令部の日本本土における非軍事化と戦後改革の実施を側面から支えていく役割を担っていたのである。そのことを如実に示したのが、ジョゼフ軍政官が述べた次のことばである。「日本本土の状態と沖縄・奄美の状態を比較して論ずべき性格のものではない。日本経済は復興の途上にあり、その政府は完全に民主的に改造された。沖縄・奄美は日本から切り離されて軍政府の管轄下に置かれている。この軍政府は決して民主政治と理解してはならない。事実、軍の独裁的政治形態を有する点において民主政治とはおよそ対照的である」（1947年9月3日の軍政官着任挨拶）。

　米軍政府は沖縄・奄美に対して、農地改革、労働改革などの経済社会の民主的改革に関する指令やプランを付与しなかったのである。また、奄美・沖縄の将来の地位も不確定であり、そのために、占領管理政策も不確定のものであった。1946年2月2日の日本本土からの行政分離宣言によって、デモクラシー

---

36) 1947年5月3日、日本では新憲法が施行された。新憲法に基づいて民主主義社会の建設の規範となる選挙制度や教育基本法、労働組合法など各種の新しい法律が次々と制定され、新生日本の建設は着々と進んでいた。そして、48年には6・3・3制もスタートし、新憲法下の民主主義教育も始まった。一方、北緯30度線によって閉ざされた奄美では、軍政府命令によって強行された低物価政策の行き詰まりや各種産業の崩壊によって物価は高騰の一途をたどり、住民生活は日増しに苦しくなっていった。当然のことながら、「祖国日本の新法令を奄美にも適用せよ」という住民の声は澎湃として高まった。特に教育現場の荒廃ぶりは言語に絶するものがあった。本土における新しい教育制度の発足をよそに、奄美の子供たちは教科書もなければノートや鉛筆さえもないのが実状であった。こうした中で教育熱心な名瀬市の教職員たちが2人の代表（森田忠光・深佐源三）を本土に密航させ、発足したばかりの新教育制度の法令や指導書、それに教科書などを仕入れて持ち帰ったのである（実島隆三「奄美返還の記録—軍政下の歩み—」『南海日日新聞』1992年12月25日）。軍政下の密航については、佐竹京子編著『軍政下奄美の密航・蜜貿易』南方新社、2003年1月に詳しい。

の国アメリカの占領管理とはいえ，史上はじめての外国による支配は，島民をおびえさせるとともに，アルザス・ロレーヌの「最後の授業」を思わせるような祖国復帰運動や青年団活動・文芸復興を促した。『奄美青年』，『あかつち』，『自由』，『奄美評論』，『新青年』，『婦人会報』，『教育と文化』，『南海日日新聞』，「奄美大島自治同盟」，「新大島建設同志会」など，戦前・戦時中のきびしい言論，思想，教育，政治統制から解放されて，出版・芸術・思想・政治・文化の花を咲かせ，奄美のルネッサンス時代を迎えたのである[37]。

　米軍の占領は，戦時下の思想弾圧からの解放，自由と民主主義の希求，異民族に対する抵抗運動，奄美人としてのアイデンティティー（同属意識）の強化，日本国民としての自覚，飴と鞭の政策，屈辱と忍従，精神的飢餓，欠乏との闘い（食糧，情報，教育，交通，市場 etc.）をもたらした。

　人間は逆境に陥ってはじめて力と勇気と団結力を発揮できるものである。藩政時代の圧政に対する犬田布・母間騒動，明治初期の砂糖勝手売買運動，20年代の砂糖商社との闘い，米軍占領下の復帰運動などがよい例である。復帰運動において，郡民18歳以上人口の99.8％に達したといわれる署名運動，命を賭けた密航による本土の情報収集，米軍の弾圧にもめげない青年団活動，断食祈願，超党派的統一行動など，逆境の中で展開された全郡民的運動である。奄美復帰運動の父であり，名瀬市長であった泉芳朗は「復帰維新」と称して，奄美新生のために精神革命を唱え，次いで適正な自己診断を主張している。地域の現状を正確に診断し，自らの手で処方箋（施策）を描いていく姿勢が必要であり，国や県に依存するのではなく，自主的な努力によって諸問題を解決していくことが大切であると述べたのである。精神革命の実践は困難であるし，精神革命を経済革命に連動させることもなお一層困難である。

　このような大運動を通じて，郡民の政治的，経済的，社会的意識も高揚し，米国政府をして奄美の早期日本復帰を実現せしめたのである。しかしながら，

---

[37] 亀井フミ著『祖国復帰運動覚書―夢ごよみ―』中央印刷，1988年，p.1. なお，1993年1月1日付けの『南海日日新聞』は，「奄美のルネッサンス」と題して，「沸騰した郡民エネルギー，権力も文化は奪えず」と当時の状況を報じている。

異民族支配からの脱却，祖国日本への復帰という郡民共通の大目標実現のために，エネルギーが結集されたが，反米は，真の自由な民主的な自主的な政治的，文化的，経済的，社会的な活動と要求は制約を受けざるをえなかった。

1953（昭和28）年12月25日，群島民の熱烈な復帰運動がかなえられて，日本に復帰した。祖国復帰という大目標が実現した後は，祖国日本の援助，政治，文化，行政機構，財，サービス，雇用をむさぼるように受け入れたのである。小さな器ゆえに，本土からのインパクトはあまりにも大きく，短期間に大きな社会の変化を経験することになった。米軍の占領支配は，住民の下からのエネルギーを呼び覚まし，復帰運動を実現さすことには大きな力となったが，経済社会制度の変容と，群島民自身による自立自興と内発的発展の方向性をもたらすほどのものではなかったといえるであろう[38]。

2節　米軍政府下の奄美経済社会

1953年5月発行の『自由』に掲載された奄美地方庁『奄美大島経済の窮状』によれば，「奄美群島は大戦の戦災をこうむり，基幹産業の生産手段を喪失したのみでなく，2・2宣言により母国政府の強力な補助援護が切断せられ，群島生産品の市場を失った結果，群島経済は復興の原動力を失い，逐次縮小の一途をたどり，住民生活は年とともに，窮迫の度を加えている。その間，米国

---

[38] 水野修は，「復帰後まもなく，郡民の総力を結集した復興運動のエネルギーを復興運動につなげようとする民間サイドの動きも出て，復帰協議会が組織され，復興予算の増額や計画の大幅改訂を求める政府陳情を繰り返していたが，いつの間にかその活動は有名無実化した。せっかくの地元サイドからの復興への動きが，時の官僚と政治家らに出鼻をくじかれたのではないかと勘ぐりたくなる。必要性や機能性よりも政治家や役人のご機嫌とりに終始しなければ，橋1本，道路1つ通せない戦後日本の政治形態の渦に巻き込まれて奄美地元は復興の方向性を見失い，さらにその意欲すら失してしまったのではなかったか。」と指摘している（水野修著『炎の航跡―奄美復帰の父・泉芳朗の半生―』潮風出版，1993年，p.213.

表4 奄美大島の輸出額・輸入額の推移
(単位：千円)

	輸　入	輸　出	差　額
1940	7,640	7,728	89
47	15,129	0	▲15,129
48	31,299	0	▲31,298
49	40,370	7,034	▲33,385
50	140,605	6,050	▲134,556
51	491,685	274,328	▲217,357
52	609,460	272,301	▲337,160

(出典) 奄美地方庁「奄美大島経済の窮状」『自由』Vol.5, 5号, 1953年5月. ただし, 1940年については, 『自由』Vol.5, No.5による. 戦後の単位はB円表示である.

民政府の復興による補助があったのであるが，これは戦災の痛手を蒙った群島経済の再建には遠く及ばないものであって，奄美群島経済の縮小を防ぐには至らなかった」と述べ，さらに続けて，「食糧を主とする生活必需物資の輸入は輸出をはるかに上まわり，累年，輸入超過の累積の結果，通貨を吸収枯渇せしめるに至り，極度の金づまりを招来して生産の縮小と失業者を増大し，住民の生活水準を低下せしめ[39]，購買力の減退は企業を危殆(きたい)におとしいれ，いまや群島経済の窮乏はその極度に達しているのである。」と述べ，経済窮乏の原因を以下のような項目をあげて説明している[40]。

1)　貿易の不均衡

1940年の奄美大島の貿易は，輸出総額773万円，輸入総額764万円で，9万

---

[39]　1952年の勤労者1世帯当りの1ヵ月平均支出額は，奄美3,805B円（＝1万1,415円）に対し，本土1万7,212円である。食料費の占める割合は，奄美55％，本土45％である（『奄美大島の現況』1957年）。

[40]　奄美地方庁「奄美大島経済の窮状」によれば，「1952年度には失業者の増加，転落要救護者の激増（1947年には要救護者は4,688人であったのが，52年には8,547人になった）をもたらし，購買力は低下して主食食糧受給すら不可能となり，受配人口の50％が甘藷，ソテツに切り替えて，かろうじて露命をつないでいる状態である。そのため内地引揚，沖縄転出などのために，52年初頭から毎月約1千人が群島から姿を消し，1ヵ月間に約1万人が減少している有様である。」という（『自由』Vol.5, No.5, 1953年5月）。奄美群島が日本復帰した1953年12月頃には，沖縄在住の奄美出身者は4万ないし5万人といわれている（沖縄返還同盟奄美支部編『奄美の復帰と復興』1969年4月, p.9）。

円の出超になっていた。輸出品の中心は，大島紬の336万円，黒砂糖214万円で，両者の合計額は輸出総額の71%を占め，輸入品の主なものは，食糧品374万円，衣料品198万円で，両者合計で輸入総額の75%を占めている[41]。

戦後は，戦災による施設の破壊や市場の欠如によって，基幹産業は大きな打撃をうけ，生産は激減してしまった。輸入の方は食糧品をはじめとして大幅に増加したため，1952年には3億3,716万円の入超を記録した（表4）。

このように，奄美大島の経済は後退の一途をたどりつつあったのであるが，わずかに軍政府の復興予算，補助金，および沖縄に対する木材，家畜類の移出等によってかろうじて経済を維持した[42]。しかし，1953年以降は補助金打ち切りとなり，この貿易の不均衡を補うことができなくなった。

2) 基幹産業の衰退

表6にみるように，奄美群島の基幹産業の復興率は，戦災による被害と日本から分離されたために，1952年になっても戦前水準（1915～25年の平均）の15～40%にとどまり，生産と輸出は全く不振を極めた。大島紬の生産反数は1941年には33万7,548反の最高を記録したが，46年には3,620反に激減し，52年にやっと3万反を超える程度になったのである。黒糖生産量についても，52年に至っても戦前の水準の60%どまりである（表5参照）。

1954年6月，日本復帰後まもない奄美群島を視察した重成知事一行の報告書『奄美群島概況』は，「奄美群島の産業は黒糖，紬，カツオ節等によって代表されてきたが，戦時中及び戦後日本復帰までの8年間の空白と経済秩序の混乱によって停滞し，住民の生活も困窮の状況にあるので，日本復帰と同時に基

---

41) 戦前の奄美の移出入バランスは黒字であった。1929～38年度の年平均移出額は650万円，移入額は630万円で，20万円の黒字であった（前掲拙著 p.245）。

42) 1947年度から52年度にわたる6年間に米国軍政府の復興予算及び補助金の総額は，2億75百万B円で，うち，直接生産を刺激する方面に投下されたのはわずかに830万円である。使途内訳を示すと，戦災復旧費60%，行政費20%，経済復旧費20%である（前掲『奄美大島の概況』）。

表5 主要生産物の生産高の推移
(単位:反,千斤)

	大島紬	黒糖生産量
1940	217,590	17,736
41	337,548	—
42	258,338	—
46	3,620	915
48	6,670	2,433
51	22,294	12,500
52	34,176	11,500

(出典) 奄美地方庁「奄美大島経済の窮状」『自由』Vol.5, No.5 (1953年5月号) 所収.

表6 基幹産業の復興率
(1952年度) (単位:％)

	復興率
黒糖	30
大島紬	15
百合根	32
カツオ節	40

(出典) 表5に同じ.
註) 大島紬の復興率15％というのは,戦前は工場数620,機19,800台,従業員3万人であったのに対し,1952年には工場数119,機5,080台,従業員2,815人とわずかに15％しか復興していなかったことを指している。

本的な生産施設の復旧整備,技術の向上,交通運輸の改善,貿易の振興等が叫ばれている。」と指摘している。

3) 政府補助金の停止

　米国軍政府があたえた復興予算の補助は単に消極的に戦災を復旧するに止まり,積極的産業振興政策の実施にはいたらなかった。表7にみるように,日本政府の財政平衡交付金の配分も戦前に比較すると,歳入および地方税収入に対する比率は激減している[43]。表8にみるように,歳出予算に占める徴税額の割合は,1951年には73％,52年には68％を占めるに至っている。52年度の大島郡市町村の歳入構成を鹿児島県の市町村と比べてみると,大島郡の場合には税収入が60.7％に対して,鹿児島県は25.4％,交付金・国庫補助金は大島郡20％,鹿児島県45％である。大島郡の歳入は,経済力が弱いのにもかかわ

---

[43] 1948 (昭和23) 年から53年に至る6ヵ年間の財政平衡交付金総額は1,341万4,546B円で,年平均223万5,758B円 (=670万7,274円) にすぎなかったが,日本復帰後の54年から56年間の3ヵ年間の交付金総額は8億5,738万5千円,年平均2億8,579万5千円で,42.6倍の増加であった (『奄美大島の概況』1957年10月)。

表7 財政平衡交付金の地方財政に占める割合 (単位:%)

年度	地方歳入に対する比率	地方税収入に対する比率
1940	15	33
41	26	150
43	21	184
48	2	8
50	7	42
51	4	12
52	8	20
53	15	25

(出典)『自由』Vol.5, No.7 (1953年7月号.

表8 奄美群島の年度別予算及び徴税額 (単位:千B円, %)

年度	歳出予算 (A)	徴税額 (B)	(B)/(A)
1947	16,753(100)	2,698(100)	16
48	25,666(153)	6,378(236)	27
49	35,642(213)	13,251(491)	37
50	43,501(260)	15,840(587)	36
51	47,726(285)	34,675(1,285)	73
52	101,239(604)	69,315(2,569)	68

(出典)『改訂名瀬市誌』第1巻, p.727.
(注) ( ) 内の数字は, 1947年度を基準年度 (=100) にした指数である.

表9 大島郡の市町村財政 (歳入) 構成比 (1952年度) (単位:円)

	税収入	交付金国庫補助金	起債	使用料手数料	夫役現品	その他の収入	合計
大島郡市町村	60.7	19.9	0.4	7.0	4.3	7.7	100
鹿児島県市町村	25.4	45.1	17.1	1.9	0	10.5	100

(出典) 表7に同じ.

らず, 税収入に大きく依存しているということである。郡民にとって租税が過重負担になっていたのである。

1953年1月,「市町村財政法」が公布され, これによって「財政調整交付金」が交付されることになった。『名瀬市誌』によれば,「地方自治体の健全な発展のためには, 財政力の乏しい市町村ほど, 必然的に政府からの財政交付金が大きな比率をもたなければならないのであるが, 本群島は全く逆の立場にあった。このため, 市町村では市町村民税・附加税のほかに税源の探索におおわらわで, 塩釜税等という法定外独立税の制定や, 税率の引き上げをやむなくさせられた。しかし, 住民の担税力は著しく減退し, 税金の滞納者が多かったため, 各市町村とも赤字財政に悩まされる状態であった。」という[44]。

表8にみたように，歳出予算に占める徴税額の割合は，1947年度には16%であったが，50年度には36%，51年度にはじつに73%を占めるに至っている。1947年度を基準年度として52年度の歳出予算と徴税額をみてみると，前者が604，後者が2,569となっている。

表9によって1952年度の大島郡市町村財政と鹿児島県市町村財政の構成比を比較してみると，大島郡の場合，税収入の割合が60.7%に対して，鹿児島県は25.4%である。交付金・国庫補助金の割合は大島郡19.9%に対し，鹿児島県は45.1%である。大島郡は起債も制限されていたのである。なお，大島郡市町村歳出総額は鹿児島県市町村歳出総額の7.2%（1951年度）である[45]。

4) 金融の硬直化

1948年以来，輸入超過が続き，その累計は7億6,700万円に達している。輸入物資の中には生活上絶対に必要なガリオア資金による主食食糧がふくまれているので，この食糧代金として吸収される金額が大部分を占めており，これは見返資金となって民間に還元せられなければならないが，軍政府の補助金はこの6年間に2億2千万円となって，その差額の5億5千万円が赤字となっている。この赤字分は，民間がそれだけ資本を減少させることによってまかなわれたものであって，戦前の蓄積，さらに現存資本の縮小をきたすことは群島経済

---

44) 改訂名瀬市誌編纂委員会『改訂名瀬市誌』第1巻，p.729．同誌によれば，市町村が取り立てた法定外独立税には，接客人税・ミシン税・家畜税・ラジオ税・塩釜税・製糖機税・移出税・市場税・電話税・精米機税・製筵機税・畳製造機税・製縄機税・製粉機税・製材機税・製茶組合税・手車税・製麺機税・動力用脱穀機税・たばこ切断機税・家畜商税・動力税・広告税・炭釜税・漁獲物製造税・瓦釜税・夜焚組合税・待網組合税・製油機税・生産牛馬豚税・教育税等があり，実に引種に及んだ。

45) 1951（昭和26）年度の大島郡市町村の歳入総額48百万B円（＝1億43百万B円）に対し，鹿児島県市町村（大島郡は除く）は20億1百万円である。したがって，その割合は7.2%である。復帰後の1955年度には，大島郡市町村の歳入額は16億11百万円で，鹿児島県市町村歳入（大島郡を含む）は129億89百万円で，その割合は12.4%になった。

に再起不能の状態に投げ込んでいるものである。1952年4月の群島民の預金高は2億7,074万円であったが、同年9月には1億6,537万円へと4割も減少した。そのために、通貨は枯渇して運営資金の欠乏を生じたのみならず、資本の減少は利潤量を減少せしめ、生産能力を削減して縮小再生産をもたらしている。産業の操業短縮は失業者を増大して生活をおびやかし、購買力の低下は、中小企業を倒産に導いている状態である。奄美群島における通貨の流通高は表10にみるとおりである。

表10 奄美群島及び琉球列島における通貨（B円）流通高の推移

（単位：千B円）

	奄美群島	全琉球列島
1946. 4	82,460(100)	173,485(100)
48. 2	150,481(182)	562,557(324)
51.12	153,964(187)	1,598,073(921)
52.12	107,839(131)	1,598,073(921)
53. 3	135,853(165)	1,861,990(1073)
53. 9	251,810(305)	2,070,631(1194)

（出典）高石末吉著『覚書終戦財政始末』第7巻、p.159.

1946年4月の通貨流通高を基準（=100）とすると、48年2月の通貨流通高は、奄美群島182、琉球列島324と大幅な増加をみた。琉球列島の通貨の増加は軍事基地建設に伴うものであるが、奄美群島のそれは、極度の物資不足に悩んでいた沖縄へ食糧・家畜・農産物を密輸出し、また本土との密貿易で得た日用品や日本円を沖縄に売ってB円を獲得したこと、復員軍人・引揚者の持ち帰り等があったことによるものである。ところが、49年4月に発せられた配給食糧価格3倍値上げによって、通貨は急激に吸収され、52年12月には131まで減少した[46]。その後、沖縄における基地建設投資の増加に伴って、奄美群島からも出稼ぎ者が増え、53年3月の通貨流通高は、奄美群島165、全琉球列島1,073であったが、53年8月に米国国務長官ダレスの奄美群島の早期復帰声明後、奄美群島に大量に資金が流入し、同年9月には通貨流通量は305に急増した[47]。それでもなお、53年9月の1人当り通貨流通高は、琉球列島全体では2,588B円であったのに対し、奄美群島全体の平均は1,228B円である。特に、与論島では470B円、沖永良部島では688B円にすぎなかったのである[48]。

5）租税負担の過重

戦前と比較して租税の過重負担が，経済を圧迫していることはいなめない。米国軍政下に独立国同様の態様をもつ群島財政は，租税収入を中心とせねばならなかった。このことは，群島内の市町村財政についても同様の事情にあった。とくに琉球政府に移ってからは，アメリカの復旧事業援助や単独工事によるドル投下が沖縄本島に傾斜したため，本群島の市町村財政はいちじるしく窮迫し，群島経済は窮乏の極に達した[49]。

1952（昭和27）年12月3日，日本政府や国会などに陳情のため，奄美大島日本復帰協議会（51年2月13日結成，泉芳朗議長）と奄美大島母国政府連絡会（52年7月19日結成，大津鉄治会長）により作成された『奄美大島に関する資料――教育と経済』によれば，「沖縄においては，軍作業，外国人並びにその家族の支出，海外からの送金，輸出等によって獲得されるドルは平均毎月380万ドル（琉球B円で4億56百万円）で，日本からの輸入その他で消費されるドルは320万ドルとなっており，差引60万ドルずつ毎月貯蓄され，現在外貨の蓄積保有高は2千万ドルあり，カナダに次ぐドルの豊富な地域だといわれてい

---

46) 1949年1月，沖縄で全琉球財政部長会議が開催された。席上，琉球軍政府本部はインフレーション抑制対策として食糧，衣料などの補給物資を市価の60％まで値上げするとした「新財政経済方針」を発表した。1月現在，流通通貨量は全琉球で6億17百万B円と推定されており，これを2月から半年間で3億円に抑えるという計画である。その計画は実施され，効果が表れた。奄美群島では，4月29日，アデアー軍政府長官は，補給物資の3倍値上げを4月1日に遡って実施すると発表した。購買力の弱い奄美では約7万人の配給受給者が全員「要保護者」に転落するとみた政庁は「本群島の現況下では無理」と軍政府に撤廃を申し入れたが，「絶対命令だ」として聞き入れられなかった。その後，約1年にわたって「食糧3倍値上げ反対運動」が展開された（『南海日日新聞』2003年1月1日）。
47) 高石末吉によれば，奄美群島，そしてまた，琉球列島全体において，通貨流通高が圧縮されていた原因は，ガリオア資金を売って，資金を吸い上げたのちに，その資金をあまり放出しなかったことによるものであるという（高石前掲書，p.202）。
48) 奄美ペン会議編『道之島通信』No.3，1974年12月15日。
49) 『道之島通信』第3号，p.4。

る。しかるに，奄美は約2万5千人と称せられる沖縄への出稼人からの毎月の送金はせいぜい500～600万B円程度である。現在沖縄は，日本にとって良いドルの稼ぎ場所かも知れないが，大島は消費経済すらもその圏外に立っているというのが実情である」50)と述べている。

　上記文書は，続けて島内主要産業の現状について次のように述べている。
　　黒糖は本群島の特産物であり，現在では農村経済の根幹をなしているのであるが，海外から，戦後5万人がこのせまい土地に帰ってきたので，食糧の不足をきたし，生産はまだ戦前の60%にもみたない。昨年度（昭和26）までは日本政府が黒糖の輸入を琉球地区に限定した関係で，適当な価格で本土に輸出されたのであるが，本年度はこの特恵措置が撤廃されたため，勢い本土の市場でインドやジャワなどで大量生産されている外国糖と競争しなければならない窮地に追い込まれ，生産価格を割って輸出しなければならない困難な状態に立ちいたっている。紬織工業は，戦前大島の基本産業であり，年平均28万反から最高32万反も生産され，全輸出金額の60%を占めていた。戦争で施設が灰燼(かいじん)に帰し，1951（昭和26）年度7,800反と戦前の3%しか生産されていない。戦前は従業員3万人であったが，現在は3千人程度である。紬工業不振の原因は種々あるが，ガリオアで一時原料を輸入した以外，政策的に大きな施策がなされず，資金難にあることや，本土との航海の自由がないため，日本の流行が業者に把握できない，ということである51)。

財政に関しては，地方財政交付金は全琉球で2,700万円程度に対し，貧困な大島への割り当てが700万円で，実に微々たるものである。政府の地方財政交付金は市町村財政の1割である。総人口（21万人）の85%は農民である。窮乏の一途をたどりつつある農村の青壮年男女はほとんど沖縄へ出稼ぎに行き，残る者は老人で，人口過剰の割に労力の不足をきたしている。農民の生活状態は，「サトウキビの立木を売り，青田を売るという悲惨な状態にある」という52)。

---

50)　同上，p.4.
51)　同上，p.4.

コラム3 奄美の復帰運動に学ぶ

　村山家国著『奄美復帰史』(1971年) は，奄美の分離8年間を，復帰運動の視点から3つの時期に区分をしている。第1期は，2.2宣言から1951年2月，奄美大島日本復帰協議会（略称・復協）が発足するまでの約5ヵ年にわたる内燃期，第2期は，復協発足から51年9月，対日講和条約が調印されるまでの約8ヵ月の活動期，第3期は，講和条約調印直後から復帰成就までの約2年4ヵ月の期間である。もっともこの第3期は，途中にダレス声明をはさむので，細分すれば4つの系譜（時期）を形づくることになるが，運動への起爆力が，このながい内燃期において燃焼され，そして第2期以後の展開となった過程は，歴史的には日本の，そして連合国の戦後経営の絡みにおいて，考慮されるべきものであろう，と述べている（同書, p.15）。

　なぜ，日本国固有の領土のうち，北緯30度以南の南西諸島を日本国から「行政上及びその他の制度上の分離」をしたのであろうか。その理由は，連合国軍と米軍の占領支配区域の確定であった。沖縄をはじめ奄美群島は米国海軍が単独に占領支配したのに対して，日本本土は連合国軍が占領支配したのである。その結果，沖縄・奄美は当初，米国海軍総司令官ニミッツ（後に米国陸軍，そして米国軍政府）が，日本本土は，米国陸軍総司令官マッカーサーが連合国総司令官として占領統治したのである。そのために，奄美群島では，本土でみられたような経済社会の民主化が遅れ，民族の自由と独立に対する抑圧状態が続いたのである。村山が述べているように，「いったん堰がきれると，本土の奄美出身者による全国復帰対策委員会総本部との呼応作戦は，署名陳情を皮切りに怒涛のように展開した。信託統治絶対反対，完全日本復帰貫徹のスローガンに内外40万の奄美同胞が結集し，集団断食と総決起大会を連打，目標を講和条約においたその動きは加速的に熾烈化し，ついには密航による艇身陳情で世の耳目を集めた」のであった。

　1952年4月，講和条約発効を弔旗で迎えた奄美は，スローガンも「条約第

---

52) 同上。

第3章 米軍政統治下の奄美経済社会

3条撤廃」を加えて，第2次署名運動を展開した。小・中・高校生による血書嘆願や集団断食が再び断続し，態勢は一種凄絶味(せいぜつ)を加えるに至った。同年秋，復協議長ら郡民代表がやっと本土に渡り，国会もはじめて奄美単独の復帰決議案を可決し，全国的運動へと展開していった。そして1953年8月，朝鮮動乱の終結を見届けて米国への帰路の途中，日本に立ち寄ったダレス国務長官の声明が報じられたが，返還の範囲と時期が決まらぬため（沖永良部島と与論島はその範囲から除外されているといううわさが広まった），沖永良部島や与論島では復帰運動はいっそう燃え上がった。当時，沖永良部島と与論島では「なんで返さぬ，永良部(えらぶ)と与論，同じ同胞(はらから)，奄美島，……」と歌いながら，日の丸の旗をもって島内を歩き回りながら復帰請願が繰り広げられたのである。このような，壮絶な復帰運動が，国際世論を通じて，日本政府や米国政府を動かし，1953年12月25日，日本に復帰したのである。

　アメリカの奄美群島占領統治を研究しているロバート・D.エルドリッヂは，「署名運動，復帰運動，断食などに見られる，奄美群島の住民たちと本土にいる奄美大島出身者の結束力や運動力，知恵は，奄美群島の早期返還に欠かせなかった。というよりもむしろ，そのことが決定的な要因の1つになったといってよい。奄美の方々は，その歴史を誇るべきであり，そして評価すべきである。同時に，今後，振興，経済政策，過疎化対策，観光産業の内容充実化，人材育成，大学の設立など奄美群島が直面している問題に挑戦するとき，「復帰運動」で発揮した結束力，運動力を是非とも活かして欲しいと期待している。」と述べている（南海日日新聞社編『それぞれの奄美50—21世紀への挑戦—』南方新社）。まさにそのとおりである。復帰に伴って，衆議院議員選挙が行われたが，争点の1つは「奄美の復興」をどうするかであった。『南日本新聞』(2003年5月5日)の「風向計」で杉原洋（地域報道部長）が論じているように，保守系候補が「復興予算をたくさん取ってくるには本土とのパイプの太さがものをいう」と主張したのに対し，奄美大島復帰協議会議長だった泉芳朗は，「島の内部からわき起こる民意にもとづく復興計画でなければ，巨額の予算を投入しても効果は期待できない（水野修著『炎の航跡』）と訴えた。選挙の結果は，奄美の主体性こそが最も重要だといういう指摘より，「本土並み」，「格差是正」

という物質的尺度が選択される結果になった。その結果，本土化は進んだかも知れないが，奄美の独自性は失われつつあるのではないか。今こそ，奄美の主体性，独自性の復権が求められているのではなかろうか。まさにそのとおりである。

第4章　奄美群島復興事業と産業振興

　時代的背景

　戦後の復興が本格的に始動した1950（昭和25）年，政府は国土総合開発法を施行し，それに基づいて各地で開発計画が進められた。鹿児島県では国土総合開発法が制定される前の47年10月，国土局及び経済安定本部等を中心として国土計画の一環たる「特殊地域開発計画」としての性格をもつ「大隅熊毛開発」構想が公表され，県内の未開発地域の開発振興が企図された。そして1949年1月には「鹿児島県経済振興5ヵ年計画基本方針」が策定された。同計画によれば，「鹿児島県経済振興の究極の目標は，本県の経済力を全国同一水準まで高めること，いわゆる拡大再生産のための最小限度の資本蓄積が可能な程度の経済力をもつことを目途として，現在，全国平均の50%にすぎない県民1人当り所得を75%にすること，そのために，特に工業の振興に力を注ぐ」とある。

　1950年，国土総合開発法が制定され，鹿児島県では，大隅，熊毛地区がその特殊地域に指定され，国土保全と資源開発が目標にされた。開発のおくれた大隅半島と熊毛地区が鹿児島県の戦後開発政策の中心となった。笠野原台地の大規模な畑灌工事がはじまった。さらに，53年には「離島振興法」，54年には「奄美群島復興特別措置法」が制定され，大々的な開発時代がはじまった。

　日本経済は，1955（昭和30）年には生産水準もおおむね戦前平常時の水準に戻り，55年をもって「もはや『戦後』ではない」（56年度『経済白書』）と述べ，日本経済は復興から発展へと新たな指針を見出さなければならないことを強調した。57年には経済成長を目標にした「新長期経済計画」が，60年には第1次池田内閣のもとにおいて，「国民所得倍増計画」が打ち出され，62年には「全国総合開発計画」（目標年次1970年）が策定された。同計画は，「都市の過

大化防止と地域格差の縮小に配慮しながら，わが国に賦存する自然資源の有効な利用及び資本，労働，技術等，諸資源の適切な地域配分を通じて，地域間の均衡ある発展を図ることを目標とする」とするもので，国土開発方策として拠点開発構想を掲げた。

　国民所得倍増計画及び全国総合開発計画期間中の経済成長率は一般の予想をはるかに超えて年平均10.6％を記録し，日本はおろか世界史的にも空前の高度経済を達成した。高度成長の影響は鹿児島県にも及んだ。まず第1に，労働力の大量流出があったこと，第2は，県民所得の向上があったこと，第3は，交通通信網が整備されたこと，第4は，工業団地や住宅団地の造成が行われたこと，第5は，高校・大学進学率（1964年3月卒業の高校進学率は郡平均で42.8％）が上昇したことなどである。しかしながら，経済振興や所得格差の是正は期待はずれであった。68年10月，金丸三郎県知事の下で，鹿児島県の将来ヴィジョン「20年後のかごしま」が策定され，「開発」をキーワードとして県政が進められた[53]。

1節　日本復帰と通貨交換

　1945年8月から53年12月25日まで，奄美群島は，日本本土とは異なった占領支配下に置かれた。つまり，日本本土が連合国軍総司令部の占領支配下に置かれたのに対し，奄美群島は米国軍政府の占領支配下に置かれたのである。そのため，奄美群島の経済社会は，群島外の市場を喪失し，閉鎖経済を余儀なくされ，郡民の生活水準は極度に悪化し，産業も疲弊していたことは，重成知事一行の奄美視察報告書に述べられているとおりである。

　日本経済は，朝鮮戦争の休戦で景気後退という反動はあったものの，高度経済成長期を迎えていた頃に日本復帰をした奄美群島は，まず，通貨問題を処理しなければならなかった。1953（昭和28）年12月25日に調印された「奄美群

---

[53]　鹿児島県地方自治研究所編『鹿児島における開発政策と地方財政』2001年3月。

島の返還協定」第1条第1項は,「アメリカ合衆国は,奄美群島に関し,51年9月8日サンフランシスコ市で署名された日本国との講和条約第3条[54]に基づくすべての権利及び利益を,1953年12月25日,日本国のために放棄する。日本国は,前記の日に奄美群島の領域及び住民に対する行政,立法及び司法上のすべての権力を行使するための完全な権能及び責任を引き受ける」と定めている。

奄美群島の日本への返還交渉は,米軍の施設や軍事基地の継続使用問題をはじめ,財産の処理,通貨交換,資産凍結問題等であった。

返還交渉過程における通貨交換問題とは以下のとおりである。

1943年10月8日の米国陸軍省の「日本の軍政に関する指令案」第23項によると,「占領初期において,軍政府は,法貨として日本円と並んで占領軍によって供給される軍票も軍政府の支払いに使用することが認められる。軍票は,日本銀行あるいは必要に応じて設立された他の発券銀行によって発行さる新日本円が使用可能になり次第,それと置換し,流通から引きあげられることがのぞましい」とある[55]。

実際,米軍は琉球列島(奄美群島を含む)に上陸・占領した後,同地域において軍票「B円」を使用した。そして,日本国との降伏調印後においても,さ

---

[54] 講和条約第3条は,「日本国は,北緯29度以南の南西諸島(琉球諸島及び大東諸島を含む)を合衆国を唯一の施政権者とする信託統治の下におくこととする国際連合に対する合衆国のいかなる提案にも同意する。このような提案が行われ,かつ可決するまで,合衆国は,領水を含むこれらの諸島の領域及び住民に対して,行政,立法,及び司法上の権力を全部および一部を行使する権利を有するものとする」と定めている。

[55] 日本政府は,切り替えB円相当額(9億円)のドル償還をアメリカ側に要求した。これに対し,アメリカ側は,切り替えた日本円はそのまま国内に留保されるので,見返りにドルを要求するのは筋違いであり,またドルを支払わなくとも日本側の損にはならないと反論,日本側の要求とおりだとすると,前大戦で日本軍が南方諸地域で発行した軍票の処理に遡及しなければならないとして対立していた。最終的には,日本側がドル償還の要求を撤回,アメリカ側が沖縄列島の管理継続規定を削って譲歩し,奄美返還に関する日米協定の草案作業は終了したという(村山家国著『奄美復帰史』1971年,p.508)。

らには講和条約調印後においても軍票（B円）が流通し，1948年7月以降は，琉球列島における唯一の法貨として流通し続けていた。奄美群島が日本に復帰した53年12月現在のB円の流通高は，約2億5千万円と推定されていた。復帰にともなって，「B」型円の日本円への切り替えが必要であった。53年12月24日付けの「奄美群島に関する日本国とアメリカ合衆国との間の協定」（以下，「協定」と略す）第3条1項によれば，「日本国政府は，1953年12月25日に，奄美群島における流通からすべての「B」号円を回収し，かつ，1「B」号円につき3「日本円」の割合で「B」号円と日本円を交付することを開始しなければならない。この通貨の交換は，できるだけすみやかに完了しなければならない。回収した「B」号円は，沖縄の米国民政府に返還しなければならない。米国政府は「B」号円または「B」号円と引き換えに交付される日本円について，日本国政府に対し何ら償還の義務を負うものではない。」とある。通貨切替えのために搬入された日本円は9億円であった。内訳は，交換用が7億5,000万円，公務員の俸給やボーナス等を見込んだ予備金が1億5,000万円だったが，切り替えられた通貨は，B円で1億9,216万円，日本円にして5億7,649万円であった。これまで圧縮されていたB型通貨の流通高も日本円と1対3の割合での交換によって，奄美群島内では大幅な通貨膨張が生じ，にわか復帰ブームがもたらされることになったのである[56]。加えて，「協定」第3条3項は，「日本国政府は，奄美群島における郵便組織のすべての金融上の債務を負うものとする。」と定めている。復帰前の奄美群島の凍結資産は，各種恩給，預金，諸給与金，小切手等約4億円にのぼり，これを日本円に換算すると12億円に近い金額になる。この中には当然，個人が請求する権利のある恩給，諸給与金が含まれている。この凍結資産の解除によって，生活の逼迫，産業の不振もいくらかは緩和されることになったのである[57]。本土からの物資の流入が急増し食糧事情や島民生活も大きく変容した。

---

56) 復帰にともなって，物価が高騰した。復帰前には鹿児島市100に対し112という高い物価指数にあった奄美の物価は，復帰後またたく間に300台に跳ねあがった。名瀬市婦人会などが動いて経済安定協議会を結成するなど，一時は混乱状態を呈し，中央でも局地インフレの症状として注目された（村山前掲書, p.534）。

コラム4 離島振興法

　1953年7月に制定された離島振興法は，国土の保全，海洋資源の利用，自然環境の保全等に重要な役割を担っている離島について，本土から隔絶した離島の特殊事情からくる後進性を除去するための基礎条件の改善及び産業振興に関する対策を樹立し，これに基づく事業を迅速かつ強力に実施する等，離島の振興のための特別の対策を講ずることによって，その経済力の培養，島民の生活の安定及び福祉の向上を図り，併せて，国民経済の発展に寄与することを目的とする。10ヵ年の時限立法であったが，そのつど延長されて，現在第6次を迎えている。この法律に基づき離島振興計画が策定されており，離島の産業・生活両面における基本的な方向と施策のあり方を規定している。

① 離島振興法の適用範囲

　(1) 外海に面する島（群島，列島，諸島）であること，(2) 本土との交通が不安定であること，(3) 島民の生活が本土に強く依存していること，(4) 1ヵ町村以上の行政区画を有する島であること，(5) 前4項の条件を具備する島であって，法第1条の目的を速やかに達成する必要のある島であること，

② 都道府県離島振興計画の内容（法第3条第2項）

　(1) 本土と離島及び離島間並びに離島内の交通を確保するために必要な港湾，

---

57) 奄美群島の復帰にあたり，同地域における占領軍に対する請求権の処理は，奄美復帰協定第4条第1項，つまり，「日本国は，戦争から生じ，または戦争状態が存在したために執られた行動から生じたアメリカ合衆国及びその国民のならびに南西諸島の現地当局及びその前身たる機関に対する日本国及びその国民のすべての請求権を放棄し，かつアメリカ合衆国の軍隊又は当局の存在，職務遂行又は行動から生じたすべての請求権で，1953年12月25日以前に，奄美群島で生じ，又は奄美群島に影響を有するものを放棄する。ただし，前記の放棄には，1945年9月2日以後制定されたアメリカ合衆国の法令又は南西諸島の現地法令に認められた日本人の請求権の放棄を含まない」によってはじめて合意確定されたものであるということが両当事関係官の見解になっているという（講和発効前損失補償獲得既成会『講和発効前補償解決の記録』1969年12月，p.25）。

道路，空港及び施設の整備，(2) 資源開発及び産業の振興を促進するために必要な漁港，林道，農地及び電力施設等の整備，(3) 水害，風害，その他の災害を防除するために必要な国土保全施設等の整備，(4) 住民の福祉向上のために必要な教育，厚生及び文化に関する諸施設の整備並びに医療の確保

都道府県離島振興計画は，施設計画あるいは事業計画であって，その地域の現況をつぶさに把握し，さらに計画作成の時点から10ヵ年を展望し，そのうえで離島地域の振興に必要な主要産業を定め，この産業を振興するための事業及び諸事業が中心となる。

第1次離島振興計画（1954.10～64.1）は，振興すべき重点産業，計画大綱及び事業計画からなり，事業計画には地域ごとに実施すべき事業名，施行地または受益地，事業内容，事業費，国費などが明示されている。この場合，離島の事業費と国費の総計は，本土と離島振興対策実施地域との面積比，人口比でおおむね本土なみの水準になることを骨子として策定された。その額は国費234億円で，そのうち公共事業費は国費189億円であった。

第1次離島振興計画，改訂振興計画では，ともに地域ごとの国費事業費が明示され，実効ある計画とするうえできわめて適切であった。しかしながらその後，離島振興法延長にともない，64年1月に設定された第2次離島振興計画（10ヵ年）には地域ごとの事業計画が示されず，しかも，今後10年間にどれだけの公共事業費を離島地域に投入して振興を図るかという具体的な数字も示されなかった。つまり，第2次離島振興計画は，52年に全国総合開発計画が作成されたこともあって，離島振興対策実施地域全体を包括した形で63年度から10年間の離島のあり方を長期的に示し，計画期間中の国民所得倍増計画，経済計画等上記計画に対応させて，離島の総合的振興を推進していくための基本的指針となるものであった。離島振興法は2002（平成14）年6月まで4回延長されてきたが，7月にさらに延長（5回目）が決定され，その間，約30回の改正が行われた。2001年度までの国の公共事業費は約4兆円に達した。第6次離島振興法は，これまで，都道府県が振興計画を作成し，その計画に基づく離島振興事業を関係予算の概算要求一括計上，補助率の嵩上げ，補助採択基準の緩和，地方債の配慮，地方交付税の特例，特別融資制度など多くの財政支援

措置が講じられていたが，地域が主体性を発揮できるよう，国は基本方針の作成にとどめ，都道府県が計画を決定できることになった。

2 節　復興事業と産業振興

1954 年 6 月，重成鹿児島県知事一行が復帰直後の奄美の経済社会を視察し，『奄美群島視察報告書』をまとめた。産業関係として以下のように叙述されている。

> 奄美群島の産業は黒糖，紬，カツオ節等によって代表されてきたが，戦時中及び戦後日本復帰までの 8 年間の空白と経済秩序の混乱によって停滞し，住民の生活も困窮の状況にあるので，日本復帰と同時に基本的な生産施設の復旧整備，技術の向上，交通運輸の改善，貿易の振興等が強く叫ばれている。大島の人口 20 余万人の生活を安定させるためには，「奄美群島復旧特別措置法」を中心に国家の強力な助成援助が要請されるが，反面においては島民の自立精神の昂揚と経済観念の涵養が重要と思われる[58]。

そこで，日本復帰に伴って，米国軍政府の占領支配期間中の空白を埋めるべく，「奄美群島復興特別措置法」が制定され，同法に基づき，諸事業が展開されるに至ったのである。

1954（昭和29）年 6 月 21 日に制定された法律第 189 号「奄美群島復興特別措置法」は，第 1 条（目的）で，「この法律は，鹿児島県大島郡の区域で北緯 29 度以南にある地域（以下「奄美群島」という）の復帰に伴い，同地域の特殊事項にかんがみ，その急速な復興を図るとともに，住民の生活の安定に資するために，特別措置としての総合的な復興計画を策定し，及びこれに基づく事業を実施することを目的とする。」と定め，第 2 条（復興計画の内容）は，1.公共土木施設の整備事業，2.土地改良事業及び林業施設の整備事業，3.つむぎの生産，製糖，水産等の主要産業の復興事業，4.文教施設の整備事業，5.保健，

---

[58]　鹿児島県『奄美群島視察報告書―重成知事一行視察団―』1954 年 6 月，p.6.

衛生及び社会福祉施設の整備事業，6.電力，航路及び通信施設の整備事業，7.ハブ類及び病害虫の駆除事業，8.前各号に掲げるもののほか，奄美群島の復興に関し必要な事業，を挙げている[59]。

「奄美群島復興特別措置法」に基づく復興計画は，群島における住民の生活水準を戦前（昭和9～11年）の本土並みに引き上げるために，必要な産業，文化の復興と公共施設の整備充実を図ることを目標とした[60]。最初の5年間の事業実施状況は44％の進捗率にすぎなかったため，1958（昭和33）年6月30日，「復興10ヵ年計画」を決定，群島経済の「自立化」促進するというものであった。また，特別の金融対策として奄美群島復興信用保証協会（後に同信用協会に改組）が設置され，信用保証業務（後に融資業務も）を行うことになり，復興事業に伴う地元資金の確保等に大きな役割を果たすことになった。

1954年度から63年度に至る10ヵ年間の総事業費（実績）は210億円で，基幹産業の復興及び特殊産業の開発費101億円で，全体の約半分を占め，次いで，陸海空交通の整備費57億円，文教施設の復興整備費29億円，保健衛生施設及び社会福祉施設等の充実費14億円，国土保全費9億円である。ちなみに，63年度の大島郡全体（1市9町6村）の歳出総額は，29億16百万円で，土木費3億53百万円，産業経済費5億98百万円と比較したとき，いかに「復興事業費」が膨大なものであったかが窺えるのである。

復帰に伴う公共事業（陸海空交通の整備や文教施設の建造）や，基幹産業の復興と振興は社会資本の整備と生産性の向上を通じて郡民の所得を直接的に高めた。この時期は，基幹産業の復興と振興を通じて，自立化への指向が高まった時期である。1959（昭和34）年，国内甘味資源自給力強化総合対策が打ち出

---

59) 参議院法制局『第19国会制定法』（会期1953年12月10日から54年6月15日まで）p.837.
60) 大島郡民1人当りの実質所得は，1934（昭和9）～36年には全国平均の41％（鹿児島県は55％）であったが，1953（昭和28）年には28％（県は60％）程度に落ち込んでいた。そのため，奄美群島復興特別措置法に基づく事業計画は，5ヵ年で，戦前の水準に復興させるために産業振興を中心にした計画が立てられたのである（『奄美群島の概要』1957年10月）。

され,砂糖消費税の改正等により奄美群島でも分蜜糖製造が可能になり,本土の新式大型分蜜製糖工場が進出してきた。農家は従来の黒糖製造作業から解放されて製糖工場の原料生産者へと移行したため,サトウキビ生産農家の営農改善が行われた。サトウキビの生産量は復帰前の15万トンから63年度には45万トンへと3倍増加した[61]。大島紬の生産高も復帰前の3万2千反から63年度には14万9千反へと飛躍的に増加した[62]。米の生産量も1万2千トンに達し,郡民消費量1万6千トンの72%を自給できるまでになった。しかしながら,復帰時に20万を超えていた人口は,63年には18万5千人に減少し,63年度の市町村財政は,市町村民税が歳入総額の7.8%,地方交付税・国庫補助金の合計額が70.5%という中央政府及び公共事業への依存型(歳出に占める土木費の割合は12.4%)の財政構造が進展した[63]。その後,同法は5年ごとに,法律の一部を改正して,延長に延長を重ね,2004年3月で50年を越えることになる。その間の投資総額は1兆8千億円(うち国費は約1兆2千億円)を超える。そのほかに,郡内各市町村の年々の歳出がある。1954〜2002年度間の郡内各市町村歳出総額は約2兆2千億円である。振興開発事業費と各市町村歳出総額の合計額は4兆円に達するのである。うち,産業基盤整備費が約57%,産業振興費は37%で,両者で94%を占めている(表11参照)。奄美経済にお

---

[61] 本土復帰当時,奄美には自家の小型製糖場(含蜜糖=黒砂糖)が約4,300あった。12月から5月頃まで,サトウキビ農家は,自家製糖場で製糖作業に追われ,多忙をきわめていた。大型分蜜製糖工場が設立されたため,小型製糖場は閉鎖された。農家は,製糖作業から解放されて,サトウキビ生産に専念することが可能になった。他方においては,1961年,高収量品種のNCO 310が奄美の奨励品種に決定され,この品種がほぼ更新された64年度においては生産量66万9,763トン,10a当り収量8,036 kgで,従来の最高を記録した。
[62] 復興事業により産業開発整備も進み,大島紬業界もようやく活況を呈した。1954年には泥藍染,絣の藍の抜染め技術に続き,多色の大島紬の研究にも成功し,時代にマッチした模様,柄が生産されるようになった。需要も年々伸びて奄美群島の基幹産業としての地位を確保するに至った。
[63] 県の全市町村の歳入総額に占める市町村民税の割合は22.1%,地方交付税・国庫補助金の割合は49%である。土木費の歳出に占める割合は7.4%である。

表11　奄美群島振興開発総事業費及び産業振興費の推移

(単位：百万円)

	復興計画 (1954〜63)	振興計画 (1964〜73)	第1次振興 開発計画 (1974〜83)	第2次振興 開発計画 (1984〜93)	第3次振興 開発計画 (1994〜2000)	総　計 (1954〜2000)
振興開発事業	20,999	43,811	317,089	602,964	630,333	1,615,196
産業基盤整備	5,682	24,955	187,685	347,970	343,104	909,396
産業振興	10,088	16,612	112,354	230,721	226,060	595,835
農畜業振興	6,222	10,741	77,193	159,488	163,937	417,581
水産振興	1,103	613	23,101	47,207	39,415	111,439
林業	1,305	2,633	11,581	30,228	16,600	62,347
大島紬	42	238	478	606	867	2,231

(出典)　鹿児島県大島支庁『奄美群島の概況』2001年度版.
(註)　第1次振興開発事業の産業基盤整備費は交通基盤整備，社会基盤整備，防災及び国土保全の合計額である．2001年度の事業実績は816億64百万円で1954〜2001年の統計は1兆6,968億60百万円となる．

いて，いかに財政の果たしてきた役割が大きいか分かるであろう。ちなみに，2000年度の国・県・大島郡の総生産額に対する財政支出の割合をみてみると，国32％，鹿児島県38％，大島郡は55％である。奄美経済はいかに大きな財政支出によって支えられてきたかということが窺えるのである[64]。

3節　産業構造と郡民生産所得の推移

　1954（昭和29）年度の郡民生産所得は55億69百万円，62年度は140億75百万円であった。したがって，54〜62年度間の郡民生産所得の年平均増加率は19.1％であった。農林水産業などの第1次産業部門では11.7％，第2次産業部門では，製造業の大幅な上昇を反映して42.1％，第3次産業部門は，運輸通信業，金融の著しい増加があったため，21.8％の増加率であった。この

---

64)　国の財政支出とは政府及び地方公共団体の財政支出のことであり，鹿児島県の財政支出は県及び県内96市町村の財政支出のことであり，大島郡のそれは振興開発事業費と郡内14市町村の財政支出の合計額である。

表12 産業別生産額の推移

(単位：百万円, %)

	第1次産業	第2次産業	第3次産業	総　　計
1954（昭29）	2,627(47.2)	520(9.3)	2,434(43.7)	5,569(100)
56（　31）	3,334(44.0)	963(12.7)	3,312(43.7)	7,577(100)
58（　33）	3,425(40.4)	1,203(14.2)	3,814((45.0)	8,468(100)
60（　35）	4,085(39.6)	1,521(14.8)	4,677((45.4)	10,301(100)
62（　37）	5,096(36.2)	2,271(16.1)	6,673(47.4)	14,075(100)
63（　38）	5,806(35.2)	3,257(19.7)	7,394(44.8)	16,503(100)

（出典）　鹿児島県大島支庁『奄美大島の概況』1963年度版, p.218.

ような各産業部門における生産額の推移に対応して，産業別所得構成は，第1次産業の比重が47.2%から36.2%に減少したのに対し，第2次産業は9.3%から16.1%へ，第3次産業は43.7%から47.4%へと増加した。1962年度の郡内生産所得を産業別にみると，第1次産業は，50億96百万円で対前年度17.3%増，第2次産業は，22億71百万円で23.7%増，第3次産業は，66億73百万円で17.3%の増加であった（表12）。第1次産業のうち，農業は21.8%の伸びを示した。それは，気象条件に恵まれたうえに，栽培技術の向上，優良品種の普及及び病害虫対策等によるものであった。水稲，甘藷等の主要作物において31.3%，サトウキビを主力とする特用作物においては38.2%という高い増加率であった。第2次産業では，復興事業の進捗及び民間企業の発展に平行して，砂利採取業等を主とする鉱業及び建設業の増加率が9.7%と15.2%であった。また，製造業においてはもっとも大きなウエイトを占める食料品製造工業及び繊維産業（大島紬）がそれぞれ対前年度比18.4%及び58.8%と著しい伸びを示したので，製造業としては35.0%という高い伸び率を示した。第3次産業も第1次産業及び第2次産業の高い伸び率に支えられて17.3%の伸び率を示した。

　1962年の産業別生産額や産業別就業人口（1960年10月の国勢調査によると，群島の就業者総数は8万7,758人で，第1次産業が5万4,646人，うち農業が5万1,945人を占めており，第2次産業は1万5,470人，第3次産業は1万7,642人である）からみると，第1次産業が依然として奄美群島の基幹的地位

を占めていたということができる。

　次に、郡民1人当り所得についてみてみると、1955年度の郡民1人当り所得は3万1,090円であったが、58年には4万2371円、62年には7万2,907円になった。その間の年平均増加率は19.2%であった。実質額（戦前価格に換算）して郡民1人当り所得を国民1人当り所得と比較してみると、戦前の郡民1人当りの所得は88円で、国民1人当り所得210円に対し41.9%であった。復帰当時の1953年度の郡民1人当り所得は57円で、国民1人当りの27.7%に落ち込んでいた。しかしながら復帰後の復興事業に伴い、54年77円、55年95円、56年101円と逐次上昇傾向をたどり、56年には戦前水準を14.8%上回る結果を示したが、国民1人当り所得に比べると41.2%という低い水準であった[65]（表13）。

　郡内生産所得（名目）は、57年度以降もほぼ順調に増加し、1962年度には141億円になった。56～61年度の年平均増加率は14.5%である。特に、62年度の対前年度増加率は18.3%で、県の13.1%、国の12.3%をも超えるものであった。郡民1人当りの名目所得は、1962年度7万2,907円で、前年度の6万1,283円に対して19.0%の伸び率であった。しかし、県民所得に対し77.7%、国民所得に対し44.9%という低さであった。

　1963年度版『奄美群島の概況』は、「このことは（郡民生産所得の高い増加率のこと）、奄美群島復興事業の成果が、ようやく顕著にあらわれてきたものと考えられる。」と述べている[66]。

　奄美群島復興事業計画の終了時の1963（昭和38）年度には、計画の目標とされた生活水準の引き上げもほぼ達成された。郡民1人当り所得は8万8千円で、国平均18万5千円、県平均11万1千円であるから、郡民1人当り所得は、国平均の47.5%、県平均の79.2%になった。63年度の郡民分配所得の総額は、168億32百万円である。これは、前年の140億75百万円に対して27億73百万円の増加であって、実に19.7%の伸び率を示し、県や国の伸び率

---

65)　鹿児島県大島支庁『奄美大島の概況』1957年10月。
66)　同上、1964年12月, p.215.

表13 郡内生産所得（名目）の推移　　　　　　　　（単位：%）

	1934〜36	1958	1960	1962	1963
名目所得（百万円）	18	8,468	10,301	14,075	16,848
指数	1.0	470.4	572.3	781.9	936.0
1人当り名目所得（円）	89	42,371	52,421	72,907	88,421
指数	1.0	476.1	589.0	819.2	993.5
1人当り県民所得に対する比率	80.2	72.5	74.7	77.7	79.8
1人当り国民所得に対する比率	42.4	46.4	42.5	44.9	48.2

（出典）　大島支庁『奄美群島の概況』1964年, p.224.

16.4%と14.3%をも上回るものであった。雇用者所得は，求人難による人件費の高騰により対前年度比17.6%の増加を示し，全体の36.5%を占め，個人業主所得は59.8%，法人所得0.7%，その他2.6%の割合である。雇用者所得や法人所得の割合が個人所得に比較して著しく低いということは，零細規模の企業が多いということを示している。

　郡民個人所得の支出についてみると，個人消費が77.7%，租税1.7%，個人貯蓄（誤差と脱漏を含む）が20.6%である。

4節　市町村財政と金融の推移

　1955（昭和30）年度決済による大島郡市町村（1市5町13村）の財政状況は，歳入総額10億6百万円（100.0%）で，うち，市町村税77百万円（7.6%），地方交付税2億85百万円（28.3%），国庫支出金4億62百万円（45.9%），市町村債1億2百万円（10.1%）であった。歳入に占める自主財源の割合は13.7%にすぎない。自主財源の割合が最も高いのは，和泊町の21.9%，最も低いのは実久村の8.7%である。名瀬市の地方債依存率は19.3%（歳入総額2億35百万円，地方債45百万円）である。名瀬市は58年8月，名瀬市財政実態調査を鹿児島大学の岩元和秋に依頼し，同年12月『名瀬市財政実態調査報告書』（名瀬市役所）を公表した。同報告書は，「1954年度以降，奄美群島復興特別措置法によって，遅れをとっている行政水準を内地並みに，しかも速やかに

回復させようという国の意図はよいとしても，そのことが施策のあらゆる面で一挙に行われ，しかもその各々の面での市の自己負担が年々多くなってきているということは，今日，一般にみられる地方財政の構造的矛盾のかなり明白な析出ともみられ，これに対して市，県，国がどう対処するか，これは長期の見通しのうえでドラステイックな考慮が払われねばならぬことである。」と指摘している[67]。このような赤字財政運営がやがて，財政再建団体の指定（自主再建団体）をうけることになったのである[68]。62年，名瀬市は地方財政再建整備法の準用団体として「財政再建」3年目の過程における名瀬市の行財政の実態調査を依頼した。同報告書によれば，「当市財政再建の状況は当初計画よりも特別交付税の伸びなどにより順調に推移し，昇給ストップの解除も行われ，短期債借入の余裕をつねに残すなど，金繰りも容易になったが，そのことは行政水準の向上とは必ずしも同義ではなく，他の類似都市と比べ，当市の行政水準がなお著しく低い部門もあり，それは財政再建団体なるが故に充分の措置が行いえずにいる面もあることが銘記されなければならない。」と述べている[69]。

　表14は，名瀬市の財政（歳入・歳出）の推移である。財政収支の赤字額は，1955には財政規模は小さいものの，収支はほぼ均衡していた。その後，収支不均衡が大きくなり，60年度にはマイナス67百万円，歳入に占める割合は

---

67) 名瀬市役所『名瀬市財政実態調査報告書』1958年12月。
68) 当時の大津鉄治名瀬市長の下で，財政再建をめぐって，自主的財政再建か，地方財政再建法によるか，再三，方針転換がなされた。結局，名瀬市の財政再建闘争の成果は，「名瀬市の赤字財政再建をめぐる運動によって，寺園県知事も奄美の市町村財政の健全化をはからなければならないので，復興事業の地元負担の軽減措置，離島の市町村に地方交付税の配分を引き上げることや，特別交付税の配慮を政府に要望した。その結果，1964（昭和39）年の地方交付税法改正で，「離島等遠隔地の市町村について，遠隔地であるためにかさむ旅費，通信，運搬費など経常経費や投資的経費を基準財政需要額に算入する」という趣旨で，「遠隔地補正」が創設された。『遠隔地補正』は，1995年度には7億円を超えるまでに大きくなっているという（埼田実芳「復帰直後に直面した名瀬市の財政再建問題 (3)」『ルリカケス』第28号，2002年5月。
69) 鹿児島県名瀬市『名瀬市行財政実態調査報告書』1962年9月。

表14 名瀬市の財政（歳入・歳出）の推移

(単位：百万円, %)

年度	歳入				歳出				収支
	市町村税	地方交付税	国県支出金	歳入総額	人件費	扶助費	建設費	歳出総計	
1955	24(10.2)	44(18.7)	95(40.4)	235(100)	55(23.2)	54(23.2)	80(33.8)	237(100)	−2
60	56(10.7)	136(26.1)	262(50.3)	521(100)	119(20.3)	171(29.1)	128(21.8)	587(100)	−67
63	97(13.1)	240(32.4)	332(44.8)	741(100)	164(21.2)	235(30.4)	150(19.4)	774(100)	−32

(出典) 大島支庁『奄美群島の概況』，名瀬市『名瀬市財政実態調査報告書』1958年12月．

表15 大島郡市町村歳入決算の推移

(単位：百万円, %)

	市町村税	地方交付税	国庫支出金	県支出金	市町村債	歳入総額	自主財源率
1955	77(7.6)	285(28.3)	462(45.9)	18(1.8)	102(10.1)	1,006(100.0)	
60	143(8.4)	529(31.0)	699(41.0)	67(3.9)	101(5.9)	1,705(100.0)	18.0
63	236(8.1)	1,001(34.3)	1,090(37.4)	150(5.1)	179(6.1)	2,918(100.0)	17.1
65	519(7.0)	2,979(40.3)	1,287(17.4)	1,271(17.2)	577(7.8)	7,393(100.0)	

(出典) 大島支庁『奄美群島の概況』，その他の項目が除かれているため，各項目の合計額は歳入総額に一致しない．

12.9%に達していたが，63年度にはマイナス32百万円，4.3%に減少した。歳入の方では，市町村税の割合が低下し，地方交付税の割合が増加した。63年度についてみると，地方交付税と国県支出金の合計額で歳入総額の77.2%を占めている。歳出に関しては，人件費の割合が21.2%と若干抑えられており，扶助費の割合が増加し，建設費の割合が減少している。

郡内市町村の歳入についてみると，市町村税の割合が7.0〜8.4%と非常に低く，地方交付税の割合が次第に増加し，65年度には40.3%に達している。地方交付税に国庫支出金と県支出金を加えると，74.4%になる。自主財源の歳入に占める割合はわずか17%程度である（表15）。

1954（昭和29）年度の歳出についてみてみると，歳出中に占める投資的経費の割合は53.5%で，うち奄美群島復興事業費が投資的経費の約47%，歳出総額の46.5%を占めている。56年度の財政収支によれば，財政引揚総額（国庫

表16　郡内市町村歳出決算の推移

(単位：百万円，%)

	人件費	物件費	扶助費	建設事業	公債費	歳出総額	投資的経費率
1954	184	114	42	384	2	780	53.5
60	344	188	207	751	57	1,758	47.9
63	577	323	338	1,278	104	2,917	48.3
67	1,190	659	698	1,512	267	5,287	42.5

(出典)　大島支庁『奄美の概況』1957，1961，1964，1970年度版．

収入＋県収入）は，21億10百万円で，財政投下総額（国庫支出＋県支出）は24億10百万円で，差引き約3億円の散超である．財政引揚のうち，国税は1億90百万円余，県税は2,822万円である（表16）。

　地方交付税交付額は，1954年度を100としたとき，56年度までは100を下まわる状態であったが，57年度以降大幅に増加し，59年度156.9，62年度290.7，63年度には316.5に増加した．その結果，63年度には歳入総額に占める地方交付税の割合は34.3％，そして65年度には40.3％になった．

　金融活動についてみてみると，1956年末の預金残高は11億90百万円，貸出残高は7億80百万円で，預貸率は65.4％（前年度末は57％）である．産業別貸出残高をみてみると，総残高の71.2％が商業を中心とした産業（貸出残高5億55百万円）であり，これに次いで建設業（80百万円），製造加工業（71百万円）となっている．このことは奄美群島の資金が消費経済過程を通じて偏在していることを示している[70]．63（昭和38）年末の預金残高は60億20百万円，貸出残高は77億80百万円で，預貸率は129.4％である．1950年代後半以降日本経済の高度成長に伴って金融機関はオーバーローンとなり，日本銀行からの借り入れによって企業の資金需要をまかなった．奄美群島でも同じような状況が見られ，製造加工業（主に大島紬）への貸出残高が22億90百万円に

---

[70]　大島支庁『奄美群島の概況』1956年度版，p.74．奄美の消費ブームは日本復帰に伴って，1B円を3円と交換したことによって，通貨流通量が増えたことによるものである．

表17 大島郡及び鹿児島県の預金残高・貸出残高と預貸率の推移

(単位：百万円, %)

	預金残高			貸出残高			預貸率	
	大島郡 (A)	鹿児島県 (B)	(A)／(B)	大島郡 (A)	鹿児島県 (B)	(A)／(B)	大島郡	鹿児島県
1956（昭和31）	1,190	44,030	2.7	779	27,431	2.8	65.4	62.3
60（　　35）	3,523	90,445	3.9	4,214	47,920	8.8	119.6	53.0
63（　　38）	6,016	149,708	4.0	7,783	85,810	9.1	129.4	57.3
65（　　40）	12,442	208,601	6.0	12,822	128,879	9.9	103.1	61.8

(出典) 鹿児島県『鹿児島県統計年鑑』，大島支庁『奄美群島の概況』各年度版．

表18 金融機関の産業別資金貸付状況

(単位：百万円, %)

	農業	水産	製造加工	建設	運輸	商業	その他	計
1955	21	4	63	69	19	713		890
	(2.4)	(0.4)	(7.1)	(7.8)	(2.1)	(80.1)		(100)
60	496	171	891	155	415	1,139	949	4,215
	(11.8)	(4.1)	(21.1)	(3.7)	(9.8)	(27.0)	(22.5)	(100)
63	972	66	2,291	539	943	1,742	1,230	7,783
	(12.5)	(0.8)	(29.4)	(6.9)	(12.1)	(22.4)	(15.8)	(100)
65	2,230	100	6,267	2,799	3,502	7,313	4,598	26,810
	(8.3)	(0.4)	(23.4)	(10.4)	(13.1)	(27.3)	(17.2)	(100)

(出典) 表17に同じ．

のぼっており，次いで商業17億40百万円となっている。金融機関別の貸出残高では，地元金融機関（鹿児島銀行大島支店，旭相互銀行大島支店，奄美大島信用金庫）33億70百万円，日本開発銀行25億円，奄美群島振興信用基金の貸付残高は4億20百万円となっている。貸出超過額は17億60百万円である。

表17によって鹿児島県の預金残高に占める大島郡の預金残高の割合を比較してみると，1956年の2.7％から63年には4.0％，65年には6.0％へと増加した。65（昭和40）年の大島郡の預金残高は124億42百万円に対し，鹿児島県のそれは2,086億1百万円である。郡民1人当りの預金残高と県民1人当りの預金残高を比較してみると，大島郡6万6,823円，鹿児島県11万2,542円

で，郡民1人当りの預金額は県民1人当り預金額の59.4%にすぎないのである。貸出残高についてみてみると，56年には2.8%であったが，63年9.1%，65年には9.9%に達している。65年の貸出残高は，大島郡128億22百万円，鹿児島県1,288億79百万円で，預貸率は大島郡103.1%，鹿児島県61.8%である。大島郡の預貸率が100%を超えているのに対して，鹿児島県のそれは約62%である。大島郡の預貸率が高いのは，復興事業に関わる建設投資や産業投資（大島紬や農業投資）が増加したことによるものである。

産業別の資金貸出状況をみてみると，商業部門への貸出割合が最も大きく，次いで製造加工，運輸，建設となっており，農業，水産業への貸出割合が小さい。特に，水産業への貸出割合が小さい。水産業の近代化が遅れた原因の1つである（表18）。

鹿児島県『奄美群島復興の成果』（1963年12月）によると，「復興事業の進捗に伴い，公共土木施設を中心とする各面の復興はめざましく，群島住民の自立復興意欲の高揚と相まって，群島の経済活動もとみに活発化し，復興事業終了時には，計画の目標とされた生活水準への達成もほぼ可能の目途がついている。」と述べ（p.4），今後の課題として，「復興計画においては，当初，公共施設の整備に重点がおかれ，産業振興については計画の後半に初めて問題提起がなされた関係で，基幹産業さえようやく将来の方向づけがなされたにすぎない段階にとどまり，十分な成果を収めたということはできない。しかもこの間における日本経済の伸長は著しく，国においては国民所得倍増計画を策定し，国民所得の飛躍的発展を図りつつあり，本土と本群島との所得格差は依然としてせばめられていない。本群島も島民所得並びに各種の施設においても地域格差をできるだけ縮小し，後進性から脱却するための諸施策をさらに講ずる必要に迫られている。」と結んでいる（p.171）。

第5章　奄美群島振興事業と経済社会の変容

時代的背景

　1964（昭和39）年は，わが国にとって記念すべき年になった。というのは，日本は，国際社会において，先進工業諸国の組織である経済開発協力機構（OECD）への加入が認められ，4月にはIMF8条国に移行し，国際収支の擁護を理由とした貿易・為替制限は行えなくなったからである。つまり，名実ともに国際経済社会の有力な一員となる本格的な開放体制移行の年であった。64年度版『経済白書』の副題「開放体制下の日本経済」が示しているように，日本経済は，本格的な開放体制へと移行したのであるが，これを記念するかのように，64年10月，アジアではじめての東京オリンピックが開催されたのである。東京オリンピックに備えて，東海道新幹線が東京―新大阪間に開通した。

　1965年に入ると，戦後最大の不況に見舞われたが，それもやがて克服され，いざなぎ景気（1965～70年）と称された高度経済成長が持続した。鹿児島県からは，相変わらず労働力の流出が続き，農漁村部において過疎化現象が顕著になった。「全国総合開発計画」が掲げた国土開発方策としての「拠点開発構想」は，その目標をほぼ達成したものの，「地域間格差の是正」，「地域間の均衡ある発展」は，大きく期待を裏切られるものとなっていた。69年5月には，「新国土総合開発計画」が策定され，交通ネットワーク整備で開発可能性を全国土に拡大するとともに，大規模開発プロジェクトを掲げた。

　鹿児島県においては，1967年4月に県知事に就任した金丸三郎は，「20年後のかごしま」（68年10月）を策定し，県勢発展の指針とした。同ヴィジョンによれば，「本県の飛躍的発展をはかるためには，画期的な交通・通信網の整備によって，その条件をつくりだすことが何よりも先決条件である。したがって，このヴィジョンは，大型空港，国鉄新幹線，九州縦貫自動車道，大型港湾，

データ通信など基幹通信網と県内の交通通信網を整備しつつ，これを基盤として，次の発展方向をめざす」と述べている。同知事の下で，工業化を推進し，雇用の場を確保するため，企業誘致や開発が進められた。喜入，志布志湾，与次郎浜，十三塚原等の埋め立てや造成によって，石油備蓄基地，大型港湾，臨海工業団地，商業団地，公共施設，新鹿児島空港，九州縦貫自動車道が建設されるなど，高度経済成長を前提にした大型開発が進んだ。他方においては，志布志湾公害反対連絡協議会が発足し，新大隅開発反対運動が活発化した。奄美では，東亜燃料石油株式会社による枝手久島の石油備蓄構想が明らかにされ，反対運動が展開され，ついに進出を断念した。

1節　振興計画の概要と成果（1964～73年度）

　このような時代的潮流を背景にして策定された「奄美群島振興計画」は，産業基盤の整備を重点的に推進し，基幹産業の育成振興と金融対策の強化拡大による群島の経済的自立を促進し，住民生活の安定および福祉の向上を図ろうとするものであった。計画終了時における群島民の生活水準を，おおむね県本土の水準に近づけることを目標としたが，1973（昭和48）年度の郡民1人当り所得は46万7千円で，国の86万8千円，県の59万8千円に対し，それぞれ53.8％と78.1％にとどまった。

　同計画に基づいて実施された事業費総額は438億11百万円であるが，うち，産業振興費は166億12百万円（37.9％），産業基盤整備費は164億14百万円（37.5％），社会基盤整備91億88百万円（21.0％）である。この時期の1つの特徴は，産業振興から産業基盤の整備に重点が移されたことである。道路新設・改良，船舶の大型化に伴う港湾の拡充整備，空港の拡充整備とともに，社会基盤整備も進められた。大型の公共工事は群島外の大規模の土木建設業企業が請け負ったが，群島内でも中小規模の土木建設業者が増え，土木建設業に就業する者が大幅に増加した。69年には建設業事業所数は324，従業者数は2,962人，72年には371と3,400人，78年には492と4,868人へと増加した。

第5章 奄美群島振興事業と経済社会の変容

総支出に占める奄美振興開発事業費の割合は増加し，群島経済は域外に大きく依存するようになった。

復帰から15年経った1968年度の郡民総生産は，380億円で，間接税や資本減耗引当分を控除した郡内純生産は336億円である。産業別の生産額は，第1次産業68億円（20.2％），第2次産業（27.8％），第3次産業175億円（52.1％）である。68年度の郡民1人当り所得は県本土の85.3％，国の46.4％である。県との格差の縮小の原因は，財政投融資と地場産業の生産性の向上であった。県離島振興課が試算した大島郡民経済計算によると，68年度の移出入差額は117億円（移出186億円，移入303億円）の移入超過である。この移入超過は，財政勘定によって賄われたのである。すなわち，189億円の財政支出に対して，国・県の支出金，市町村に対する地方交付税，補助金等155億円の郡外からの財政への移転があり，郡内での財政収入は，わずか28億円にすぎないのである（表19）。

振興事業の最終年度に当たる1973年度の郡内総生産（＝総支出）は，810億円で前年度にくらべて17.7％の伸びを示した。郡内総生産の内訳は，郡内純生産が，730億円で22.9％，資本減耗引当が70億円で，マイナス17.8％，間接税が17億円で22.2％，経常補助金が6億円で37％，前年度にくらべそれぞれ伸びた。

次に，総支出の内訳をみてみると，個人消費支出が603億円で19.4％，財政の財貨サービス経常購入が184億円で17.7％，郡内総固定資本形成が270億円で0.9％，在庫品増加が14億円129％，前年度にくらべてそれぞれ伸びた。経常郡外余剰は，移出が339億円で14.1％伸びたが，移入も602億円で8.1％伸びており，差引き263億円の移入超過となっている。

総生産や総支出の大幅な増加にもかかわらず，資本減耗費がマイナス17.8％増加であること，固定資本形成がわずか0.9％増加であること，在庫品が129％も増加していることである。商店の販売額は65年度の192億円から73年度には630億円へと3.3倍増加した。販売品の大部分は群島外からの移入品である。64年の海上移入貨物数量は31万トン（1位は化学製品の11万トン，2位，農水産物5万トン，3位林産品）であったが，76年には約90万

表19　郡民総生産と郡民総支出

(単位：百万円，%)

郡民総生産			郡民総支出		
	1967	1968		1967	1968
郡内総生産	29,969(87.8)	33,599(88.4)	個人消費支出	27,297(80.0)	30,411(80.0)
第1次産業	6,727(19.7)	6,801(17.9)	財政の消費的支出	5,828(17.1)	7,365(19.4)
第2次産業	8,272(24.2)	9,340(24.6)	郡内資本形成	10,551(30.9)	11,403(30.0)
第3次産業	14,970(43.9)	17,458(45.9)	統計上の不突合	526(1.5)	573(1.5)
間接税－補助金	427(1.3)	431(1.1)	計	44,202(129.5)	49,752(130.9)
資本減耗引当	3,737(10.9)	3,980(10.5)	移出入差額	▲10,069(-29.5)	▲11,742(-30.9)
合　　計	34,134(100　)	38,010(100　)	合　　計	34,133(100　)	38,010(100　)

(出典)　大島支庁『奄美群島の概況』1970年度版，p.321.

トン（1位は化学工業品37万トン，2位，金属機械工業品，3位，農水産品9万トン）である。移出は，同期間中に15万トンから21万トンへと1.4倍増加したにすぎない。振興計画に基づく公共事業をはじめとする諸事業の遂行のために必要とされる資材（機械類，セメント，鉄骨，木材等）のほか，消費物資のほとんどは郡外から購入されるために，移入額は大幅に増加した。67年度の移入額は270億円であったが，73年度には601億円へと2.2倍も増加した。同期間中の移出額は169億円から339億円へと2.0倍の増加である。移出の増加率を移入の増加率が大幅に上回るようになり，域際収支の赤字額が増加していったのである。この域際収支のマイナスを補填したのが，個人送金，財政移転，資本取引である。その中でも中心をなすのは財政移転である。73年度の財政移転（国・県からの交付金・補助金）は400億円で，群島財政の経常収入の78%，郡内総支出の48%に達した。

　表19は，1967年度と68年度の郡民総生産と郡民総支出に関する統計である。68年度の郡内総生産額336億円，郡民総生産額380億円に対し，郡民総支出額は498億円である。郡民総生産額と郡民総支出額の差額117億円は移出入差額となっており，それは財政の移転によって賄われたのである[71]。

　産業振興の側面をみてみると，基幹産業のサトウキビは，73年，74年と価格の大幅引き上げによって生産意欲は向上したが，生産量，生産額は低迷した。水稲作付面積は，1960年の4,155 ha（1期作のみ）から73年には650 haへと

減少し,米の生産量も1万3,000トンから2,766トンへと減少した。大島紬の生産反数は72年頃にピーク(29万8千反)を迎えたものの,在庫が増加し,市場に陰りが見えつつあった。たが,販売額はなお増加を続け,紬景気をもたらした。

　1973年度をもって終了する振興事業計画の成果を,「振興事業計画の推進により,郡民所得は1963年度165億円から73年度には4.5倍の736億円となり,人口1人当たり所得も72年度には初めて全国平均の50%を上回り,73年度には47万5千円強となり,国民所得の56.3%,県民所得の81.1%を示すに至った」と総括して,「県本土との所得格差を縮小するために産業振興を重点に推進されたが,群島を取り巻く諸条件は依然として厳しく,諸格差を是正するには至らなかった。」と取りまとめている(鹿児島県『奄美群島復興・振興の成果』(1975年3月))。

2節　高度経済成長と奄美経済社会

　1964(昭和39)年度の『経済白書』は,「経済全体に労働力の不足がみられるようになった。長いこと失業問題に悩まされてきたわが国は,過去における経済成長の結果,歴史上はじめて完全雇用の達成に近づき,労働力の不足を感じるようになった」と指摘している。奄美群島からも中学・高校卒の集団就職に加えて,世帯主の出稼ぎや家族総体の転出が増加するようになった。水島,倉敷,千葉等の臨海工業地帯に新設された製鉄・化学工場や土木建設・港湾運輸業が主な就職先であった。

---

71)　1970年度版『奄美群島の概況』によれば,「大島郡民経済計算の1968年度の移出入差額をみると,移出186億円に対し,移入は303億円で,117億円の移入超過になっている。この117億円の移入超過は,財政勘定によって埋められている。つまり,187億円の財政支出のうち,地方交付税や国・県の支出金等155億円が郡外からの移転があり,郡内での財政収入はわずか28億円にすぎない。このことから財政の役割がいかに大きいかが理解できる」と述べている(p.321)。

表20 奄美群島の年齢階層別人口と構成比の推移

(単位:人, %)

	1955.10.1	1960.10.1	1965.10.1	1970.10.1
15歳以下	78,038(38.0)	79,183(40.3)	70,453(38.4)	54,814(33.4)
15～19	17,661(8.6)	11,003(5.6)	12,109(6.6)	13,621(8.3)
20～39	49,698(24.2)	45,191(23.0)	38,712(21.1)	32,659(19.9)
40～64	44,153(21.5)	43,423(22.1)	44,033(24.0)	44,147(26.9)
65歳以上	15,813(7.7)	17,683(9.0)	18,347(10.0)	18,709(11.4)
総　　計	205,363(100.0)	196,483(100.0)	183,471(100.0)	164,114(100.0)

(出典)　鹿児島県大島支庁『奄美群島の概況』1975年度版.

表21　産業別就業人口（割合）の変化

(単位:人, %)

	第1次産業	第2次産業	第3次産業	総　　計
1960	54,646(62.3)	15,470(17.6)	17,642(20.1)	87,758(100.0)
65	35,464(46.2)	22,090(28.8)	19,096(24.9)	76,704(100.0)
70	25,468(34.5)	26,384(35.8)	21,935(29.7)	73,795(100.0)

(出典)　鹿児島県大島支庁『奄美群島の概況』1975年度版.

　1955年から70年にかけて総人口は20万5,363人から16万4,114人へと4万1,249人減少したのに対して，40歳以上人口は5万9,966人から6万2,856人へと2,890人増加し，39歳以下人口は14万5,397人から10万1,094人へと4万4,303人減少した。つまり，学卒者及び青壮年の転出によって人口減少と高齢化が進行したのである（表20）。69年10月から70年9月までの1年間に転出した人数は1万1,866人に対し，転入した人数は6,226人で，差引き5,640人の転出である（瀬戸内町は除外）。同年12月末の農家出稼ぎ世帯数は2,008戸（全世帯数は2万5,000戸），2,032人にのぼっている。青壮年層の減少による村の諸行事の運営が困難をきたすようになった。人口の減少は産業構造にも大きな変化をもたらした。第1次産業，その中心をなす農業就業人口の減少と高齢化である。

　1960年には第1次産業就業者の割合は全就業者の62.3％を占めていたのに対して，70年には34.5％に減少した。第2次産業は，高度経済成長に伴って

表22 郡民総生産の推移

(単位：百万円, %)

	第1次産業	第2次産業	第3次産業	郡内総生産
1962	5,096(36.2)	2,271(16.1)	6,673(47.4)	14,075(100)
68	6,801(20.2)	9,340(27.8)	17,458(52.0)	33,599(100)
70	7,052(16.6)	12,978(30.6)	22,349(52.7)	42,380(100)
73	11,766(16.1)	22,702(31.1)	38,476(52.7)	72,945(100)

(出典) 表23に同じ.
(注) 分類不能産業，調整項目があるため合計が100%にならないこともある.

大島紬の需要が増加し，大島紬を中心にした就業者が大幅に増加したことと，公共投資の増大に伴って土木建設業の就業者が増加した（表21）。

産業部門別の生産額をみてみると，第1次産業の生産額は10年間に約2倍増加しているものの，構成比は6%の減少を示している。1970年の就業者の割合は36%であるのに対して，生産額の割合は16.1%であるから，第1次産業の就業者1人当りの生産性（所得）は第2次及び第3次産業の約半分程度であることが明らかである（表22）。

コラム5 奄美の人的ネットワーク

昭和の初めから1955（昭和30）年にかけて20万人余いた奄美の人口は，その後，減少の一途たどり，2003年末には13万人を割る状態となった。奄美の人口減少は，島外に出身者を多く送り出しているということである。1950年代に奄美外に16万人（『奄美大島の概況』1953年）とも，あるいは40万人（村山家国著『奄美復帰史』）ともいわれる奄美出身者，同胞を有している。日本復帰と日本経済の高度成長に伴って，毎年，約3,000人（ちなみに1970年の高校卒業者数は2,699人でその90%が郡外に出て行く）が島を出ていく。50年間には約15万人が島を出でたことになる。そして，結婚し，2～3人の子供に恵まれたとしたら，30万～45万人の奄美人（2世・3世を含めて）が本土に在住していることになる。関西には，島・町・村ごとに郷土会があり，それらの連合体として関西奄美会総連合会が組織されている。その傘下の会員は約30

万人いるといわれている（月刊奄美関西支局編『関西の奄美人』1998年）。1980年発行の東京奄美会の名簿には1万88世帯が掲載されているが，掲載漏れがかなりあると思われる。

　皆村英治著『皆川字のあゆみ』によると，大城小学校卒業生（筆者の母校）で，皆川字（筆者の出生地）に居住している者は72名に対し，島外居住者は260名であるという。奄美出身者といっても，その郷土意識には濃淡がある。15歳または18歳まで奄美で育ち，コバルト・ブルーの海や空，「シマムニ（方言）」や「シマ唄」が忘れられず，機会あるごとに，郷友会，同窓会に出席し，ふるさとを懐かしく思い出している人々から，父母の一方が奄美出身ではあるが，1度も奄美を訪ねたこともないし，方言や「シマ唄」を全く知らない人，奄美ということを聞いたこともない人までを含めて様々である。その他，奄美の出身者ではないが，奄美に愛着や親しみをもっている人はかなりいる。1960年代に奄美を出た人たちはやがて定年期を迎える。都市や工業地帯の機能や魅力も低下しつつある現在，Ｕターン・Ｉターンや一時的滞在を希望するものは多いであろう。たとえば，笠利町は町長期振興計画実施計画の策定作業の一環として，近畿笠利会会員を対象に意識調査を実施した。Ｕターン希望調査の項目では，「したい」15.5％，「場合によってはすることもある」24.1％であった。両方を合わせると40％になる。Ｕターン希望の理由は，「恵まれた自然の中で暮らせる」（12.9％）のほか，「奄美に愛着がある」（7.9％），「友人知人がいる」（6.9％），「故郷に住みたい」（6.9％），「定年になる」（5.9％）等である。動物には回帰本能があるといわれている。人間にも同じことがいえる。自分が生まれ育った自然や友達があれば，だれでも帰ってみたい，そしてできれば住んで働いて郷土発展のために尽くしたいと考えるだろう。そのためには，美しい自然や環境を残し，働きたいと思う職場や産業をつくることが必要である。

　奄美の21世紀を担う可能性のある小中学生は2003年現在1万4,630人で，1962年の4万9,995人（ピーク）の30％である。現状のまま推移するとすれば，奄美の将来は悲観的なものとならざるをえない。奄美内部だけではもはや人口の現状維持と生産活動の活性化は困難である。郷土意識が強く，そし

てまた郷友会組織も強い奄美出身者と連絡・連携をもっと密にし，奄美の伝統や文化，自然をもっとPRするとともに，帰郷者や訪問者の受け入れ体制を整備すれば，農業，水産業，大島紬，観光，嫁不足問題など現状を打開する道がひらけ，過疎化や産業の衰退に歯止めがかけられるであろう。

3節　高度経済成長期の市町村財政と金融

　前出の「全国総合開発計画」(1962年10月制定) は，「都市の過大化防止と地域格差の縮小に配慮しながら，わが国に賦存する自然資源の有効な利用および資本，労働，技術等，諸資源の適切な地域配分を通じて，地域間の均衡ある発展を図ることを目標とする」ものであったが，国土開発方式としての拠点開発構想は，鹿児島県や奄美の市町村にとっては，過疎化や地域産業の衰退をもたらした。開発政策を掲げる鹿児島県の財政状況は以下のような状況にあった。

　1962年度末をもって財政再建計画が完了したが，国庫への依存度は依然大きく，さらに高まる傾向にある。鹿児島県財政にとっては，自主財源に乏しい現段階では国庫財源をできるだけ導入することは，県経済振興計画の円滑な遂行を期し，県経済の成長，県民福祉の増進を図るためにきわめて必要なことである。したがって，地方交付税制度の改正あるいは国庫補助制度における補助率の引き上げ，その他の措置による国の援助協力を強く要請し，財源確保に努めるとともに，他方で極力，経常的経費の抑制節減をはかり，厳選された重点施策に財源を効率的に充用するように心がけなければならない[72]。

　高度経済成長期にもかかわらず，市町村税収入は伸びず，市町村歳入に占める市町村税の割合は1963年度の8.1％から70年度には6.2％，73年度には6.0％へと減少したのに対して，地方交付税の割合は34.3％から70年度には41.8％，73年度には41.9％へと増加した。国庫支出金は，63年度には

---

72)　鹿児島県「昭和37年度計画実績報告書」1963年。

表23 市町村財政状況（1963～73年度）

(単位：百万円, %)

	市町村税	地方交付税	国庫支出金	県支出金	市町村債	その他	歳入総額
1963	236(8.1)	1,001(34.3)	1,090(37.4)	150(5.1)	179(6.1)	262(9.0)	2,918(100.0)
64	274(7.6)	1,287(35.7)	583(16.2)	839(23.3)	329(9.1)	291(8.1)	3,602(100.0)
67	427(7.9)	1,969(36.7)	952(17.7)	919(17.1)	490(9.1)	607(11.3)	5,364(100.0)
68	480(7.7)	2,380(38.2)	1,157(18.6)	1,090(17.5)	433(6.9)	683(11.0)	6,222(100.0)
69	562(7.6)	2,979(40.3)	1,287(17.4)	1,271(17.2)	577(7.8)	716(9.7)	7,393(100.0)
70	580(6.3)	3,684(40.1)	1,512(16.4)	1,508(16.4)	881(9.6)	1,195(10.8)	9,200(100.0)
71	682(6.5)	4,376(41.8)	1,654(15.8)	1,528(14.6)	1,080(10.3)	1,140(10.9)	10,460(100)
72	820(6.5)	5,101(40.4)	2,225(17.6)	1,737(13.8)	1,401(11.1)	1,338(10.6)	12,622(100)
73	932(6.0)	6,490(41.9)	2,611(16.8)	1,769(11.4)	1,682(10.8)	2,026(13.1)	15,510(100)

(出典) 大島支庁『奄美群島の概況』各年度版による.

表24 大島郡及び鹿児島県の預金残高・貸出残高と預貸率の推移

(単位：百万円, %)

	預金残高			貸出残高			預貸率	
	大島郡 (A)	鹿児島県 (B)	(A)／(B)	大島郡 (A)	鹿児島県 (B)	(A)／(B)	大島郡	鹿児島県
1965(昭和40)	12,442	208,601	6.0	12,822	128,879	9.9	103.1	61.8
66(41)	15,227	247,841	6.1	14,736	156,719	9.4	96.8	63.2
67(42)	17,546	297,689	5.9	17,624	189,706	9.3	100.4	63.7
68(43)	21,531	356,739	6.0	20,110	230,829	8.7	93.4	64.7
69(44)	25,315	419,008	6.0	22,457	269,288	8.3	88.7	64.7
70(45)	31,249	489,768	6.4	26,739	314,207	8.5	85.6	64.2
71(46)	36,811	583,666	6.3	31,016	365,077	8.5	84.3	62.5
72(47)	48,006	658,886	7.3	37,721	415,934	9.1	78.6	63.1
73(48)	60,955	846,980	7.2	48,382	551,005	8.8	79.4	65.1

(出典) 鹿児島県『鹿児島統計年鑑』及び鹿児島県大島支庁『奄美群島の概況』各年度版による.

37.4％を占めていたが，64年度以降17％前後で推移している。市町村債の割合は徐々に増加し，72年度には11.1％に達した。73年度の歳入総額に占める地方交付税・国庫支出金・県支出金の合計の割合は70.1％である（表23）。

　鹿児島県の預金残高に占める大島郡の預金残高は，65年の6.0％から73年には7.2％へと1.2ポイント上昇したのに対し，貸出残高は9.9％から8.8％へと1.1ポイント低下した。預貸率は大島郡で低下し，鹿児島県で上昇したが，

依然として，15ポイント程度，大島郡は高い。奄美群島振興開発事業に伴う貸出増加によるものである（表24）。

　73年度の1人当り預金残高は，大島郡34万5,284円，鹿児島県47万88円で，大島郡の1人当り預金残高は鹿児島県のそれの73.5%である。1965年には59.4%であったから，大島郡民の1人当り預金残高はかなり増加したのである。貸出残高は大島郡27万4,063円，鹿児島県30万5,817円で，大島郡の1人当り貸出残高は鹿児島県ので89.6%である。

コラム6　沖縄振興開発の系譜

　沖縄振興開発計画は，大正から日本復帰までの間に4種類の計画が策定・実施されてきた。最初のものは，1915（大正4）年に策定された「産業10ヵ年計画」であり，第2番目は，1933（昭和8）年の「沖縄県振興計画」である。県知事は「沖縄県振興計画」の提案理由を次のように説明している。

　「振興計画は，もとより部分的なものであってはならない。また一時的，応急的なものであってもならない。総合的であり，全体的であり，根本的なもので，しかも相当長期にわたるものでなければ，絶対に沖縄の現状を打破し，その振興を図ることはできない。」

　つまり，産業振興，販路の拡大，土地改良，交通条件の整備，さらに衛生状態の改善などについての施策の展開が必要であると主張しているのである（財団法人・沖縄地域科学研究所『沖縄振興開発論の系譜Ⅲ』1978年3月）。「沖縄県振興計画」は戦時体制への移行のため，充分にその目標を達成することはできなかったのである。

　戦後の振興計画は，琉球政府の下で，「経済振興第1次5ヵ年計画」（1955年），「長期経済計画」（1960年），「長期経済開発計画」（1970年）が策定された。そして，日本復帰（1972年5月）に伴い，沖縄振興開発のための3法，つまり，①沖縄開発庁設置法，②沖縄振興開発金融公庫法，③沖縄振興開発特別措置法，が制定された。沖縄振興開発特別措置法に基づいて，「沖縄振興開発計画」（計画期間1972～1981年度）が策定された。

同計画の目標と基本方向は,「本土との格差を早急に是正することによって,自立的発展の基礎条件を整備し,平和で明るい豊かな沖縄県を実現することである。」としている。その後,第2次,第3次と延長され,2002年までの間に,総額約6兆7千億円の事業費が投入された。これにより,産業基盤,県民所得など多くの分野における本土との格差是正が図られた。その結果,所得水準は復帰前の5割を割り込む状態から7割程度にまで上昇し,道路や港湾などのインフラ整備も進んできた。だが,「本土との格差是正」,「自立的発展の基礎条件」が整備されたとは言い難い。2002年4月から第4次の振興計画が進行中である。沖縄振興特別措置法(新法)の名称には,旧称にあった「開発」の2文字が消え,主目的も「格差是正」から「自立的発展」に変わっている。中身的には,沖縄の特性を生かした産業振興(税制上の特別措置,法人所得税の35%を10年間減税等)や世界的視野に立った科学技術の振興・人材育成(科学技術大学院構想)などソフト面の各施策が目立ち,なかでも情報通信産業特別地区や金融業務特別地区の設定など,沖縄の新しい幕開けを予感させるものとなっている(『南海日日新聞』2002年3月17日)。振興計画下のアクション・プラン(実施計画)として,7分野(産業振興,福祉保健,文化振興,社会資本整備,教育推進,環境保全)の分野別計画を策定し,3年ごとに達成すべき目標を設定している。産業振興計画では,「オキナワ型産業」の戦略的展開の目標値として,健康食品関連や泡盛の出荷目標値等を掲げている。金融の側面から産業振興を促すために,沖縄振興開発金融公庫に新事業創出促進業務を創設することになった。製造品出荷額(石油・石炭を除く)は,2001年の4,642億円から2004年には5,028億円,2011年には6,058億円を見込んでいる(『沖縄タイムス』2002年10月25日)。

第6章　奄美群島振興開発事業と経済構造の変化

時代的背景

　1970年代に入って，公害問題や環境問題が深刻化し，73年10月の石油ショックを契機に，高度経済成長を前提にした考えは大きな転換を迫られることになった。資源の有限性を意識しつつ安定成長への移行の時代に即応して，77年に第3次全国総合開発計画が策定された。3全総は，人間居住の総合的環境の整備を目指した定住構想を打ち出した。モデル定住圏計画の指定などに代表されるように，新しい生活圏として定住圏を設定することにより，「地方の時代」を推し進めた。79年の2度目の石油ショックを乗り越えた頃から金融，情報などの本格的な国際化などを背景に，人口・諸機能が東京へ一極集中する傾向が強まった。

　こうした傾向を是正するとともに，高齢化や国際化など経済社会の大きな変化に対応することが求められ，1987年に「第4次全国総合開発計画」が策定されたのであった。

　鹿児島県においては，「第1次県勢発展計画」(1963～73年度)に基づく「開発」政策も，規模の縮小と計画の見直しを迫られた。72年2月，「第2次県勢発展計画」(1971～75年度)が策定されたが，計画策定の趣旨を次のように述べている。

> 　今日，国際環境の変化，国民福祉との乖離の増大等により，わが国の高度経済成長は，その基調に一大転換を迎えるなど，本県をめぐる内外情勢は激しく変化し，経済社会の各面にわたり著しい影響をあたえつつある。こうした中で，県民の生活福祉の充実を図るとともに，諸施策の充実を図っていかなければならない。

1970年代後半以降，経済成長主義，開発優先主義に対する批判が各方面か

ら強まり，開発政策は行き詰まり状態に直面するに至った。そこで，県（鎌田県政）は，78年6月「ぬくもりにみちた偉大な鹿児島の創造」を基本理念とする「県総合計画」を策定し，これをもとに，過疎・後進性からの脱却と県勢浮揚の諸施策」を打ち出してきた。前期計画（1978～81年度）における総事業費は2兆468億円，後期計画（1982～85年度）の総事業費2兆8,031億円を予定していた。しかしながら，総合計画の中心をなしたのは，日本石油の喜入原油備蓄基地，新大隅開発計画，川内原子力発電所，国分隼人地区のテクノポリスの建設等，国家的プロジェクトの遂行であり，離島振興法，奄美群島振興開発特別措置法の延長拡充，過疎地域振興法，半島振興法等の地域開発政策の実施であった。国内的・国際的な状況変化は，「県総合計画」の見直しを余儀なくした。

1983年，県は「2000年のかごしま」を公表した。それによると，第1は，わが国の経済が高度成長から中成長に移行し，また産業構造の成熟化が進展するなかにおける「地域経済の自立のための戦略」であり，第2は，鹿児島市一点集中型の地域経済構造から脱却して，県土資源の有効活用と調和と個性にみちた地域社会の形成を図る「県土の均衡ある発展を図る戦略」であり，第3は，国際化の進展を県勢発展の契機にしようとする「国際化の進展に対応する戦略」である。第4として，本県の場合，全国を上回る勢いで高齢化が進行しつつあるので，「高齢化社会への対応」を取り上げ，第5として，県民の自己啓発や自己実現及び地域の精神的・文化的な豊かさに着目して「生涯教育・生涯学習のあり方と地方文化の展開の方向」を目指すということである。

1985年6月，「活力とぬくもりにみちた偉大な鹿児島の創造」を基本理念として「鹿児島県総合計画」が策定された。同計画によれば，「本県経済は，先端技術の開発・導入等，技術集約型への産業構造の転換，県内産業連関の拡大，サービス経済化の進展等を通じて競争力の高い自立的な経済構造への脱皮をはかる」というものである。

以下においては，1974～2002年度の間にわたる奄美群島振興開発事業を対象として論じることにする。

1節　第1次奄美群島振興開発事業の概要と成果（1974～83年度）

前述したように，1970年代に入ると，日本経済は高度経済成長から低成長へと転換した。公害や環境問題に警鐘が発せられつつあったが，依然としてわが国において，そしてとりわけ経済的後進地である鹿児島県及び奄美群島においては，開発による経済発展，全国並みの所得が叫ばれた。したがって，巨費を投じて実施された「奄美群島振興事業」（1964～73年度）によっても，「奄美群島と本土との諸格差は依然として是正されなかった」と総括したうえで，1974（昭和49）年3月，「奄美群島振興特別措置法」は一部改正され，その名も「奄美群島振興開発特別措置法」（昭和49年法律9号）となった。

表25によれば，1974年度末の地方債発行残高は85億74百万円であるが，一般公共事業債24億35百万円（28.4％），過疎対策事業債16億38百万円（19.1％），一般単独事業債10億78百万円（12.6％）となっている。一般公共事業債と一般単独事業債で全体の41％を占めている。公営住宅建設債，過疎対策事業債，義務教育施設整備債等，地方債のほとんどは土木建設に向けられており，産業振興的性格のものは皆無である。自立的発展の芽を育ててこなかったといえるのである。

「振興開発計画」は[73]，「奄美群島の特性と発展可能性を生かし，環境の保全を図りつつ，積極的な社会開発と産業振興を進め，本土との諸格差を是正し，明るく住みよい地域社会を実現するとともに，併せて国民福祉の向上に寄与す

表25　地方債の目的別残高とその割合（1974年度末現在）

（単位：百万円，％）

一般公共事業	一般単独事業	公営住宅建設	義務教育施設	辺地対策事業	災害復旧事業	廃棄物処理	厚生福利施設	過疎対策事業	県貸付金	その他	合計
2,435 (28.4)	1,078 (12.6)	1,106 (12.9)	283 (3.3)	723 (8.4)	436 (5.1)	159 (1.9)	211 (2.5)	1,638 (19.1)	217 (2.5)	288 (3.6)	8,574 (100)

（出典）大島支庁『奄美群島の概況』1975年度版．

る。」ことを目標にした。

　同計画により，交通基盤整備（港湾，道路，空港）を中心に諸事業が進められた。74年度から83年度までの10ヵ年間の総事業費は3,171億円で，交通・社会基盤整備費が1,877億円（59.2%），産業振興費1124億円（35.4%），教育文化振興費154億円（4.9%），自然保護及び観光開発費13億円（0.4%）等である。その他に，郡内の各市町村の歳出がある。同期間中の各市町村の歳出総額は4,040億円である。内訳は，土木費827億円，農林水産業費698億円，商工費79億円等である。振興事業費と各市町村歳出を合計すると，7,211億円の支出となる。このような巨額の投資と消費によって，群島民の生活水準，群島の公共施設の整備水準はかなりの向上をみせ，生産活動も活発化するなど，その成果は上がってきた。農業においてはサトウキビが大島郡の耕地面積の68%を占め，生産額においては52%を占めていた。水稲と甘藷はほとんどゼロに近い状態である[74]。奄美全体としてはサトウキビ中心の農業であるが，沖永良部島を中心に，輸送野菜や花卉農業も展開しつつある。大島紬の生産は，和装需要の低迷と韓国産紬の流入で減少傾向をたどっている。

　第2次産業では，建設業の生産高が製造業のそれを抜くようになった。第3次産業では政府サービス生産者がサービス業及び卸売・小売業を上回っている。

　「振興開発計画」の成果については，「奄美の特色を生かした産業の振興」，

---

73) この計画は，5ヵ年間の事業費及び国庫枠をセットしない文言のみの計画として決定され，したがって事業費は年度ごとに決定されることになった（鹿児島県『奄美群島振興開発総合調査報告書』1983年3月）。

74) 1965年には，サトウキビ，水稲，甘藷の作付面積は各々4,072 ha，5,894 ha，6,601 haであったが，2001年には，サトウキビの作付面積は9,315 haに対し，水稲24 ha，甘藷209 haである。水稲や甘藷の作付面積の激減の理由は，大型製糖工場の原料を確保するために，サトウキビ増産を奨励したこと（コメや芋の品質が劣る，病害虫や台風や旱魃のの被害が多い，食糧事情の変化，他の農作業と労力が競合する，等の理由もあった）によるものである。水田を失ったことは，山や森に乏しく，しかも隆起サンゴ礁の喜界島，沖永良部島，与論島で水問題を深刻化させている。灌漑用に地下ダムが建設されているが，飲料用水としてボトルペットがよく売れているという。

「環境に配慮した開発」、「国民福祉の向上に寄与する」ということについては、ほとんど触れるところがなく、「群島経済は外海遠離島、台風常襲地帯という自然的社会的に厳しい諸条件下にあって、後進性を克服するには至らず、全国はもとより、県本土との間の諸格差を是正するには至らなかった。」と述べ、「本土との格差是正」の未達成を強調している。

2節　第2次奄美群島振興開発事業の概要と成果（1984〜93年度）

1984〜93年度の第2次奄美群島振興開発計画の総事業費は6,029億円で、交通通信体系整備費1,150億円（42.8%）、生活基盤整備費305億円（1.4%）、産業振興費947億円（35.3%）、教育文化振興費106億円（4.0%）等である。

総事業費の42.8%を占める交通基盤整備事業によって、1983年度年度末の国・県道の改良率は77.3%（5.5m以上43.0%）、舗装率は93.5%であったが、88年度にはそれぞれ86.4%、98.4%と整備が進んだ。産業振興は土地改良事業が進められ、農業基盤の整備や徳之島の国営農地開発事業も開始された[75]。しかしながら、「わが国の社会経済が持続的発展を続ける中で、群島をめぐる諸条件は依然として厳しく、本土との間には諸格差が存在し、その後進性を克服するには至らなかった」と結論づけざるをえなかった[76]。

このため、奄美群島振興開発特別措置法は1989（平成元）年3月31日に一

---

75) 徳之島国営農地開発事業が1983年度から開始される予定だという。未耕地2,720haと既耕地700haの新耕地を造成するもので、総額400億円近い予算が計画されているが、果たして、サトウキビの増産で予算がとれるか、と、当時の新聞は疑問を投げかけている（『道之島通信』No.79号、1981年3月15日）。

76) 1988年3月、鹿児島県『奄美群島振興開発総合調査報告書』が発表された。同報告書は、『奄美群島復興特別措置法』から『奄美群島振興開発特別措置法』に基づいて実施されてきた各種事業の成果とともに、奄美群島の経済社会の現状と課題を明らかにし、これをもとに今後の振興開発の方向を長期的な視点から総合的に調査検討したものである。

部改正し，期限延長（1994年3月31日まで）された。期間中の総事業費は3,343億76百万円で，交通通信体系整備費1,311億53百万円（39.2％），生活基盤整備費300億82百万円（9.0％），防災及び国土保全費236億93百万円（7.1％），産業振興費1,360億38百万円（40.7％），教育文化費129億84百万円（3.9％）である。

表26は，主な経済指標について，奄美群島と鹿児島県，沖縄県，全国平均と比較したものである。奄美群島の人口増減率（1990/1955）は，マイナス30.4％で，県平均の12.0％を大幅に上回っている。県及び全国平均に比較して，約2倍の減少率である。全国及び沖縄県では人口増加率はプラスで，特に沖縄県のそれは52.7％という驚異的な数字である。高齢化率については，大島郡19.2％で，鹿児島県，沖縄県，全国平均を上回っている。1人当り所得，市町村財政力指数，公債費比率，生活保護率，1人当り預貯金残高等，国県道改良率を除いて，いずれの経済指標も鹿児島県，沖縄県，全国と比較して低い水準にある。このような状況を背景に，1993年5月24日の『大島新聞』は，「1人当り所得，学校施設で格差縮まらぬ奄美」と報じている。

表26　奄美群島の主要指標

(単位：％，千円)

項　目	奄美群島	鹿児島県	沖縄県	全国
人口増減率（1990/1955）	▲30.4	▲12.0	52.6	37.2
65歳以上人口構成	19.2	16.6	9.9	12.0
1人当り所得（全国＝100）	1,553(60.1)	1,986(76.9)	1,900(73.5)	2,584(100)
市町村財政力指数	0.14	0.23	0.26	0.42
公債費比率	13.6	11.8	12.2	11.4
国県道改良率	83.0	73.7	87.9	75.4
市町村道舗装率	55.4	76.3	77.1	65.5
し尿処理施設処理率	34.8	72.4	59.1	86.1
生活保護率	43.7	12.3	14.1	7.6
小学校校舎整備率	78.9	89.4	94.7	95.5
小学校屋内運動場整備率	46.0	64.5	79.5	73.6
1人当り預貯金残高	2,288	3,460	2,882	6,092

(出典) 鹿児島県『奄美群島振興開発総合調査』1993年．
(注) 統計調査の年月日は項目によって異なっており，1992年から96年度に及んでいる．

鹿児島県『奄美群島振興開発事業の成果』(1991年3月)も「後期事業の成果は,社会基盤の整備等が進んだが,群島をめぐる厳しい自然的・社会的条件を克服するには至らず,所得をはじめとする諸格差を是正するには至らなかった」と総括している。

3節　第3次奄美群島振興開発事業の概要と成果 (1994〜98年度)

　鹿児島県大島支庁『奄美群島の概況』平成13年度版によると,「昭和28年の本土復帰以来,国の特別措置法に基づき復興,振興及び振興開発事業が実施され相応の成果をあげてきたが,本土との間にいまだ所得をはじめとする諸格差が残されており,若年層を中心とする人口の流出や高齢化が進み,活力ある地域社会を維持する上で多くの課題を抱えている。今後,隣接する沖縄との連携や国際化の進展に対応した東南アジアとの交流,協力をも考慮しつつ,積極的な振興開発を進め,高まりつつある島おこし気運をさらに増大し,奄美群島の発展可能性を最大限に開発活用することによって,群島経済の自立的な発展と群島住民の福祉の向上を図ることが重要であり,このことは,わが国経済の発展と国民福祉の向上とにとって極めて有益である。
　このため,これまでの奄美群島振興開発の成果を踏まえて,現行計画を改定し,引き続き産業基盤,交通基盤,生活環境等の社会資本整備を進めるとともに,園芸農業や養殖業,観光・リゾート等の産業振興など,その発展可能性を生かした特色ある個性豊かな島づくりを進める一方,医療の確保,交通の確保,高齢者の福祉の増進,教育の充実等の各般にわたる総合的な対策を一層推進していく必要がある」と述べるとともに,計画の目標として,「奄美群島の特性と発展可能性を生かし,産業の振興と社会資本の整備を図り,群島内外との交流・連携を進め本土との諸格差を是正しつつ,自立的発展の基礎条件を整備することにより,住民が希望をもって定住することができ,充実した人生を送ることのできる地域社会を実現するとともに,併せて,わが国経済の発展と国民福祉の向上に寄与すること」を掲げている。計画の実施に当っては,特に次の

表27 1999年度の普通建設事業費に占める単独事業費の割合

(単位:百万円, %)

市町村名	普通建設事業費	単独事業費	割合	市町村名	普通建設事業費	単独事業費	割合
名 瀬 市	3,610	1,625	45.0	徳之島町	2,804	704	25.1
大 和 村	1,595	437	27.4	天 城 町	1,065	391	36.7
宇 検 村	844	234	27.7	伊 仙 町	1,780	943	53.0
瀬戸内町	4,115	1,773	43.1	和 泊 町	3,288	361	11.0
住 用 村	1,980	492	24.8	知 名 町	1,897	756	39.9
龍 郷 町	1,565	595	38.0	与 論 町	1,034	376	36.4
笠 利 町	1,466	378	25.8	合 計	28,822	9,352	32.4
喜 界 町	1,779	287	16.1				

(出典) 地方財務協会刊『市町村別決算状況調』平成11年度版.

諸点に配慮して,その効果的な運営に努める。
(1) 計画の推進に必要な行財政,金融等に関する特別措置を有効適切に活用すること。
(2) 施策相互間の有機的関連性を考慮し,効果的かつ重点的な推進に努めるとともに,施策の総合性の確保を図ること。
(3) 計画の推進に資するための各種調査及び試験研究等の拡充を図ること。

この計画を達成するためには,国の特別措置に加えて,県市町村の積極的な取り組みはもとより,住民自身の活力と英知に基づく積極的な参加と,そしてこれを実行する努力が必要である。この第3次振興開発計画のもとで,積極的な開発政策が進められた。群島全体で288億円の普通建設事業が実施されたが,うち,95億円,33%は単独事業である。伊仙町では普通建設事業費に占める単独事業費の割合は53%に達し,名瀬市45%,瀬戸内町43%,知名町40%である。その結果,自治体財政の危機を招いている(表27)。

1990年度末の大島郡全体の地方債残高は784億円であったが,99(平成11)年度末には1,328億円になった。すべての市町村で99年度末の地方債残高が同年度の歳入額を上回ったのである。郡内総生産(GDP)に対する地方債残高の割合は40%である。郡民1人当りの地方債残高は約100万円である。表28の右端に示されているように,住用村,笠利町,伊仙町を除いてすべて

第6章 奄美群島振興開発事業と経済構造の変化

表28 各市町村の地方債残高の推移

(単位：百万円)

	1990	1994	1997	1999	2000	公債費	地方債
名 瀬 市	15,513	20,143	23,532	24,392	24,373	2,768	1,891
大 和 村	3,109	4,663	6,748	6,821	6,859	747	563
宇 検 村	3,300	4,923	6,759	6,322	6,094	720	280
瀬 戸 内 町	12,236	14,945	15,828	15,893	16,014	1,960	1,540
住 用 村	3,535	4,331	5,252	5,829	6,415	631	1,027
龍 郷 町	4,769	6,133	7,843	8,572	8,278	1,052	481
笠 利 町	4,359	6,832	7,768	7,750	8,005	916	926
喜 界 町	4,579	7,023	8,006	8,408	7,706	926	440
徳 之 島 町	5,849	6,957	9,335	10,561	10,778	1,130	1,004
天 城 町	4,392	6,443	8,846	8,340	8,221	1,032	646
伊 仙 町	4,584	4,700	5,478	5,878	6,413	724	1,058
和 泊 町	4,695	7,430	8,949	9,011	9,299	970	958
知 名 町	4,374	6,245	8,858	9,794	9,832	1,129	876
与 論 町	3,065	4,335	5,431	5,268	5,186	798	547
合　　計	78,360	105,103	128,633	132,839	133,473	15,505	12,237

(出典) 鹿児島県『奄美群島の概況』，地方財務協会刊『市町村決済状況調』平成11年度版．
(注) 公債費及び地方債は1999年度の金額である．公債費は名瀬市の場合には元利償還費となっており，他の市町村は公債費となっている．

表29 市町村税の推移

(単位：百万円，%)

	市町村税	地方交付税	国・県支出金	地方債	歳入計	自主財源
1996	7,930(7.2)	43,024(39.1)	28,122(25.6)	17,392(15.8)	109,976(100)	19,332(17.6)
97	8,342(7.8)	43,975(41.0)	26,300(24.5)	15,216(14.2)	107,170(100)	19,751(18.4)
98	8,113(7.4)	44,696(40.8)	28,560(26.1)	14,900(13.6)	109,495(100)	18,743(17.1)
99	8,559(7.8)	45,846(41.5)	28,351(25.7)	13,216(12.0)	110,408(100)	20,326(18.4)
2000	8,514(8.3)	46,259(45.0)	23,163(22.5)	12,237(11.9)	102,879(100)	18,110(17.6)
01	8,465(8.6)	44,814(45.6)	20,583(20.9)	12,084(12.3)	98,184(100)	17,615(17.9)

(出典) 鹿児島県大島支庁『奄美群島の概況』2001年度版．

の市町村で，公債費が地方債（発行高）を上回っている．奄美群島（大島郡）全体で，2000年度の財源不足をまかなうために起債された地方債の総額は122億円であるが，地方債残高に対する公債費は155億円である．つまり，金が不

表 30　大島郡及び鹿児島県の預金残高・貸出残高と預貸率の推移

(単位：百万円，%)

	預金残高			貸出残高			預貸率	
	大島郡(A)	鹿児島県(B)	(A)/(B)	大島郡(A)	鹿児島県(B)	(A)/(B)	大島郡	鹿児島県
1974(昭和49)	76,873	1,033,527	7.4	56,398	662,451	8.5	73.4	64.1
77(52)	131,848	1,751,380	7.5	103,568	1,043,557	9.9	78.6	59.6
80(55)	175,803	2,462,136	7.1	167,648	1,563,628	10.7	95.4	63.5
83(58)	210,102	3,260,550	6.4	205,514	2,022,572	10.2	97.8	62.1
86(61)	225,090	4,018,584	5.6	212,201	2,430,573	8.7	94.3	60.5
89(平成01)	255,322	4,811,814	5.3	200,252	2,621,509	7.6	78.4	54.5
92(04)	不明	5,913,965	―	211,203	3,051,291	6.9	―	51.6
95(07)	不明	7,540,358	―	227,073	3,397,567	6.7	―	45.1
98(10)	不明	8,233,806	―	234,387	3,842,829	6.1	―	46.7
2000(12)	不明	8,719,344	―	225,613	3,900,483	5.8	―	44.7

(出典) 鹿児島県『鹿児島統計年鑑』及び『奄美群島の概況』による．
(注) 大島郡の預金残高については，1990 (平成2) 年度以降，統計が公表されなくなった．

足して借金してもその借金額以上に返済をしなければならない状態に追い込まれているということである．

　1996年度以降，歳入額はほぼ横ばいで推移しており，市町村税の割合は10％に満たない状態である．地方交付税が2000年度には45％も占めるなど，依存財源の割合（地方交付税と国庫支出金・県支出金で67.5％）は82.4％，したがって，自主財源の割合は17.6％にすぎない．地方債の発行を抑制することで，借金体質の改善を図っている（表29）．

　大島郡の預金残高の鹿児島県に占める割合は，1977年には7.5％であったが，89年には5.3％に低下した．貸出残高は，80年に10.7％に達していたが，2000年には5.8％に低下した．預貸率は83年の97.8％から89年には78.4％に低下した．鹿児島県に比べて預貸率はかなり高くなっている．貸出先がどのような産業部門であるのか，また，それが投資的なものなのか，それとも消費的なものなのか検討してみる必要があるが，現在ではその資料が公表されていない．いずれにしても，大島郡における産業活動，経済活動の衰退のあらわれを示すものである（表30）．

県は，2003年3月，『奄美群島振興開発総合調査報告書』を発刊した。報告書によると，奄美群島振興開発の課題として，第1に，地域の特性を生かした産業の展開，第2に，豊かな自然と個性的な文化を生かした観光の展開，第3に，人と自然が共生する地域づくり，第4にやすらぎとうるおいのある生活空間，第5に，群島内外との交流ネットワークの形成をあげ，それぞれについて主な検討課題をかかげている。そして，第4章は，奄美群島の自立的発展に向けた特別措置法の必要性について説いている。このような課題の解決や新たな特別措置法の制定・実行には郡民が真剣に議論し，その担い手にならなければ，絵に描いた餅になってしまうであろう。いまや新規大量資金を引き出すための形式的計画よりも既存の資本や施設，あるいは今後の事業展開に必要不可欠な最小限の資本・施設を活用した，郡民の参加（発意）による，住民のための実質的計画が求められている。郡民みずから奮起し，過去の事業を見直し，新たな計画を具体的に実行に移す時期である。郡民の自覚と力量がいま内外から問われているのである[77]。

---

77) 2003年6月17日に開催された第91回奄美群島振興開発審議会は，「奄美と本土・沖縄との諸格差は依然として残る」「高齢化の進展や人口流出は社会問題である」と，奄美の抱える課題を指摘する一方，「奄美の自然的・文化的特性は他の地域にない優位性としてとらえなおして地域振興を進め，自立的経済社会に転換することは必要」と方向づけた。04年度以降も，「そのための条件整備と発想の転換をはかった奄振法の延長・整備が不可欠である。また，沖縄とは違った奄美らしさを打ち出した諸施策も推進すべきである。」と結論づけた。従来のような計画策定と事業実施では，自立的経済社会に転換することは不可能である。真に発想の転換を図り，地域・市町村・島ごとに計画を策定し，大島支庁または県で取りまとめと決定を行い，国は承認を与える程度にし，そのかわり，事後的に事業の点検・評価をするという方式に切り替えていく必要がある。

第7章　復興・振興開発事業と奄美経済の特質

1節　産業構造と移出入構造

　奄美群島振興開発計画や自治体財政による巨額の投資にもかかわらず，それ相応の産業，雇用，所得等の改善がみられなかったのはなぜだろうか。その主な原因は奄美の経済構造にある。

　奄美群島の産業構造は，第1次産業は農業で，その中心をなすのはサトウキビ，花卉，輸送野菜であり，第2次産業は大島紬，製糖業，土木建設業であり，第3次産業はサービス業と公務である。サトウキビはその生産量（収穫量）の100％が郡内（島内）の製糖会社に原料として販売されているが，サトウキビの製品である砂糖（分蜜糖）は，100％が郡外に出荷され，郡内で消費されることはない。花卉や輸送野菜も郡内で消費される割合はごくわずかで，ほとんどは郡外に移出されている。大島紬は90％以上が郡外に移出されるが，その原料である生糸は，ほぼ100％郡外から移入されている。したがって，砂糖，大島紬，花卉・輸送野菜は，ほとんどが郡外への移出用として生産され，群島内の消費を目的として生産されているのではない。土木建設業は，公共工事との関連で，つまり，外部資金へ依存する形で増加してきた。公務も地方交付税や国庫補助金等のような外部資金に支えられている部分が相当程度存在する。サービス業は，郡内の消費需要が大部分である。

　奄美群島の消費構造は，全国的な傾向とほぼ同じである。しかしながら，消費財や投資財は，ほぼ100％郡外から移入している。米をはじめ食料・飲料，野菜・魚介類，衣服・雑貨，機械類，電気製品，木材，資材（セメント，鉄鋼，金属製品，化学肥料，医薬品等），書籍や事務用品，燃料等は，ほぼ100％郡外移入である。したがって，供給の側面からみた郡内の基幹産業である農業（花卉・輸送野菜）や大島紬，土木建設業，公務は郡外への移出依存度がきわ

めて高く，需要面からみた郡内での消費財及び投資財の自給率は，ほぼゼロ％であり，郡外移入依存率がきわめて高いという経済構造になっている。つまり，生産（移出）及び需要（消費）の両面において外部依存性がきわめて高い構造になっており，しかも，大幅な移入超過に陥っているということである[78]。

このような経済構造の下において，奄美振興開発特別措置法に基づいて実施された公共事業及び郡内各市町村（1市10町3村）の財政によって賄われる各種公共事業のための投資はいかなる経済的波及効果を地域経済にもたらすであろうか，検証することにする。

2節　復興・振興開発事業と奄美への経済効果

1994～98年度の第3次奄美群島振興開発計画に基づく総事業費は4,540億円であるが，そのうち，約80％の3,600億円が公共事業である。また，同期間中の奄美群島1市10町3村の土木建設費（普通建設費と災害復旧事業費）は1,800億円で，両者の合計は5,400億円である。年平均1,080億円が公共事業として実施されていることになる。ところが，同期間中の郡内土木建設業の年平均生産額は480億円である。つまり，郡内の公共事業の44％が土木建設業者の所得となっているのである[79]。残りの56％は郡外の土木建設業者の所得となっているということである。

公共事業は土木建設業者の所得を生み出すだけではない。公共事業への投資は種々の産業部門や個人の所得へ波及し，数倍の所得を生み出す。これを乗数効果という[80]。

---

[78] 1967（昭和42）年の奄美の移出額は169億円，移入額は273億円で，その差額は，つまり移入超過額は104億円であったが，75年には移出額は327億円，移入額は668億円となり，移入超過額は341億円となり，さらに86年には移出額は556億円，移入額は1,155億円，移入超過額は600億円になった。2000年の移入超過額は1,245億円に達している。2000年の郡民総生産額は3,367億円であるから，37％を郡外に頼っていることになる。

第7章　復興・振興開発事業と奄美経済の特質

　奄振事業や各自治体で行われる道路交通基盤整備，社会基盤整備，産業振興，教育文教施設整備等は，土木建設に関わる公共事業として実施される。土木建設等の公共事業には，ゼネコンといわれる大手建設会社が工事を受注し，設計・施行というソフト面とともに，工事用の資材であるセメント，鉄筋，木材，機械等を本土で調達し，奄美群島に輸送する。工事の元請をはじめ，工事用の資材の調達は奄美群島内ではほとんど不可能で，ほぼ100％郡外から移入される。それで，工事費のほぼ80％は郡外に消えてしまうことになる。あとの20％が地元の下請け業者の請負費用と労賃等になる。下請け業者や労賃の所得は，消費または貯蓄になるわけだが，消費材のうち群島内で生産されるものは，野菜や魚介類，雑貨類等のごく一部分であり，食料飲料品，雑貨，機械，

---

79) 群島内には1996（平成8）年10月現在，776の土木建設事業所が存在し，うち個人業主が253である。従業者数は7,983人，雇用者数は6,403人となっている。平成8年度の土木建設業の生産額は504億円（99年には485億円）となっている。その生産額の中には，奄振事業以外の各市町村が実施した普通建設事業等も含まれている。96年度の奄美群島市町村の投資的経費（普通建設事業費，災害復旧事業費，失業対策事業費）は411億円（99年度は316億円）となっているが，その投資的経費は，地元の土木建設業者に発注する割合が奄振事業の場合よりも大きいとしても，群島経済に及ぼした波及効果は所得乗数効果の2割程度ではないかと推測される。

80) 所得の乗数効果というのは，投資が増大したとき，その増加分の何倍（乗数倍）かの所得の増大を結果することを示す理論である。いま，1,000億円の投資増加（$\Delta I=1,000$億円）があったとすると，その1,000億円は差し当たり誰かの所得の増加となる。次に，所得が1,000億円増加したのであるから，その人々の限界消費性向（所得の増加に伴って消費の増加する割合）が2/3であったとすれば，消費は1,000億円×2/3＝666億円だけ増加することになる。この666億円の消費はまた次の人の所得となり，その所得を得た人も2/3の444億円だけ消費する。444億円の消費はさらに次の人の所得となり，また2/3の296億円だけ消費する。このように，次々と所得が消費を通じて次の人の所得となり，ゼロになるまで繰り返していく。これらを合計したものが所得の乗数効果（経済波及効果）といわれるものであるが，上の式の場合，合計額は3,000億円になる。つまり，乗数効果は3倍ということになる。所得乗数効果は限界消費性向が高ければ高いほど大きくなる。

肥料，自動車等，ほとんどの消費財及び資本財は郡外から移入されている[81]。したがって，公共事業のための投資の所得乗数効果は，郡外の財の移入増加となり，郡内の財への需要にはそれほど影響を及ぼさない。

第3次奄振事業と同期間中に実施された公共事業の波及効果について検証してみよう。

もし，奄美群島が閉鎖経済で，投資された資金や資材は奄美群島内で循環・調達・消費されるとし，限界消費性向[82]が70％の場合には，総事業費5,400億円の投資の所得乗数効果（経済波及効果）は，以下のようになる。

$$5,400億円 + 5,400 \times (0.7) + 5,400 \times (0.7)^2 + 5,400 \times (0.7)^3 + \cdots$$
$$= 5,400(1 + (0.7) + (0.7)^2 + (0.7)^3 + \cdots) = 1兆8,000億円$$

上のような前提条件の下では，第3次奄美群島振興開発事業と郡内自治体の土木建設事業への投資（合計5,400億円）の乗数効果（所得創出効果）は，1兆8,000億円に達する。しかしながら，奄美群島の経済は開放経済であり，しかも，開放度（外部依存度）は極めて高いので，約80％，1兆4,400億円程度は郡外に漏出し，郡内所得への波及効果は3,600億円程度と推測される[83]。年平均720億円の所得創出効果をもっていることになるのである。うち，土木

---

81) 2000年度の海上移出入貨物数量をみてみると，移出貨物数量は総計61万6千トンで，うち鉱産品33万トン，軽工業品10万トン，農水産品7万3千トンで，移入貨物総計は108万2千トン，うち鉱産品41万9千トン，化学工業品19万9千トン，農水産品6万2千トンとなっている。移入品中の鉱産品の主なものはガソリン等の石油類であり，化学工業品の主なものは化学肥料や農薬であると思われる（『奄美群島の概況』1961年度，2001年度版）。

82) 限界消費性向とは，所得の増加に伴って増加する消費の割合のことである。たとえば，1万円所得が増加したとき，7,000円消費が増える場合，限界消費性向は0.7（70％）という。一般に，所得が低い場合には限界消費性向は高くなる傾向がある。

83) 筆者は，名瀬市での講演会（1989年7月9日）で，公共投資をしても所得創出効果が域内にとどまらず，外部に漏出してしまう経済のことを，「ザル経済」，「砂漠経済」と称したことがる。その理由を，産業間の相互連関がなく，所得が外部に漏出してしまうことによるものであると説明した（『南海日日新聞』1989年7月9〜15日）。

第7章 復興・振興開発事業と奄美経済の特質

建設業者の所得が460億円で,その他の産業部門の所得が260億円ということになる。公共事業による所得創出効果は郡内総生産額3,367億円の21.4%に相当する金額である[84]。名瀬市に本社を置く竹山建設社長の竹山真一郎によれば,「島内で調達できる資材は砕石や砂の骨材,排水溝などの2次製品だけ。セメント,鋼材など残り30～40%を島外移入に頼っているのではないか」と述べている[85]。また,大島支庁の92年度調査によると,公共事業の請負状況は,群島内での県発注工事のうち67.4%を島内企業,残りの32.4%を島外業者が受注しているという[86]。

群島内の87年度の建設工事の推計額（民間工事を含む）は756億40百万円で,うち島内企業の請負額は522億30百万円,差引き234億円が島外業者の請負額になるわけだが,島内・島外業者の建設資材のほとんどは島外移入によっているのであるから,建設資金の大半が島外に流出していることになるのである[87]。1999年度の郡内総生産（3,367億円）に占める土木建設業の生産額（486億円）は,政府サービス（681億円）,サービス業（645億円）に次いで3位で,農業（185億円）,製造業（191億円）,卸・小売業（241億円）を上回っている。ただ,不動産業が394億円と高いのは,公共事業と関連しているものと考えられる。政府や自治体財政の逼迫,産業基盤や社会基盤の整備がほぼ充足された状況の中で,公共事業は削減されざるをえず,土木建設依存型の経済も困難を極めることは必至である。公共事業に依存しない地域の再生が必要である[88]。

---

84) 近年,公共事業の乗数効果は2倍前後であると言われている。公共事業のための土地代が高いことや,工事期間が長期化していること,限界消費性向が低くなっていることが原因である。
85) 1993年11月13日付けの『南海日日新聞』は,「転機の奄美―本土復帰40年」シリーズ第3部で,「『ザル経済』どこへ行く奄振―本土並みの功罪―」を特集している。
86) 『南海日日新聞』同上。
87) 同上。

コラム7 ザル経済

　奄美経済は，ザル経済，砂漠経済，といわれている点について考えてみよう。溜池でも底や周りがしっかりしていれば，天から降ってきた雨や山から流れ出てきた水を蓄え，長持ちさせるが，森をもたない溜池は雨が降らない限り，そして水を外から運んでこない限りやがて枯渇してしまう。奄美経済はまさに森をもたない溜池のようなものである。現状では奄美特別措置法という天の雨のお陰でようやく溜池の水も枯渇しないですんでいるが，やがて天の雨にも恵まれなくなるであろうから，溜池があり，水があるうちに木を植え，林や森をつくっておかなければならない。それをしておかないと郡民挙げて雨乞いの断食をしなければならなくなる。天はいつまでも悲願を聴いてはくれない。たとえ聴いて雨を降らすとしても，その時には環境条件が変わっていて，慈悲の雨ではなく，黒い雨になるかもしれないのである。

　奄美振興開発事業費は毎年800億～1,000億円に上っている。もしこのお金がすべて奄美に投資され，一切の建設資材や労働力，その他関連の物資が奄美域内で調達されるならば，おそらく2～3倍の投資乗数効果，つまり2,000億円前後の所得をつくりだすであろう。しかし，現実には，1,000億円が投資されても，建設資材や賃金によって購入される食料品やその他の関連物資のほとんどは郡外から購入されているので，投資乗数効果は0.2以下，つまり200億円以下の所得しかつくりだしていないであろう。あとの1,800億円の所得効果は外部に漏出しているのである。したがって，奄振事業は奄美にとっては物的

---

88) 2002年5月6日付け『朝日新聞』社説が主張するように，公共事業に依存した土木建設業は，従来型の道路や箱もの建設のうまみはもう続かないので，そこから脱皮し，蓄積した技術を互いに結びつけ環境，教育，福祉といった生活サービスに生かすことが必要である。奄美でも，土木建設会社も公共事業一辺倒からの脱却が図られつつある。土木建設業者がもっている資本，技術，労働力の一部を振り向けて農業法人を設立して，遊休荒廃化した農地や山林原野を開発して，農業経営を目指すというものである。雇用や農業生産の増加の点では期待されるが，環境や生態系との調和も考えていくことが必要である。

固定資本の形成以外にはわずかばかりのおこぼれがあるのみで，投資によってもたらされる所得の乗数効果のほとんどは，ザルと同じようにすぐに漏れてなくなってしまうのである。

ということは，もし可能ならば，港や道路，空港などの施設を本土で完成して，それを運んで奄美に設置するのとほとんど変わらないのである。必要なことは，できるだけ底の深い経済をつくることである。そのためには技術力，企画力などの改善を重ね，外部依存を軽減していくことである。一時期，大型リゾートに活路を見出そうという考えがあった。確かに，大型リゾートは現地にお金を落としてくれるし，奄美には未開発の観光・リゾート資源があるので，観光産業にとっては魅力的であるが，乱開発・大規模開発は慎むべきである。現に，バブル期に建設された大型リゾートの多くは失敗している。大型リゾートをつくるよりも奄美の気候・風土を生かした福祉村あるいは地域資源を活用した観光農山漁村をつくったほうがよい。

なぜなら，大型リゾートは，自然環境を破壊するのみならず，農地や山林や海を囲い込み，住民とのつながりが薄く，島内の直接的・間接的な生産と結びつかないのに対し，福祉村や観光農山漁村は，長期滞在型で地域とも融合可能であり，生産的かつ地域循環的であり，かつ人間的である。国土交通省は，2003年1月，離島振興計画の基本指針として，離島の役割として，「国民の癒しの場」として位置づけた。次期奄美振興開発計画において，奄美群島の気候風土を生かした「国民の癒しの場」，「長寿村」の建設に向けて準備を整えていく必要がある。このようなソフト面の充実によって，外部資金への依存と資金の外部への流出を減少させ，ザル経済化を防止することが可能になるのである。

3節　復興・振興開発事業の評価と課題

基俊太郎は1953年3月，「復帰20年は奄美に何をもたらしたか」という論

考のなかで,「自然の破壊は,まず島の中核である森林の破壊によって決定的なものとなった。水と土壌の生産者である森林を,林業だけの対象としたため,山の乾燥と流亡によって,河川,沿岸の資源と生産を激減させた。そのことは,水系によって成立している島本来の社会単位である集落の条件を悪化させた。沿岸ではカツオ餌のキビナゴが減少した結果,カツオ漁が衰退し,農業においては,水田をつぶしてサトウキビをつくり,本土資本の製糖工場と組み合わされたサトウキビ農業は,粗放化と出稼ぎを誘い,米も野菜も魚肉も鹿児島より移入して,自給単位の集落はその機能を失うに至っている。」と述べている[89]。

奄美環境ネットワーク代表の薗博昭は,基俊太郎の文章を引用したあと,次のように述べている。

> 群島をあげて開発事業に埋没していた20年前に,今日の奄美がかかえている矛盾や課題が絵にかいたように表現されている。残念ながら基俊太郎のこのような警鐘が行政に反映されることはなかった。1985 (昭和60) 年代に入ってから,『コンクリートづけにされた島』という表現が新聞紙上に度々掲載されるようになった[90]。

1990年代に入って,「ハードからソフトへ」,「環境への配慮」,「自然との調和」がいわれるようになった。環境ネットワーク奄美は,95年2月23日,アマミノクロウサギなど野生生物4種を原告に「自然の権利」訴訟を起こし,奄美の自然が直面している環境破壊の現実を訴える運動を展開した[91]。

---

89) 基俊太郎が指摘しているように,1960年頃までは,川やサンゴ礁は魚類,カニ,貝類,海藻類の宝庫で,一般家庭の食卓をにぎわせていたが,農薬や,赤土による汚染,森林の減少によって,近年では水産物は移入に頼ることが多くなった。水田の畑地への転換によって,米は100%域外からの移入である。その他の穀物,野菜,肉・魚介類等の自給率も40%以下である。開発による真の豊かさは,開発による所得の増加や利便性等のプラスから開発によって失われた自然・生態系の破壊や所得機会の喪失を差し引いたものと,考える必要がある。奄美の自然資源の価値は数千億円に値するとの試算もある。基俊太郎著『島を見直す』南海日日新聞社,1993年3月,所収。
90) 薗博昭「奄美の自然と開発―やり過ぎた開発のつけをだれがはらうのか―」(ゲラ刷り) 1995年8月。

1994年1月1日付けの『南海日日新聞』の新年特集号は,「奄振評価と発展策」について郡民アンケート調査結果を発表した。それによると,「奄振が役に立っているか」では「役立つ」が約8割に達し,「今後も奄振が必要」と答えた。将来構想としては,「地場産業の振興」との答えが約43％で,続いて「企業誘致」や「海洋資源開発」「リゾート開発」などに期待をかけていることが示された。また,生活面では,現在の暮らしに対し「まあまあ満足」と答えた人が6割を超えていたものの,全般的に困っていることは,「所得」「離島物価」などの答えがあった。自然保護と開発の調和については10人に3人が「とれていない」「わからない」と答え,自然破壊への危惧をもっていることを示した。財政に関しては,それほど問題になっていなかったのか,設問や回答がない。財政問題が深刻の度を増すのは1997（平成9）年度以降である。また,2002年9月20日,鹿児島県は,奄美群島振興開発総合調査の一環としてのアンケート調査結果をまとめた。それによると,「(奄美振興事業で)島はよくなったか」の問いに,在住者の75.8％が「大変よくなった」「いくらかはよくなった」と回答し,前回調査（97年度）と比べると8ポイント増加した。「変わっていない」「少し悪くなった」など否定的な回答は前回30％近くだったのに対し,今回は6％強に減った。「今後とも必要」とした在住者は73.3％で,前回よりも5ポイント増加した（『南日本新聞』2002年9月21日）。

種々のアンケート調査の結果に示されているように,奄振興事業をはじめと

表31　奄美・鹿児島県・全国の保護率の推移

(単位：‰)

	1956	1967	1975	1980	1985	1990	1999	2000	2002
奄美	85	64.7	53.5	50.6	53.0	45.7	34.8	35.5	35.8
鹿児島県	29	29.4	23.4	20.0	18.2	13.0	10.7	11.1	12.5
全国	19	15.3	12.0	12.2	11.8	8.2	7.9	8.4	10.0

(出典)　鹿児島県『奄美群島の概況』各年度版.2002年度については,大島支庁のまとめによる。

---

91)　薗博昭「奄美『自然の権利』訴訟の成果と課題」『南海日日新聞』2002年7月17日。

表32　大島郡内総生産額および産業別構成比

	1970	1975	1980	1985
第1次産業	7,052(16.6)	16,712(15.5)	21,675(10.6)	25,993(10.6)
農業	5,206(12.3)	13,651(12.6)	17,853(8.8)	20,471(8.4)
林業・狩猟	1,361(3.2)	1,494(1.4)	1,471(0.7)	1,788(0.7)
水産	486(1.1)	1,567(1.5)	2,352(1.2)	3,734(1.5)
第2次産業	12,978(30.6)	32,692(30.3)	60,891(29.9)	62,247(25.4)
鉱業	1,238(0.3)	333(0.3)	1,029(0.5)	1,509(0.6)
建設業	4,358(10.3)	11,298(10.5)	29,219(14.3)	31,819(13.0)
製造業	8,497(20.0)	21,061(19.5)	30,642(15.0)	28,919(11.8)
第3次産業	22,349(52.8)	58,543(54.2)	121,079(59.4)	156,839(64.0)
卸小売業	5,062(11.9)	14,577(13.5)	18,441(9.0)	24,470(10.0)
金融・保険	2,648(6.2)	5,353(4.9)	8,444(4.1)	9,038(3.7)
不動産			16,772(8.2)	23,582(9.6)
運輸・通信	2,370(5.6)	6,027(5.6)	12,813(6.3)	15,487(6.3)
電気・ガス・水道	473(1.1)	1,154(1.1)	5,409(2.6)	8,893(3.6)
サービス	8,283(19.7)	22,650(20.9)	21,362(10.5)	27,306(11.1)
政府サービス生産	3,514(8.3)	8,782(8.1)	35,739(17.5)	44,588(18.2)
対家計民間非営利	―	―	2,100(1.0)	3,476(1.4)
郡内純生産	42,380(100　)	107,947(100　)	203,645(100　)	245,079(100　)

(出典）鹿児島県大島支庁『奄美群島の概況』各年度版．

する公共事業によって産業基盤，生活基盤，産業振興施設等の資産（ストック）のみならず，年々の所得（フロー）も増加したことは間違いないのである。しかしながら，奄美の被保護者数の総人口に対する割合を示す保護率の推移を表31によってみてみると，復帰後最初の調査年である1957（昭和32）年1月末の奄美の被保護者数は，5,671世帯，1万7,438名，全世帯に対する比率120.2‰（パーミル），全人口に対する比率84.9‰で，鹿児島県29‰，全国19‰で，県平均の約2.5倍，全国平均の約4倍という高率を示していた。その後，保護適正化運動を強力に実施し生活指導を行った結果，漸次減少し，63年度83.5‰，90（平成2）年度には45.7‰に低下し，2000（平成12）年度には35.5‰になった。それでも奄美の生活保護率は，国平均の8.4‰，県平均の11.1‰に比べて3～4倍も高いのである。2002年度には奄美の生活保護率は再び上昇

の推移

(単位：百万円, ％)

1990	1995	2000
28,848(10.1)	23,567(7.2)	22,356(6.4)
21,540(7.6)	18,882(5.8)	18,451(5.3)
1,560(0.5)	686(0.2)	481(0.1)
5,748(2.0)	3,999(1.2)	3,424(1.0)
57,821(20.3)	69,996(21.3)	70,109(20.2)
1,065(0.4)	2,445(0.7)	2,374(0.7)
33,464(11.8)	48,365(14.7)	48,622(14.0)
23,292(8.2)	19,187(5.8)	19,113(5.5)
198,079(69.6)	234,656(71.5)	255,002(73.4)
27,784(9.8)	26,400(8.0)	24,118(6.9)
12,646(4.4)	11,387(3.5)	12,326(3.5)
28,868(10.1)	33,948(10.3)	39,420(11.3)
20,774(7.3)	26,712(8.1)	28,080(8.1)
9,314(3.3)	9,060(2.8)	9,708(2.8)
40,785(14.3)	55,587(16.9)	64,483(18.6)
52,887(18.6)	63,996(19.5)	68,121(19.6)
5,021(1.8)	7,566(2.3)	8,744(2.2)
284,748(100)	328,219(100)	347,467(100)

し，38.8‰となり，国（10.0‰），約3.9倍，県（12.5‰）の約3.1倍と格差が拡大した。県大島支庁によれば，その背景には経済基盤の弱さ，高い離婚率，高齢化などがあげられるとしている（『南海日日新聞』2003.6.11）。なかでも，瀬戸内町の保護率は，85（昭和60）年度には129.7‰を記録したあと，90年度には103.3‰，2000年度は96.0‰という高水準である。2001年度，2002年度の市町村別生活保護率は図1に見るとおりである。2002年度の生活保護率を市町村別に

図1 02年度の市町村別生活保護率

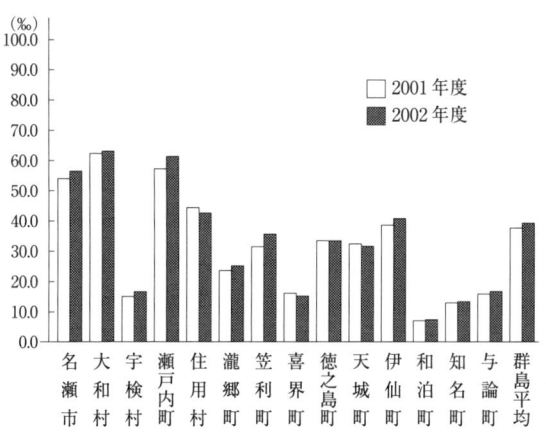

(出所)『南海日日新聞』2003年6月11日．

みると，最も低いのは和泊町の7.3‰で国平均も下回っている。次いで低いのは知名町（13.2‰），喜界町（15.2‰）である。，最も高率だったのは大和村で62.5‰，瀬戸内町60.7‰，名瀬市56.0‰である。2000年度の奄美の保護費総額は63億44百万円（02年の保護費総額は72億82百万円）にのぼり，その内訳は，医療扶助37億14百万円（同41億91百万円），生活扶助20億89百万円で，両者で全体の91.5％を占めている。奄美の場合，特に生活扶助の割合が県及び全国比較して大きいという特徴をもっている[92]。

表32（前ページ）に見るように，第1次産業の郡内総生産額に占める割合は，1970年には16.6％であったのが，2000年には6.4％に減少している[93]。第1次産業の圧倒的割合を占める農業の割合が減少した（12.3％から5.3％へ）ことによるものである。漁港の整備（4種指定5港，1種指定30港）や製氷貯氷冷蔵施設の整備（11漁協）にもかかわらず，水産業の割合は若干減少している。産業基盤整備（農道整備，土地改良事業，地下ダム建設，畑灌漑）

---

92) 1950年，新生活保護法が施行され，画期的な公的扶助制度が誕生した。1956年度版の『奄美大島の概況』によれば，「1957年10月に行われた全国一斉調査を機会に全町村にわたり保護適正化運動を強力に実施し，生活指導を行った結果，保護者数が著しく減少し，12月末には4,258世帯，1万3,105名となった。この実績は必ずしもいわゆる社会通念による生活の向上を示すものではなく，廃止世帯は依然として最低生活線にあえいでおり，これらの世帯を含めたボーダーライン層は現在保護者の約3倍と推定される。これら被保護者は，奄美群島復興事業による土木工事に従事するのに極めて不適格（老人，病人，母子世帯等）であるという。また，生活保護50年の軌跡刊行委員会編『生活保護50年の軌跡』（みずのわ出版，2001年11月）によれば，「高度経済成長後，特に1973年以後の福祉行政は，78年の第2次オイルショックを経て長期化する低経済成長の中で引き締め基調へと転換していった。特に，1981年のいわゆる「123号通知」以降は，徹底した資産調査，扶養義務者調査が福祉事務所現場に要求され，保護適正化の名の下に生活保護法の運用段階における締めつけが強化されたという。

93) 1955（昭和30）年度の大島郡の産業別所得構成比は，第1次産業48.7％，第2次産業12.4％，第3次産業38.9％であった。なお，大島郡の名目所得総額は64億円，1人当り所得は3万1,090円で，全国平均の約40％である（『奄美群島の概況』1957年10月）。

第7章 復興・振興開発事業と奄美経済の特質

や産業振興のための投資（設備）が生産に十分に活かされていないことを物語っている。つまり，資本係数（資本1単位当りの生産額）がきわめて小さく，非効率的で無駄な投資が多いことを意味している。種々の調査研究や提言がなされ，また，熱帯果樹や1.5次産業も奨励されてきたが，期待された成果をあげないまま数年で取りやめになっているものが多い[94]。その原因を解明し，改善に資する必要がある。

　第2次産業においては，1985（昭和60）年頃を境に，土木建設業が製造業（大島紬，製糖，その他）を上回るようになった。しかし，公共事業の削減等により土木建設業も近年減少傾向にある。第3次産業の割合は増加の一途をたどり，1995年以降70%を超えるようになった。政府サービス，民間サービス業，不動産業の割合が高まる傾向にある。

　奄美群島の経済は，政府支出に大きく依存している。公務，公共事業，政府の保護費（生活扶助，医療扶助等）等である。公共事業が雇用や所得に及ぼす効果は永続的なものではない。今後，産業基盤等を活用して産業の振興を図り，自ら所得の向上を図るようにしなければならない。そのためには，巨大開発プロジェクト方式ではなく，島々の実態に即した，住民による，住民のための，そして住民が利活用しやすいような規模のプロジェクトを実施する必要がある。

---

[94] 社団法人「奄美振興研究協会」は，「奄美群島の経済，社会，文化，歴史等のあらゆる分野に関し，今後の繁栄のための方向及び方策について自ら調査及び啓発活動を行うとともに，その結果の公表と関係機関への提言を行い，地域住民の自立自興の精神に根ざした群島の振興を図り，もって国民社会経済の向上に寄与する」という目的をもって，1984年に設立され，数多くのすぐれた調査研究及び提言を行い，地域のシンクタンクとして重要な役割を果たしてきたが，99年に解散した。同協会が1984年度から94年度に行った数々の調査研究や提言（1.5次産品開発調査，人材育成システム調査，特産成果物産地活路開拓調査，経済自立化調査，水産資源利用活性化調査，特産品産地振興調査，産業振興調査，農業活性化調査，奄美群島文化振興調査等）の中で奄美振興開発計画や市町村の中長期計画に取り入れられ，実現したものは少ない。これらの調査・提言をもっと活用・実現していく必要がある。調査の成果やプランをどのように具体化し，実現していくか，その方策を探る必要がある。

2004年3月で，第3次奄美群島振興開発計画が期間満了する。奄美諸島はいまだ自立的経済を構築するまでには至っていない。21世紀の日本及び世界の潮流であるグロバリゼーションをにらみつつ，住民参加による事業の計画と実施を可能ならしめる法の改正が必要である。過去の単なる延長や継続では自立的経済は構築できない。第3次沖縄振興計画は，本土との「格差是正」を見直し，「自立」をめざすことにした[95]。奄美群島振興開発事業も新たな視点と方向性を見出し，実践していくべき時期にきているのである[96]。

　補論　伝統的経済倫理と奄美振興開発事業

　奄美群島に対する長期にわたる巨額の投資にもかかわらず，期待された経済発展が達成できなかった原因は，マックス・ウェーバーが唱える「近代的エートス」の欠如によるものであると主張する論者の見解をみることにしよう。
奄美群島振興開発事業と奄美経済の展開過程を伝統的経済倫理の立場から分析した山田誠の論文「奄美群島振興開発事業と地域振興」[97]は，斬新かつ示唆的・刺激的なるがゆえに検討に値する。氏の論文のエッセンスを箇条書的に筆

---

95) 2002年4月に発表された「沖縄県振興計画県案（素案）」によれば，「3次にわたる沖縄振興開発計画に基づく総合的な施策の推進と県民の不断の努力が相まって，各面にわたる本土との格差は次第に縮小され，県民生活も向上するなど社会経済は着実に進展してきた。しかしながら，社会資本整備における本土との格差は総体として縮小したものの，道路，空港，港湾等の交通基盤の整備をはじめ，なお多くの課題があり，産業の振興や県民の新たなニーズへの対応を含め，今後とも積極的に整備を進めていく必要がある。」とし，こうした要請にこたえ自立型経済の構築に向けて策定されたのが「沖縄経済21世紀プラン」である。このプランは，「沖縄自らが振興発展のメカニズムを内生化し，自立的かつ持続的な発展軌道にのるような条件整備を図っていかなければならない。そのためには，本土との格差是正を基調とするキャッチアップ型の振興開発だけではなく，沖縄の優位性を充分に発揮したフロンティア創造型の振興策への転換を進める必要がある」と述べている。

者（皆村）の要約によって整理してみよう。
　(1)　大島紬は，大島郡の伝統的・基幹的な地場産業であるが，紬業に携わっている人々にあっては伝統主義的な経済倫理が支配的である。したがって，親方たちはかつて少なくない収益を上げながら，産業資本に転化しようという意思がなかったのである。織工や他の事務的労働者も工場労働者たることを避け，家内労働たることを好み，近代的な労働者として自己の社会的地位を確立しようという意欲がみられないのである。
　(2)　復帰後の奄美農業の振興を図るためには，なによりも「すぐれた経営

---

96) 奄美群島振興開発総合調査委員会『奄美群島振興開発総合調査報告書』(1998年3月)は，「国の特別措置に基づく高率の補助制度などにより，これまで奄美群島の自立的発展に必要な各種の事業，プロジェクトが行われてきたが，道路，港湾等の交通基盤をはじめ，農林水産業等の産業基盤，公園，下水道等の生活環境に関する事業などにおいては，今なお継続中のものも多い。現在の奄美群島市町村の財政状況などを踏まえると，継続中の事業等を国の特別措置なしに実施することは困難であり，これまでの公共投資の効果を充分得るためにも，今後も引き続き国の特別措置に基づいて，これらの継続事業を強力に推進する必要がある」と述べ，「平成11年度以降も特別措置法の延長と，それに基づく新しい奄美群島振興開発計画の策定による国の特別の支援が必要である」と述べている。第3次奄美群島振興開発特別措置法も2003（平成15）年度で期限満了となる。これまでの総括と反省の上にたって，今後の奄美群島の自立的発展の方向性を打ち出さなくてはならない。新しい試みとして，民間版「奄振」委員会「奄美振興新法の骨格つくり」懇談会が政策提言：「21世紀にふさわしい新しい奄美の骨格づくり―『奄振新法の骨格』民間からの提案―」(2002年11月25日)が出されている。奄美群島でも各島ごとにあるいは市町村ごとに住民中心の100人委員会等を設置して，「新奄振法」や，「新事業計画」を策定していく必要がある。そうしてはじめて，真の意味で，住民による住民のための奄振事業となりうるのである。島根県では，県・町村・地域住民が一体となった離島振興のための，総合的な調整機関として「離島総合振興会議」を設置し，ワークショップなど住民参画のもと，次期離島振興計画策定のための提言「立ち上がる隠岐国～隠岐21Ｃ活性化プラン～」を策定している。
97) 山田誠「奄美群島振興開発事業と地域振興」『過疎地域における産業の構造的特質と政策効果に関する実証的研究―奄美群島を事例として―』平成元年度科学研究費補助金（総合研究（A）研究成果報告書，1990年3月。

者であり，また同時に，忠実な労働者」としての資質涵養を優先する必要があった。しかるに，現実にとられた方策は，それとは全く逆の方向であった。全国的な農業・食糧政策の立場からなされた水田のサトウキビ畑への転換と大型製糖工場の誘致は，伝統的な経済倫理と結びついて水田の消失と大量の余剰労働力を排出してきた。

(3) 「奄美振興事業」計画の論理は，近代的経済倫理に則って行動する社会を前提に組み立てられている。しかるに，奄美の現実社会では伝統主義的経済倫理が支配している。この経済倫理の違いを棚上げしておいて，近代経済倫理に沿った計画をたて，事業を実施しても所期の成果は上がらないばかりか，場合によっては近代的経済倫理の育成を妨げることにさえなる。復帰後の奄美に対する中央政府の政策はそれに当る。

(4) 島津藩の統治が終わって100年を超える。この間，基本的に経済活動の自由は存在してきたにもかかわらず，一部の地域を除いて近代的経済倫理を備えた階層が育たなかったのは，近代的経済倫理の涵養の点ですぐれている人々を一貫して島外に放出することによって，地域内部に階層として形成される芽をつみ続けてきた。教育に力を入れることが近代的経済倫理の醸成のうえで要(かなめ)に位置する人材を失わせる結果となったことも，奄美の困難を大きくしている一因である。

(5) 奄美の市町村はその制度的な力能からすれば，奄美の伝統主義的経済理論を近代的経済倫理へと転換させる転轍器(てんてつき)の役割を演じることが期待される。しかるに，現実には自己の経済的力能の大きさ（小さな自治体）にしては巨額の「奄振」予算のこと（皆村）のゆえに，市町村は逆に，伝統主義的経済倫理を生み出す主要な源泉となっている。

以上が，奄美経済の展開過程を伝統的経済倫理の立場から分析した山田論文の要約であるが，最後に，論文のまとめの部分を引用しておこう。

「奄美振興」事業による膨大な事業費の投入にもかかわらず，奄美経済は優等地の地位から限界地へと後退してしまった。「奄美振興」事業計画＝「奄美振興」事業＝奄美の地域振興という三位一体の図式は成立しなかったわけである。そうならなかった原因を奄美の経済活動に即して考察して

みると，伝統主義的経済倫理に行き当たる。「奄美振興」計画は近代的経済倫理を前提にした論理でもって，経済活動の条件整備をしてきた。しかるに，これまで投入された「奄美振興」事業は，近代的経済倫理の涵養に寄与するどころか，伝統主義的経済倫理の存続にとっての物質的基盤となっている。支配的な経済倫理の転換がない限り，巨額の公的資金の投入も開放体制下の市場動向に対応できる経済体質を内部から生み出すことはできない。経済倫理の転轍器の役割を演じる制度的な条件は，農村地域では市町村行政に最もよく備わっている。奄美の場合にも，たしかにそこに潜在的な可能性を見出せるとはいえ，一方に伝統主義に侵された日常生活をかかえ，他方で中央集権的な縦割行政が事業の在り方を制約している事態をみれば，市町村が転轍器機能を果たしうる現実は極めて狭いといわざるをえない。

山田の問題意識と分析視角には鋭いものがあるが，奄美や農山漁村のような経済的不利地域において程度の差はあれ，ほぼ共通した経済現象を，まるで奄美特有の問題であるかのような論述をしている。

山本英治も『沖縄の都市と農村』の序論「沖縄研究の視点」で次のように述べている[98]。

　　沖縄振興開発事業によって，たしかに道路，港湾，空港，学校その他の公共施設や農業をはじめとする産業基盤の整備はかなり進み，商業サービス業も発展し，県民所得も向上した。だがそれにもかかわらず，依然として本土との格差は是正されず，経済的自立が達成されないまま推移している。そこには，沖縄独特の自然的，経済的，社会的，文化的な問題もあるかもしれないが，それよりはむしろ本土資本による収奪と政治・行政権力の支配に基本的な要因があるのではないかと思われる。

そこで山田の所説を検討してみよう。

まず，第1の大島紬が少なくない収益を上げながら，その収益を産業資本に

---

[98] 山本英治・高橋明善・蓮見音彦編著『沖縄の都市と農村』東京大学出版会，1995年。

転化しなかった点についてである。この点に関連して，たとえば，足利・桐生の絹織物業においても大島紬と状況はほぼ同じである。岡本清著『足利・桐生の絹織物業の賃織制度と買継の性格の分析』によれば，「在来産業と織物業，特に，絹織物業で，紡績業などのように資本の集中と集積がなされなかった。それは，織物業が内包する宿命的な特質に依存する。足利織物業は，諸々の客観情勢の中で，自らの工場を拡大して，本格的な工場制生産を採ることを避け，封建時代の農村に寄生した問屋制家内手工業の延長としての賃機(ちんはた)制度が昭和の代まで残存し，織物業者はこれを自家工場の外延部として，そしてまた不況期のクッションとして利用していたのである」[99]。

　第2の，農業の振興策は，「すぐれた経営者であり，また同時に忠実な労働者」としての資質の涵養である」ということは，誰も異議を差しはさむ余地はないが，奄美におけるサトウキビのモノカルチュア化と水田の消滅，余剰労働力の排出は，政府の甘味資源保護策と水田の減反政策の結果であり，これを農民が「優れた経営者であり，忠実な労働者」でなかったことに起因するとするのは承服しがたい。水田が残っているという種子島や沖縄でもサトウキビ生産は増加し，水田は大幅に減少しているのである。種子島のサトウキビ生産量は，1968年には14万3千トン，78年には20万4千トンへと43%増加したのに対し，奄美では同期間に56万トンから66万7千トンへと18%増加したにすぎない。

　第3の「奄美振興計画」の論理は，近代的経済倫理に則って行動する社会を前提に組み立てられている。しかるに，奄美の現実社会では伝統主義的倫理が支配──という主張は，所得水準の低い，したがって現金収入の少ない農家にあっては島外に出稼ぎに行くよりは地元で土木建設工事等の現金日雇労働の機会があれば，就労するのは当然であろう。全国至るところで見られる現象であり，奄美に特有な伝統主義的経済倫理観によるものではない。

　第4の，教育に力を入れることが近代経済倫理の醸成のうえで──は，高等教

---

[99] 岡本清著『足利・桐生の絹織物業の賃織制度と買継の性格の分析』1971年，pp. 17-19。

第7章　復興・振興開発事業と奄美経済の特質

育を受けたもののみならず働く能力をもっている者のほとんどはやむなく都会へでて行かざるをえない状況にある。だからといって、島に残っている人たちが伝統主義的経済倫理の持ち主で、近代的経済社会の担い手になりえないというのは思い違いである。おそらく、奄美の人口14万人のうち、ほとんど100％の人が義務教育を受け、80％は高等教育または都市生活を戦後一度は経験したことのある人々であり、さほど他地域と相違はないものと思われる。島や農山漁村から高等教育を受けた人々が流出するのは奄美だけの特有な現象ではない。岡本清も次のように述べている。

「戦前は、足利では商売人に学問はいらん、ソロバンさえできたらよい、という考えが強かったようですが、最近はみな教育熱心で、中央の一流大学へ進むことを熱望しております。ところが、ひとたび中央に出てしまいますと、私を含めて、みな郷里に帰らない。否ばかりでなく、この美しい、関東の小京都といわれる山紫水明の土地のことを忘れてしまう者が多いようです」[100]。

奄美や農山漁村、あるいはまた、大島紬や足利・桐生の絹織物業や中小零細企業衰退の最大の原因は、経営者や労働者の伝統的経済倫理ではなく、――そういう側面があることは否定できないが、――経済的に不利な条件下におかれているということである。吉田慶喜はこのことを、「今は独占資本が島の隅々まで支配する開放体制下にある地域経済は、国民経済および世界経済の一環でしかなく、個人の意思や行動ではいかんともしがたいことがままあるというより、それに翻弄(ほんろう)されてきたのが奄美の歴史ではないか」と述べ[101]、岡本は、「日本資本主義の発展の中で、特に、日露戦争後に成熟した日本資本主義、その中でまことに日本特有な形で形成された近代的商事会社が配下の問屋ならびに末端の生産者を従属下におく支配・被支配の関係を形成したことに注目しなければならない。」と述べている[102]。

山田は、奄美の経済について論じる場合、従来あまりにも外部的要因が強調

---

100) 山本他編, 前掲書, p.112.
101) 吉田慶喜著『奄美の振興開発―住民からの検証―』あまみ庵, 1995年, p.17.
102) 岡本前掲書, pp.17-18.

されすぎ，内部的な要因，特に島民の経済倫理の側面について論ずることがなかったということで，この側面にスポットライトを当てて斬新な視角から分析された功績は認めなければならない。たしかに，1960年代までは奄美の農村部ではまだ共同体的・伝統主義的価値観が残存していたが，60年代以降農民は，国や県・市町村役場職員の指導する新たな農業技術や品種改良，施肥灌漑の方法などを積極的に受け入れ，近代的・合理的農業経営を取り入れてきたのである。つまり，現時点においては，近代合理主義という点において，奄美の人々は平均的な日本人に比較してそれほど大きな遜色はなかったと考えられるのである。

山田は，「かつて，奄美は不利な条件下にありながらも，全国市場に通用する商品群—大島紬，黒砂糖，カツオ節，ユリ球根—を有していた。奄美振興事業によって，不利な条件を克服し，生産を増加させるために，交通運輸や土地基盤などの産業基盤整備のために巨額の資金が投入された。にもかかわらず，基幹産業は衰退し，人口は流出してしまった。このことは，奄美地域が優等地から限界地へと後退したことを意味している。これは，近代的経済倫理を前提にした奄美振興事業が，伝統的経済倫理に則して展開されたためである。」という主旨のことを述べているが，かつての優等地が限界地（劣等地）になったことについての筆者の考えは次のとおりである。

農山漁村における産業基盤や社会資本の整備にもかかわらず，農業と工業の生産性格差の拡大，国際競争力の高い工業製品の輸出急増＝国際収支の大幅黒字による円高化などによって，かつては優等地あった農山漁村の産物をはじめ伝統的産業や中小零細的な地場産業は競争力を失ってしまい，いまでは限界的あるいはそれ以下の状態に陥り，壊滅的な打撃を受けている。つまり農山漁業に携わる人々の経済倫理によるというよりは，生産条件，需要条件，国際的条件等の変化によるものであるということである。

サトウキビにしろ，大島紬にしろ，奄美の気候風土に適した生産物であり，そして近代に至って島民の努力と英知によって奄美の伝統的，基幹的な産業としての地位を築いた。しかるに，1960年代後半以降，国民の嗜好や需要の変化，国際化・円高化などによって，大島紬・サトウキビの生産減退を余儀なく

されているのである。

　奄美に近代的な産業の発展や雇用関係の発展が乏しいのは，そしてまた広域的な組織の形成が苦手なのは，資本蓄積が乏しく，市場が小さいために有利な投資の機会が少なく，そして分業と協業体制が未熟なためである。近代的工業部門の確立が困難なために，農業部門に存在していた過剰労働力は，潜在的失業または偽装失業者として農業部門にとどまるか，農業部門から排出されて郡内の伝統的な地場産業（大島紬）や土木建設業・サービス業に従事するか，郡外に出稼ぎ労働にいくか移住するしか他に道はなかったのである（戦前においては，土木建設等の賃金日雇労働者は少なかった）。

む　す　び

　1953年の本土復帰以降，一方で，復興・振興・開発のために国や県市町村の資金投下により，他方で，高度成長により，郡民の生活様式は一変した。資本主義経済の波は，激しく農村を動かし，農家経営はもとより，生産組織，親族組織，村落自治や祭祀の運営方式やなどにも大きな揺れがもたらされた。自給的農業から一挙に換金性の強い農業への転換，消費財をはじめ資本財の外部への依存の高まり，政府支出に依存した経済，方言や伝統芸能の消失，過疎と高齢化の進行などである。特に，水田の消滅は奄美の経済社会のみならず，環境に及ぼした影響は甚大といわざるをえない。また，人口の自然減少により，学校や村の維持が困難になりつつあるところもある。群島人口も13万人を割るのも時間の問題となっている。

　奄美群島振興開発計画の目的は，産業基盤を整備し，郡民の自立精神を高め，群島経済の自立を促進するということである。そのために，新たな産業発展を促すために奄美群島振興開発基金も設置された。そしていまや産業基盤を整備するという目的はほぼ達成できた。しかしながら，産業基盤を活用し，振興開発基金の保証・融資・出資業務を活用した新たな産業の創生，自立的な経済発展と郡民の自立精神の確立はまだ実現していない。特に，1989（平成元）年度

に創設された出資業務の実績はゼロである[103]。また，自立的な経済発展を促すために，種々の産業振興措置も講じられてきたが，いくつかの町村を除いては，まだ他力依存的である。他力依存的傾向を助長したのは，奄美群島振興開発計画に基づく財政支援による公共事業を通ずる就業機会や所得機会，あるいは政治権力依存である，といわれている。そうであるならば，振興開発事業は今後不要ということになる。アマルテイア・センが結論づけているように，「開発の主要な目的と手段は，人間的自由の向上」でなければならない。果たして，「人間的自由の向上」が達成されたであろうか。開発は，郡民に「自由と民主主義」，「政治的自由」「機会の均等」，「公平な所得」，「連帯（協同）の強化」，をもたらしたであろうか。「開発」が政治的束縛，中央依存体質，所持格差を創り出したことは否めない。とくに，群島あるいは島々を2分した政治的争いが，島を住み難くし産業振興の障害になったことも否めない。いまこそ50年間にわたる奄美振興開発事業を総点検・評価して，新たな方向性を見出す必要がある。

　吉田慶喜が述べているように，「復興・振興・振興開発の40年は，「本土並み」を追求し，「沖縄並み」を求めて，ついに追いつけなかった。道路，港湾，空港，土地改良など，基礎的基盤はある程度整備され，社会資本の格差是正は時間の問題だろう。だが，基幹産業である大島紬やサトウキビは停滞し，生産活動の低調な島になってしまった。これから力点を置くべき施策は自立的発展の基盤である産業振興の条件整備や人材の育成と還流・定着である。これからの振興開発の基本方針は，(1) ハード面からソフト面の充実への転換で奄美らしい地域づくり。(2) 亜熱帯の貴重な美しい自然と環境を守り，独特の歴史的文化と伝統産業を生かすこと。(3) 住民が主役の，住民参加による，住民のための振興開発にすること」である[104]と同時に，「第3次沖縄振興計画」が主張

---

103) 奄美群島振興開発基金（2001年度末の出資金は119億22百万円）の2000年度の保証承諾額は74億51百万円，保証債務残高は218億49百万円，融資額は35億39百万円，融資残高136億31百万円，89年度に創設された出資業務は実績ゼロである（『奄美群島の概況』2001, pp. 412-416)。
104) 吉田慶喜前掲書。

するような,「自らが振興発展のメカニズムを内生化し,自立的かつ持続的な発展軌道にのるような条件整備」を図る必要がある。単発の大規模なハコ物よりも地域資源を多く使った地域産業を育成し,産業相互間の連関を高めるようなシステム,つまり,地域循環型の経済システムを構築することが求められている[105]。

　つまり,単位は小さくとも,島民が必要とする施設を下からの積み上げ要求で計画をつくることである。しかし現状は,計画策定過程に住民はあまり関わっていない。そのために,「奄美振興開発事業」がどのような性格のものであり,何に使われているのか知らない人が多いし,また無関心である。今後は具体的な計画策定に当って住民の発議機会をもっと増やす必要がある。古川俊一・北大路信郷が『公共部門評価の理論と実際』(2001年12月)で指摘しているように,計画中心の政策過程は限界にきている。つまり,低成長にあっては,利用可能な資源が制約される。しばしば,企画(予算)偏重の日本の行政といわれるが,これは成長が前提となっている。なぜならば,バラ色の計画,前提が楽観的な計画であっても財源があとでついてくるので,相当部分実現できることになる。計画の実効性が担保される。「計画行政」がもてはやされたのはちょうど高度経済成長の時代であった。しかし,そのような時代はもはやすぎた。低成長期においては既存の政策を見なおすことが必要となる。そのうえで計画なり予算の編成過程に進む。また,あらゆる管理活動は,現状の点検・評

---

[105] 西沢栄一郎等によれば,「自足型社会」または「循環型社会」とは,物質とエネルギーがなるべく地域内で循環し,環境への負荷も極力少ない,生態系とのバランスを重視した生活・生産の形態を持つ社会のことであり,沖永良部島を対象にした研究(「鹿児島県沖永良部島の水,土地利用,食生活—「自足型社会」構築へ向けての予備的考察—」日本島嶼学会『島嶼研究』創刊号)を行っている。沖永良部島は,農業の盛んな島であるが,1994年,三重大学の調査によって化学肥料・農薬による環境劣化問題が指摘され,90年代半ば以降,環境保全型農業の推進に取り組んでいる。また,長野県の小さな寒村・栄村(2002年10月現在の人口は2,600人)は,人間性の復興と循環型地域経済の確立に行政と住民の協同によって取り組んでいる。高橋彦芳・岡田知弘著『自立をめざす村—長野県栄村』自治体研究社,2002年7月。

価からはじめなければ，次に進むことがむずかしいのである。さらに時間はかかっても，地域住民の主体的な参加を図ることにより，自己決定，自己責任という機能と意識を高める必要がある。そのためには，情報の開示が必要である[106]。

---

106) 拙稿「奄振法延長と奄美振興―鹿児島からの提言―」『南海日日新聞』2002年9月19日。「地域の復権」を主張されている松原治郎によれば，「地方の時代」とは，「地方分権」の主張と，「自治の拡大」への要請，人々の定住の生活を優先させる形での「地域経済システムの拡充」，新たな住民の連帯と生活環境づくりの「コミュニティ活動」，さらには「地方文化の復権」と「新しい地域文化の創造」であるという。松原は，「地方の時代」の主導原理として，「生活優先主義・人間尊重主義」，「地域主義・分権主義」，「田園主義・自然主義」，「文化・学習志向」の4つをあげている。松原のいう，「地域主義・分権主義」は，人間生活と生態系との調和を基礎にして，地域経済の自立を図ることによって，地域社会の再構築を目指そうとするものである。これまでのような中央集権的地域開発ではなく，「内発的地域振興」である。具体的には，①経済の地域内循環を可能なかぎり拡大させる。②バランスのとれた地域的産業構造を指向する。③諸産業の有機的結合，とくに農業と工業のつながりに配慮する（農・工リサイクル，農産物加工）。④産業と住民生活との地域内リサイクルに配慮する。⑤地域の風土的特性，地域の資源，地域の労働力を最大限に活用する，などである。要するに，地域内での付加価値を高め，可能なかぎり経済の地域内循環）をおしすすめようというのである。このような，経済の地域主義を確立するためには，経済ばかりでなく，政治的，行政的，社会的，文化的など，あらゆる社会生活にかかわるオートノミーの原理が前提である。行財政の地方分権化，政治的自律化，住民参加による地域計画の樹立，土地利用をはじめとする住民生活のあらゆる側面にわたる社会計画化，そのための組織の形成などが必要であるという（松原治郎編著『地域の復権』学陽書房，1980年，pp.5-6）。

第8章　国際化時代の地域産業

　はじめに

　中小零細な経営の多い地域産業（地場産業）は，経済の国際化，円高化で深刻な苦境に直面している。この数年，伝統的な地場産業が跡形もなく姿を消した地域，あるいはまた，やがては消滅するかもしれない不安に脅えつつある地域も少なくない[107]。表33にみるように，中小企業庁の調査によれば，円高による輸出型の地場中小企業への影響をみてみると，1985年9月のプラザ合意以降，急速な円高化の進行により，輸出型産地中小企業の多くは，休業，廃業，倒産，転業を余儀なくされた。87年9月末時点の休業企業数1,588，産地組合企業数1万4,867の10.7％にのぼった。86年～87年9月の倒産・廃業企業数は886社で，85年末の産地組合企業数1万5,741の5.6％に相当する。87年4月から9月までの期間に転業をした産地数は8産地，96企業に及んでいる。

　地場産業とは，地元資本による中小企業群が一定の地域に集積し，原材料，労働力，技術など地域内の経営資源を活用して，生産・販売を展開している産業をいう。この場合，地場産業の多くは地域固有の歴史・文化に根ざした伝統

---

[107] 中小企業庁『全国の産地』（1998年4月）によれば，1998（平成10）年度には生産規模5億円以上の産地は，全国に541，企業数7万5,000，従業者数69万人，生産額13兆7,000億円であったが，2001年度には，企業数5万3,000，生産額9兆5,200万円へと減少した。その形成時期は，明治以前が63％を占め，第2次世界大戦以前では実に78％になる。地場産業の形成時期別にみると，江戸時代35％，明治時代28％，大正時代7％，昭和20年以前7％，昭和20年以後22％となっている。なお，（株）帝国データバンクが，全国624の地場産地組合を対象に，平成13年2月に実施した調査の結果，転休廃業，倒産は2,557件発生しており，調査実施以来4番目の高水準となった。（http://www.jcci.or.jp/machi/m-keyword.h.tml／）

表33 地場産業の推移

(単位：千円)

		1986	1987.1−3	1987.4−6	1987.7−9
休業		22産地, 1,416企業	21産地, 1,539企業	18産地, 1,529企業	17産地, 1,588企業
廃業	発生	30産地, 271企業	17産地, 150企業	9産地, 59企業	11産地, 310企業
	累計	30産地, 271企業	36産地, 421企業	39産地, 480企業	39産地, 790企業
倒産	発生	20産地, 72企業	11産地, 16企業	4産地, 5企業	3産地, 3企業
	累計	20産地, 72企業	22産地, 88企業	23産地, 93企業	24産地, 96企業
転業				8産地, 32企業	7産地, 64企業

(出所) 中小企業庁調査課『円高の輸出型産地及び中小企業への影響について』1987年11月号.
(出典) 下平尾勲「円高・ドル安と輸出地場産業」1988年1月.
(注) 休業数は各期末現在の数、廃業・倒産、転業の発生は各期の累計である.

産業であり，いわゆる「産地」を形成し，その市場基盤は広く全国・海外に展開している。このような地場産業の多くは，「伝統的工芸品産業」に国から指定されている。しかしながら，伝統産業の多くは存亡の危機に直面しており[108]，2001年4月11日に「伝統的工芸品産業の振興に関する法律の一部を改正する法律」が成立した。同法の改正は，きわめて深刻化している伝統的工芸品産業の現状を打開し，伝統的工芸産業のさらなる活性化を図ることを目的としている。具体的には，共同振興計画の作成主体に任意団体や販売事業者を追加するなどの拡充が図られることで，事業者の意欲的な取り組みを支援している。また，「21世紀の伝統的工芸品産業の方向性と在り方研究会」（通産省所管）が同年6月に発表した報告書『21世紀の伝統的工芸品の方向性と支援のあり方について』は，伝統的工芸品産業の発展の基本的な考え方として，伝統

---

[108] 1986年9月のプラザ合意直前に出版された関満博著『伝統的地場産業の研究―八王子機業の発展構造分析―』（1986年6月）は，伝統的地場産業である八王子機業の発展構造の分析を行っているが，同書によれば，「伝統的地場産業は，1970年代末頃から，地域産業の担い手の1つとして期待されながらも，テクノポリス構想，先端産業などへの熱い視線とは裏腹に，次第に深い困難の中に沈みこみつつあるようにみえる。伝産法，産地指定法指定が実質的には必ずしも全国の地場産業を豊かにするものとして働いたと評価することは難しい」と述べている。プラザ合意以後は，本文中でみたように，多くの伝統的産業の産地が壊滅的な打撃をうけたのである。

表34　奄美の地場産業の生産額の推移

(単位：百万円)

	1980	1985	1990	1995	2000
大島紬	28,758	25,134	15,794	4,630	3,025
粗糖	20,375	28,996	30,086	22,804	20,550
黒糖焼酎	3,266	3,456	2,040	2,654	3,668(注)

(出典)　鹿児島県大島支庁『奄美群島の概況』各年度版.
(注)　1995年度以降，黒糖焼酎は販売額が表示されていないので，1994年度の1キロリットル当りの単価と生産量を乗じて算出した.

と新しさが調和する自律した産業への変革，情報技術（IT）の活用，産地の主体的取り組みと，国等の側面的な支援などの必要性が指摘されている。

奄美の地場産業であり，「伝統的工芸品産業」に指定されている大島紬業と[109]，長い歴史をもち，奄美の基幹産業となっている糖業も存亡の危機に直面している。

表34にみるように，大島紬の生産額は，1985年の251億円から2000年には30億円に，粗糖の生産額は290億円から206億円に減少している。

以下において，大島紬業，糖業及び黒糖焼酎の展開についてみることにする。

1節　大島紬業の展開

大島紬業はすでに戦前から奄美以外に鹿児島市を中心とした地域でも広く生産されるようになっていた。戦後，奄美群島が日本から分離されたため，大島

---

[109] 1974年5月，「伝統的工芸品産業の振興に関する法律」いわゆる「伝産法」が制定され，大島紬は，75年2月にその指定をうけた。この法律の施行により，それまでせいぜい地方公共団体レベルにおいてのみ施策の対象とされるにすぎなかった伝統産業の振興がわが国産業政策の1つの柱として加えられることになったが，伝統産業の振興を図るには限界があった。その意義と限界について，出石邦保や岩下正弘が大島紬に関して指摘している（名瀬市紬観光課『昭和54年度本場奄美大島紬産地診断勧告書』）。

紬は鹿児島市を中心にした地域で急速な拡大をみるようになった。復帰後，奄美群島でも急速な復活を示した。大島紬に対する需要の増加に支えられて，生産量，生産額ともに増加した[110]。そして，1970年代初めには大島紬の生産技術及び原料が韓国に流出し，韓国紬の輸入問題が浮上してきた。韓国で大島紬が生産され，日本に輸入されるようになったのは，安価な労働力を使用することによって，安価な大島紬を生産供給できるという比較優位性を韓国が確保することができたからである。安価な韓国産紬に対抗するためには，本場の大島紬の高級化を図るか，技術革新あるいは生産の合理化によって価格競争力を強化することである。奄美では，主として大島紬の伝統を守り，高級化を志向しつつ，政治的対応と輸入阻止運動で対応してきたといえよう[111]。高級化は大島紬に対する需要を減退させ，政治的対応と輸入阻止運動は期待されたような成果をもたらさなかった。ただ，韓国の比較優位性は不動のものではない。韓国でも急速な工業化，都市化が進み，産業構造の変化，賃金の上昇，労働力の不足，労働移動が激しくなっている。韓国に大島紬が産業として定着するという確証はない。実際，多くの労働集約的な産業が韓国よりも賃金の安い東南アジア諸国へ移転しつつあるのである。大島紬はいまや，韓国からフィリピン，

---

110) 大島紬の生産反数は，1970（昭和45）年には戦前の6割以上に回復し，年産約23万反に達した。このような生産増加は，高級品化の方向にそって展開した。また，染別には，かつての泥染，泥あい染に変わって化染物の伸びが著しく，70年には95％が化染になっている。これがいわゆる「色大島」であり，華美を要求する奢侈的な消費傾向と合致する方向であった。これはまた，集散地問屋（主に京都の問屋）の要求する方向でもあった（鹿児島県商工振興課『奄美群島の開発に関する総合調査（大島紬関係抜粋）』1970年）。しかしながら，79年の調査では，生産反数のピークは73年の28万1,768反で，染色別では，泥染めが58.6％，泥藍27.5％，色大島13.9％となっており，伝統的な泥染めが復活したことを示している（名瀬市観光課『昭和54年度本場奄美大島紬産地診断勧告書』）。

111) 1973（昭和48）年夏以降，各政党が奄美を訪れ，伝統産業の振興策について声明を発表した。74年4月には超党派で「伝統的工芸品産業振興法」が成立した。大島紬は，75年2月17日に「伝産品」第1号に指定され，川辺仏壇は80年5月15日に指定された（川崎寛治元社会党国際局長の回顧「伝産法への道」『南日本新聞』2002年10月11日）。

表35 奄美産地と鹿児島産地の大島紬生産反数の推移

(単位：円)

	奄美産地				鹿児島産地			
	生産反数	指数	生産金額	指数	生産反数	指数	生産金額	指数
1976	267,641	100.0	21,820	100.0	703,449	100.0	26,657	100.0
80	269,778	100.8	28,613	131.1	444,500	63.2	22,126	83.0
85	238,555	89.1	21,377	97.9	283,381	40.3	14,984	56.2
90	126,311	47.2	9,859	45.2	177,486	25.2	9,078	34.1
95	62,755	23.4	5,027	23.0	117,765	16.7	4,828	18.1
96	60,631	22.7	4,865	22.3	115,606	16.6	4,838	18.2
97	55,441	20.7	4,469	20.5	116,750	16.4	4,817	18.1
98	49,828	18.6	4,092	18.8	100,383	14.3	4,008	15.0
99	43,651	16.3	3,547	16.3	86,582	12.3	3,286	12.3
2000	37,339	13.9	3,014	13.8	69,337	9.8	2,916	10.9
01	34,088	12.7	2,743	12.6	70,835	10.1	2,740	10.3

(出典) 名瀬市『名瀬市紬観光審議会資料』2002年2月25日.

マレーシア，中国へと移転したが，需要そのものの低迷で，奄美・鹿児島での生産のみならず，外国における生産も低迷・減少しているのである。

表35にみるように，1976年度には奄美産地と鹿児島産地を合わせて97.1万反生産していたが，その後漸次減少傾向をたどり，とくに，86年ころから大幅な減少を示している。

97年度には奄美産地が5.5万反，鹿児島産地が11.8万反，合計17.4万反に減少している。76年度を基準年次（=100）とすると，97年度は17.9である。奄美産地についてその後の趨勢をみると，一向に減少傾向に歯止めがかかっていない状態である。大島紬組合員数についても，奄美・鹿児島産地ともに，大幅に減少し，比較的年齢が若い層が紬業界からの離脱が顕著となり，織りや締めを中心とする技術者不足と高齢化が急速に進行した[112]。

表36 大島紬組合員数の推移

	奄美産地	鹿児島産地
1982	1,540(100.0)	955(100.0)
86	946(61.4)	477(49.9)
90	720(46.8)	365(38.2)
94	480(31.2)	194(20.3)
98	301(19.5)	148(15.5)

(資料) 本場奄美大島紬協同組合（奄美産地），本場大島紬織物協同組合（鹿児島産地）.
(出典) 九州電力『九州の地場産業』
(註) （ ）内は1982年を100としたときの指数を示す.

大島紬は，奄美経済の基幹産業であり，付加価値が高く，地域経済に及ぼす影響はまことに大きいものである[113]。1980年には，紬の生産高は約27万反，金額にして288億円に達していたが，1998年には生産高5万反，生産額40億円，2001年には3万4千反，27億5百万円に落ち込んでしまっているのである。大島紬組合員数も表36にみるように，奄美産地，鹿児島産地ともに，1982年を基準年度とすると各々19.5，15.5に減少している。紬業従事者数も80年の1万7,134人から2000年には5,103人へと1/3以下に減少している（表37参照）。

　もし，大島紬業が姿を消さざるを得ない場合を想定するならば，奄美経済は，深刻な状況に陥るであろうことは容易に想像できるのである。それだけに，大島紬業が危機的状況にある現在，早急に対策を講じる必要がある[114]。

　奄美振興研究協会編『奄美経済自立化指標調査報告書』（1993年3月）の中で，筆者は，大島紬業の振興策について次のように指摘した。

　織物業，とりわけ和装業は構造的不況業種といわれ，転業と廃業または規模縮小を余儀なくされている。700年の歴史と伝統を誇る西陣織物業においても存亡の危機にさらされている（表38）。しかし，構造的な不況の中で，業種転換をはかることによって新たな地場産業の展開をみている産地もある。たとえ

---

112) 1995年度の実態調査によれば，大島紬業従事者のうち，50歳以上の高齢者の割合は，手織り80％，泥染め52％，締士80％，製造関係70％，合計で75％を超えている（名瀬市紬商工課95年度『本場奄美大島紬従業者実態調査』）。

113) 1970年の名瀬市の就業構造をみてみると，大島紬関連の就業者の割合は全体の40％程度にのぼるという（前掲の『大島産地診断勧告書』p.13）。しかしながら，オイル・ショック後，需要の停滞に見舞われ，大島紬業は転機に立たされた。上記『昭和54年度本場奄美大島紬産地診断勧告書』は，転機にある大島紬業の振興を図るために，名瀬市が専門家による産地診断を依頼しまとめたものである。名瀬市長・大津鉄治は，「大島紬をとりまく内外の環境はきわめて揺れ動いており，その前途には多くの障害がよこたわっています。生産の面では，織工・締工の不足と高齢化があり，流通面では，在庫の増大，消費動向の変化などが憂慮されています。また，韓国紬等の国外生産問題など，どれをとっても困難な問題が多いのであります」と述べている。

表37 紬従事者数の推移

	織士	締士	図案士	加工士	染色士	その他	計
1980	14,114	884	47	981	260	848	17,134
85	12,778	709	42	797	266	735	15,327
90	7,263	384	33	461	155	524	8,820
95	2,883	193	16	234	83	453	3,862
99	4,715	162	6	186	47	―	5,116
2000	4,702	162	6	186	47	―	5,103

(出典) 名瀬市産業振興部紬観光課紬特産係『本場奄美大島紬及び特産品振興策』

表38 紬産地別生産量の推移

	鹿児島		小千谷		十日町		その他	
	生産反数	指数	生産反数	指数	生産反数	指数	生産反数	指数
1985	474,533	100.0	79,277	100.0	181,442	100.0	107,716	100.0
90	278,548	58.7	38,342	48.4	95,486	52.6	26,325	24.4
91	249,499	52.6	33,330	42.0	86,803	47.8	25,022	23.2
92	223,469	47.1	29,638	37.4	80,958	44.6	19,930	18.5
93	185,878	39.2	25,857	32.6	72,653	40.0	14,999	13.9
94	169,262	35.7	22,622	28.5	57,699	31.8	13,467	12.5
95	165,648	34.9	26,697	33.7	56,569	31.7	11,806	11.0
96	159,157	33.5	30,525	38.5	50,944	28.1	10,555	9.8

(資料) 農畜産業振興事業団『全国絹織物産地実態調査』
(出典) 九州電力株式会社『国際化時代における九州地場産業の展開動向』1998年3月.
(注) 1.指数：1985＝100
2.「鹿児島」は鹿児島，奄美各産地の合計，「その他」は結城，塩沢，村山各産地の合計.

ば，山形県米沢では，産業構造の変化をいち早くとらえ，テキスタイル産業への進出や十日町（新潟県）では，織物の技術を活かしてIC産業へと転換に努めている（ただし，うまくいっていないようである）[115]。

また，絹織物の産地として世界的に有名なイタリア北部のコモ湖周辺では，ファッションとデザインを売り出すことで，また，エミリア・ロマーニア地方では中小企業や家内制手工業（職人産業）がいわゆるハイテク小企業に成長することによって盛況を呈している。家内手工業的な職人産業でもコンピュータ

の導入などによって技術革新をはかるために,政府は手厚い保護策(優遇税制,先端技術の導入に対する補助金)を講じている。伝統的な産地でも生き残るためには,時代に対応した変革が絶えず必要とされているのである[116]。財団法人・国土計画協会『奄美群島における情報通信技術を活用した振興策に関する調査研究—報告書概要版—』(2002年3月)は,[大島紬におけるIT活用方策]として,次のように述べている。

　大島紬においては,産地が主体となった流通システムを構築していくことが重要であり,このためにインターネットを活用したB to C(産地から消費者へ)を基本とした販売戦略が有望である。産地サイドでは,小売をはじめとした流通機能が脆弱なことから,百貨店・呉服店などの既存の流

---

114) 1988(昭和63)年12月の『南海日日新聞』は,社説で,大島紬不況対策に関連して,経営者の姿勢を次のように批判した。「企業は人なり」というが,機屋には人を育てることに投資することの大切さを認識してもらいたい。それは売れる物づくりで経営基盤を安定させなければならない。時代の流れに背を向けて,旧態依然とした経営を続け,苦境に陥ると,真っ先に技術者をクビにするような経営の在り方を改めないかぎり,紬の産業としての将来性は望み薄である。紬業界の緊急課題は,施設づくりよりも機屋の経営指導や従業員の確保であることを強調しておく。

　社説が杞憂していたことが現実になってしまった。紬の熟練工や技術者が紬業を見放してしまった。景気の回復とバブル経済の下でも大島紬をめぐる状況は好転しなかった。織物業界の衰退は大島紬に限られない。いな,むしろ大島紬は他の絹織物産地に比べてましなほうである。主要な絹織物産地の1990年現在の生産量はピーク時に比べて,村山4%,伊勢崎9%,十日町13%,小千谷19%,鹿児島30%,奄美44%である。家内手工業的で,労働集約的な絹織物業は,労働条件や価格競争という供給面からのみならず,和服離れという需要面からも時代的要請に応えられない側面をもっているからである。

115) 2000年11月には,沖縄県南風原町で,「全国織物サミット」が開催された。開催地を代表して,城間俊安南風原町長は,「状況は厳しい。このままでは産地消滅との危機感がある。小さな自治体だけの取り組みには限界がある。」と述べ,「伝統」を活かす策について話し合った。国内の主要な和装産地はどこも押しなべてピーク時の1/5から1/50まで生産を落としている。会議では,各産地の危機的な状況が報告されたのみで,これといった打開策は打ち出されなかった(『南海日日新聞』2001年1月1日)。

通業者との連携を図ることが必要である。

　奄美でも，優秀な職人・労働力と，絹織物産地としての歴史と伝統が存在するのであるから，これらの集積を活かして，大島紬を中心とした複合的産業の形成，たとえば，皮革，ジュウタン，ファッション，デザイン，縫製，紬したて，インテリア，セラミックなどの産業の可能性を調査研究していくべきであろう[117]。上記のイタリアの小企業，職人的産業の復興は，「内発型」の地域振興といわれているが，奄美でも在来の小企業，職人的産業を技術革新によって活性化すると同時に，外部から地場企業と協力・競合しうる産業を誘致することも必要である。

　もちろん，奄美でも諸種のイベントや対策が講じられてきた。にもかかわらず，かつての盛り上がりはみられない。すでに，熟練の職工や老舗（しにせ）が姿を消しつつあり，産地としての存続すら危ぶまれている状況である。

2節　サトウキビおよび製糖業の展開

1）戦後の糖業政策

　第2次世界大戦後の日本にはじめて砂糖が輸入されたのは1947（昭和22）年である。47年末から制限されながらも一般物資の民間貿易が再開され，48

---

[116] コモ市の人口は約8万5千人で，繊維関係の企業数は約2,600，従業員数は約3万人，生産額約4兆5千億リラである。絹素材を中心としたプリント・染色の世界最有力の産地である。これに携わる中小企業ないし零細企業が，より糸，製織，プリント地染色，スクリーン製造，プリント，フィニッシングと書く製造工程ごとに分業化された生産体制のもとに多数存在し，企業間のネットワークを形成している（小川秀樹著『イタリアの中小企』日本貿易振興会，第2章）。

[117] 大島紬の振興策を協議する名瀬市紬観光審議会（2002年8月28日）で，ITを活用した新ビジネスプランが提案された。インターネット上で，消費者に商品情報を提供する「商品カルテ」や1反ごとに固有の単品番号をつける単品管理システムである。従来の流通システムを大きく変えることになるが，現在の厳しい状況を打開する方策になるとの期待のもとに「導入」の方向で動き出すことになった。

年11月まで輸入されたキューバ粗糖は合計50万トン余に達した。外貨の乏しい戦後の日本において，再び砂糖は輸入品目の中心を占めるようになった。外貨節約のためにも，そしてまた製糖会社の経営安定化のためにも，国内産糖の増産を図らなければならなかった。53年，「甜菜生産振興臨時措置法」を制定し，テンサイの生産振興と価格支持及びテンサイ糖の政府買入れを行うことにした。そして59年2月，政府は国内甘味資源の自給力強化総合対策案を発表した。その要点をピック・アップしてみると以下のとおりである。

① 基本方針

国民食生活の必需物資である砂糖類の約90％を海外よりの輸入に依存しているわが国の現状にかんがみ，速やかにテンサイ糖，甘蔗糖，結晶ブドウ糖等，甘味資源の国民自給度の向上をはかり，国際収支の改善，及び民生の安定に資するとともに，畑作農業の振興をはかることが緊要である。この基本方針のもとに，甘味資源の国内自給力強化のため，長期にわたる総合的対策を樹立するものとする。

② 砂糖類需給の長期目標

砂糖類の10年後（1968年）における自給強化の目標を次のように想定する。

(1) 総需要量153万トン，人口増及び所得増を考慮して算出する。
(2) 総供給量152万トン，（イ）国内産75万トン，(a) テンサイ糖40万トン，(b) 甘蔗糖20万トン，結晶ブドウ糖15万トン，（ロ）輸入糖75万トン
(3) 甘蔗糖対策

奄美，沖縄，種子島等，南西諸島の主要産物である黒糖については，経済事情の変化に伴い，漸次需要が減退したので，黒糖の消費税の優遇措置を講じ，品質の改善，製造方法の合理化をはかるとともに，砂糖の税制の改定に伴い，分蜜糖製造への切り換えを促進しうるよう工場建設等に，所要の便宜を図るものとする。なお，サトウキビの栽培及び製糖技術についての試験研究を推進し，あわせて黒糖の消費の促進を図るものとする。

政府の甘味資源自給力強化計画の基本方針に基づき，鹿児島県では糖業振興計画が樹立され，1962～63年には最低188万8,000ピクル（11万3,200トン）

の甘蔗糖を産出する計画が立てられ，68年の目標値20万トンも達成可能であろうとされたのである。しかしながら，砂糖をめぐる状況は一段と厳しさを増してきた。砂糖輸入自由化の波である。64年3月，政府はきたるべき砂糖輸入自由化に対処して，農業経営の改善と農家所得の安定並びに国内甘味資源作物の国際競争力の強化に資するため，「甘味資源特別措置法」を制定・公布した。そして，65年6月，「砂糖の価格安定等に関する法律」が公布された。そのような法律を制定・公布せしめるに至った理由は，粗糖の輸入自由化をして以来，わが国の国内糖の価格は国際自由市場の砂糖価格の変動を如実に反映して大幅な変動を続けていた。

このような国内糖価の不安定は，甘味資源の振興対策にも悪影響を及ぼし，甘味資源作物やイモ類の生産農家の所得を不安定ならしめるとともに，これらを原料とする国内産糖やブドウ糖の製造事業等の健全な発展を阻害することになり，また国民生活の安定上からも好ましくないことである。政府は1964年秋以降の国際糖価の下落に対しては，甘味資源特別措置法に基づき国内産糖及び国内産ブドウ糖の買入れを行った。しかし，このような政府買入れを継続することにより，国内産糖類の価格支持を図ることに問題が生じた。

すなわち，国内糖価が長期にわたって低迷を続ける場合には，国内産糖の生産量のほぼ全量を継続的に買い上げることが必要であるが，政府がこれを買い上げても輸入が自由な状態では砂糖の国内需給はひきしまらず，逆に政府在庫が余剰分として市況を圧迫し，政府がこれを売却しようとすれば，市場価格をさらに引き下げるなど，市況を攪乱する。しかもその結果は，政府の財政負担がいたずらに増大するとともに，糖価の回復を遅らせ，甘味資源対策全般に好ましくない事態をもたらすことになる。

そこで，このような事態に対処して，国内糖価の安定と甘味資源作物の価格支持の方式を抜本的に改善する必要があると考えられた。このため，粗糖の輸入自由化を前提としつつ，甘味資源の生産の安定とあわせて，国民の消費生活の安定を図るため，国際糖価の異常な変動が国内糖価に反映しないよう輸入糖の国内供給価格を調整し，その平準化，安定化をはかるとともに，国内産糖については甘味資源作物の生産の見通しや国際糖価の動向などを考慮した国内産

糖合理化目標を設定し，これを実現するため，輸入糖と国内産糖との価格の調整を行い，甘味資源作物の価格支持を強化するなどの必要な措置を講ずることを内容として，政府は，「砂糖の価格安定等に関する法律案」を作成した。その法律によって，国内産糖及び国内産ブドウ糖については，政府買入制度に代えて糖価安定事業団（1982年10月より蚕糸砂糖価格安定事業団となる）が創設された。

2) 国際商品砂糖の生産と需要の動向

砂糖は，かつては一部特権上流階級の奢侈品・嗜好品であったが，いまでは人間生活の必需品となり，その消費は世界の至るところで（先進国ほどその消費量は多い）行われている。砂糖といえば，はじめは亜熱帯地方のサトウキビ（カーン）を原料として製造される甘蔗糖であったが，18世紀から19世紀にかけてテンサイ糖が生産されるようになった。砂糖の生産地は特定の地域に偏在しているのに対し，消費は全世界に及んでいるため，砂糖は国際商品である。奄美の糖業も国際的な影響を大きく受けるのである。よって，世界的生産，市場，需要動向の実態を知る必要がある。

世界の砂糖生産は20世紀にはいって約5倍増加し，1987年には1億トンを超すに至り，98年には1億2,280トンに達した（表39）。

消費の方は，1億トンを若干超えているが，世界の総人口50億人とすると，1人当りの年間消費量は20kgで，日本のそれをわずかに下回る程度であり，先進諸国における砂糖代替品の出現や砂糖離れ傾向を考慮すると，たとえ発展途上国で消費が伸びたとしても（1986年の平均消費量はアジア11kg，アフリ

表39 世界の砂糖生産高の推移

（単位：万トン，%）

	1870	1910	1930	1950	1970	1986	1996	1998
甘蔗糖 a	177	815	1,594	1,948	4,357	6,175	8,524	8,481
甜菜糖 b	95	867	1,192	1,410	2,955	3,725	3,788	3,799
合　計 c	272	1,682	2,786	3,358	7,313	9,000	12,320	12,280
a/c	65	48	57	58	60	62	69	69

（出典）『糖業年鑑』各年度版．

カ 15 kg, 南米 39 kg), 今後, 大幅な消費拡大は見込めず, 国際的な需給関係は緩和の方向をたどるであろう。砂糖の国際価格＝ロンドン市場価格及び日本円に換算した 1 トン当りの国際価格のピークは, 1980 年の 291 ポンド, 円に換算して 15 万 4 千円であったが, 86 年には国際価格は 104 ポンド, つまり 64% の下落であるが, 日本円に換算すると 2 万 6 千円, 1/6 に下落し, 国際価格は国内買入価格の 1/10 以下になったのである。これはいうまでもなく, 円の為替相場が上昇したことによるものである。

砂糖はその生産・流通上の特性から需給の不均衡が生じやすく, 価格を安定させるために, 第 2 次世界大戦前から国際協定が結ばれていた。戦後の協定は, 1954～73 年, 1974～83 年, 1984～89 年 3 回にわたって協定が結ばれてきた。1968 年には国連貿易開発会議 (UNCTAD) の原則に基づき, 国際協定 (期限 5 年) が締結され, 発展途上国の生産国側の要求によって, 価格帯は 1 ポンド (重量単位) 当り上限 5.25 セント, 下限 3.25 セントが設定された。その後, 市場価格の値上がりにより, 1 トン当り 83 ポンド (英国貨幣単位) の引き上げが行われた。74 年 11 月には現物価格は 1 トン当り 630 ポンド, 1 ポンド当り 56.14 セントの史上最高価格を記録した。1979 年の第 2 次オイル・ショックの際にも年間平均価格は 1 トン当り 350 ポンド, 1 ポンド当り 28 セントに上昇したが, 80 年代に入って, 需給関係の緩和によって価格の下落が続いている。砂糖をめぐる国際的に深刻な問題を解決するためには, 新たな協定の策定と生産と供給の構造的な調整が必要になっている。

3) 糖価安定法と国内糖業の動向

近年, 砂糖をめぐる国際的な紛争も増えており, ウルグアイ・ラウンドの難航の一因は, 農産物の自由化をめぐる問題にある。アメリカ, EU 等の先進諸国は砂糖に対しても保護政策を採っており, 日本に対する輸入圧力を強めつつある。また, 日本国内においても, 糖価安定法に基づく糖業政策に, 精糖業界を中心に批判が高まっている。円高の影響もあって, 加糖製品の輸入が急増しており, 製菓業の国外移転も検討されているという。

わが国の年間の砂糖消費量は 260 万～275 万トンで, うち国内産は 80 万ト

ン前後で，輸入量（粗糖）は180万～200万トンである。砂糖の国内自給率は，政府の手厚い保護政策が功を奏して次第に高まり，1986年には34.0%になった。しかし，EUの100%，アメリカの80%に比べれば，まだ相当に低い自給率である。とはいっても，輸入糖に比較して法外に高い国内糖価格は，膨大な財政負担と砂糖消費者側の不利益をもたらし，早かれ遅かれ，自由化の矢面に立たされざるをえなかった。

1963（昭和38）年以降の貿易自由化の進展は，安価な外国糖の輸入をもたらし，国内のビート，サトウキビ生産者，粗糖メーカーに打撃を与えたので，輸入糖価格の変動を調整し，国内の砂糖価格を安定させると同時に，国内産糖類の価格支持という目的で，65年に「砂糖価格安定法」が制定され，この法律に基づいて「糖価安定事業団」が設立された。糖価安定法は，国内価格安定のために，国際相場を基準に，上限，下限価格を設定し，メーカーが輸入した原料糖の平均価格が下限を割った時はその差額を安定資金として徴収し，逆の場合には，その積み立てた安定資金から払い戻して原糖価格を一定の範囲内に安定させるとともに，国内産糖を保護しようという仕組みである。

さて，この法律の施行および事業団の活動は，国内糖業にどのような影響を及ぼしたであろうか。3つの時期に区分して考察してみたい（表40）。

表40 糖価安定法の指標価格の推移

(単位：円/トン，%)

	上限価格	合理化目標価格	下限価格	調整率	平均輸入価格	売戻価格	売買差額の内訳	
							安定資金	調整金
1965	49,850	40,600	27,300	37.42	21,470	32,277	5,830	4,977
68	48,500	40,600	24,100	21.93	23,455	27,925	1,820	3,618
71	47,800	42,800	24,400	21.63	39,630	40,316	—	686
74	106,700	72,500	55,400	20.18	123,650	54,000	−16,950	−52,700
77	140,100	115,200	73,600	21.46	83,950	88,382	0	4,432
80	154,300	153,600	63,400	25.41	167,390	154,300	−13,900	—
83	162,700	152,300	60,000	32.56	51,020	90,903	8,780	31,103
84	16,700	160,400	46,900	33.33	33,140	83,415	13,760	36,515

(注) 輸入価格は法定買入価格を示し，売戻価格は6月下旬または12月下旬の平均値．
(出典) 『糖業年鑑』，『日本甘蔗糖工業会年報』．

① 第1期（1965～73年）

1968年に国際協定が締結されるまでは，国際価格は1ポンド3.25セント以下の低価格水準で推移していた。つまり，1トン当り日本円に換算すれば（1ポンド＝454グラム，1セント＝3.6円換算），2万5,771円以下の相場で推移していたことになる。

表40にみるように，安定下限価格は輸入価格よりも高いので，事業団はその差額を糖価安定資金および調整金として積み立てることができた。例えば，65年には輸入価格は2万1,470円で，下限価格は2万7,300円であるから，その差額の5,830円を安定資金として徴収し，さらに調整金［(合理化目標価格－輸入価格)×調整率］4,977円を課したものが，売戻価格3万2,277円となる。68年までは輸入価格が下限価格を下回っていたため，事業団は安定資金及び調整金を徴収し積み立てることができたが，69～70年には輸入価格は下限価格と合理化目標価格の中間にあり，調整金のみが徴収されている。72～73年には，輸入価格は上限価格を上回っており，安定資金からの充当が行われた。この期には，事業団は輸入糖の価格変動を大枠内に安定させるという，その目的は一応果たしたとはいえよう。

サトウキビの最低生産者価格は，1965年の1トン当り5,850円から73年には6,950円へと18.8％引き上げられたにすぎない。これは同じく行政価格をとっている米価に比較しても低率である。日本経済の高度成長期にこれだけの引き上げでは，サトウキビの生産者所得は相対的に低下せざるをえない。サトウキビを原料とする甘蔗糖の合理化目標価格は8万2,100円，テンサイ糖のそれは9万1,000円であるが，輸入糖の価格に比較すると2倍を超える高い水準に設定されており，同じ甘蔗糖の中でも鹿児島県産と沖縄県産の間には若干の差額が設けられている。買入価格は同期間中に22.3％の引き上げが行われており，売戻価格は68年までは引き下げられ，70～71年には輸入価格の上昇に伴って価格の引き上げが行われた。1964年の事業団買入価格は，8万3,500円で，輸入価格2万1,470円の4倍弱である。事業団は甘蔗糖1トン当り交付金5,650円，調整金8,623円，合計1万4,273円を負担して売り戻している。それでも国内糖の売戻価格は輸入糖の2倍であることは前述した。65年から77

年に至る12年間に支出された調整金は370億円，交付金は330億円，合計770億円に達している。このような多額の調整金・交付金にもかかわらず，砂糖生産量は減少傾向を示した。サトウキビおよびビートの国内における主たる生産地である鹿児島県・沖縄県と北海道における収穫面積と生産量の推移をみてみよう。65年には鹿児島県の収穫面積は1万2,860 ha，沖縄県が3万1,975 haだったのが，70年には，前者は1万748 ha（約17％減），後者は1万9,449 ha（約40％減）となり，生産量の方も鹿児島県で77万5千トンから69万2千トンへと約10％減少し，沖縄県でも186万1千トンから127万2千トンへと約30％減少したのに対し，ビートの収穫面積，生産量は増加傾向を示した。粗糖の輸入量は需要の増加とともに増え，65年の166万3千トンから国際価格の暴騰直前の72年には273万3千トンと100万トン以上も増加した。

国内糖業の保護育成を1つの目的とした法律および事業団の設立にもかかわらず，国内の糖業はなぜ衰退の一途をたどったのであろうか。明らかに，この法律及び事業団は，サトウキビ及び砂糖生産者の期待に充分に応ええなかったということである。国内産糖合理化目標価格そのものが，国内の生産者の現状を踏まえて設定されたものではなく，国際価格を基準としたものであるために，零細な生産者は低位の最低生産者価格に苦しめられたのである。糖価安定のための調整金は，生産者を保護育成するために使用されたのではなく，国際的な価格の変動による民間の糖業資本のリスクを回避するのに若干役立っただけである。

地理的に限られた一部地域のサトウキビ農民は，全国的な広がりをもつ米作農民ほどの政治的力量をもちえず，また砂糖という国際商品なるがゆえに，政府の強力な保護政策がなければ，価格変動を抑えることができず，市町村の行政機関も適切な指導と将来に対する明確な展望を提示することもできないことが，農民の生産意欲を失わせる原因となっている。

法律施行や事業団の活動にもかかわらず，下降線をたどっていた国内の糖業を振興させるために，鹿児島県のサトウキビ生産者は1973年，糖価安定法の改正を求めて立ち上がった。大規模な陳情団を編成して中央政府へのデモ・陳情合戦，いわゆる「サトウキビ戦争」を展開した。その結果，サトウキビの最

低生産者価格はトン当り1万円（1,300円の奨励金を含む），40％以上も引き上げられたことから，生産意欲も回復し，栽培面積も拡大した。生産農家が要求した糖価安定法の改正内容は以下のようなものであった。

①パリティー指数で決定される価格を米価なみに変えること。②生産者価格は生産費・所得補償方式で決めること。③抜本的なサトウキビの生産対策をたてること。

以上のことを政府当局に要求した。

② 第2期（1974～84年）

1974（昭和49）年版の『糖業年鑑』は，砂糖をめぐる著しい情勢変化について次のように述べている。

「1973年度の精糖業界の動きは，まず世界的なインフレと食糧危機（異常気象）を背景に，これが原糖不足につながり粗糖自由化10年目にして，初の『採算相場』を示現し，74年以降の新砂糖年度には史上最高の上限価格へ，また11月の砂糖パニック状態を喚起，これまた史上初の行政指導による『価格凍結』まで引き延ばされた。折りがら，ISN国際砂糖協定も決裂するなど，砂糖業界をとりまく環境は騒然となった。これにともない砂糖市場の相場の大荒れ，海外，国内ともに，連日史上最高値を示現する動きが続いた。」（p.18）。

前表40にみるように，1974年には平均輸入価格は上限価格を大幅に上回り，価格安定のために安定資金および調整金の支出によって，売戻価格を5万4,000円の安値に安定させた。75年には上限価格の大幅引き上げ，それに伴う下限価格，合理化目標価格の引き上げが行われたが，世界的な経済不況によって国際価格は下落傾向を示し，輸入価格も下限価格を下回るようになったため，安定資金と調整金を積み立てることができた。79年には第2次オイル・ショックに連動して国際価格も上昇し，輸入価格は再び下限価格を上回り，80年には上限価格をも上回った。そのため安定資金の払い戻しによって売戻価格を上限に抑えた。81年以降は，国際的需給の緩和によって輸入価格は下限価格を下回り，84年には3万3,140円まで下がった。売戻価格は，合理化目標価格と下限価格の中間に維持したので，安定資金と調整金を徴収し積み立てることができたが，84年の国内甘蔗糖の合理化目標価格は20万1,900円，買入

価格は 27 万 7,100 円,売戻価格は 10 万 8,460 円で,輸入糖との間には著しい格差が見られる。事業団及び政府が国内糖の売買差額の穴埋めに支出する費用は,年々膨張を続け,1965 年から 87 年に至る 23 年間の鹿児島県産砂糖の買入負担総額は 1,709 億円,うち交付金 1,036 億円,調整金 673 億円である。

サトウキビおよびビートの買上価格は国際価格の変動や下落にもかかわらず,パリティー指数をもとに毎年引き上げられ,サトウキビ,ビートの収穫面積,生産量は増加した。それに対し,粗糖の輸入価格は大幅に下落したにもかかわらず,輸入量は減少した。このような砂糖をめぐる内外の情勢変化,つまり,① 一般的な甘味離れの傾向,② 異性化糖の急増,③ 国内産糖,特にビート糖の増産,④ その結果として輸入糖の激減,などが生じた。このため,糖価安定制度上,国内産糖価格支持のための輸入糖の負担金(調整金)の急増や砂糖価格の低迷に伴う市価参酌による事業団収支の大幅な不均衡といった問題を抱えていた。それゆえ,1981 年から精糖業界を中心に糖価安定法並びに事業団の見直しと,「総合甘味対策」の確立への動きが見られ,82 年 3 月,「糖価安定法改正新法」が成立・施行された。その新法の主旨によれば,「最近における砂糖をめぐる情勢変化に対処するため,砂糖と同様な異性化糖を精糖法に基づく事業団の売買対象とし,砂糖との価格の調整を行うと共に,国内産糖の売り戻しに際して市価を参酌することに伴う事業団収支の不均衡に対処するため,輸入糖および異性化糖の売戻価格の特例措置を講ずることとする。」と述べている。

③　第 3 期 (1985～1994 年)

先にみたように,すでに 80 年代に入って,砂糖をめぐる内外の情勢変化によって,砂糖行政に対する批判が続出するようになった。国内においては,82 年 3 月,「糖価安定法改正新法」が成立・施行され,国際的には,84 年 7 月に国際貿易開発会議 (UNCTAD) 主催の国際砂糖協定交渉会議で,85 砂糖年度から 2 年間 (1 年延長された) 経済条項なしの行政協定が結ばれた。

ニューヨーク市場における砂糖現物相場は,1985 年 11 月には 1 ポンド (= 454 g) 当り 43.13 セントから 85 年 5 月には 2.56 セントのボトムに落ち込み,その後,若干もち直しているとはいえ,国際協定価格以下の水準で動いている。

わが国のトン当りの平均輸入価格も80年には16万7,390円だったのが，85年9月に2万8,000円台に下がり，87年の年間平均価格は2万6,350円であった（『糖業年鑑』p.237）。86年の国内糖の事業団買入価格は27万4,900円，売戻価格は9万6,519円であるから，輸入糖との格差はあまりに大きい。世界市場と全く無関係に運営されているわけではない糖価安定事業団（1981年）や，精製糖業界及び関係業界から抜本的な対策の要請がだされた。86年7月，精製糖業界から「甘味業界における精製糖業の立場と提言」がだされた。その内容の主たるものは，①消費税の撤廃を行うこと，②国産糖（ビート糖）と異性化糖間の不公平行政を見直すこと，そして③急激な円高に伴い，著しい加糖調整品の輸入抑制を行うこと，などである。87年にも同業界は，「あらゆる面からみて，現行制度の中で見直し改正はできない。法施行20余年の間に情勢の変化は大きく，これに適合しなくなった部分も多く，やはり法改正（見直し）が必要」と主張し，10項目にわたる提言を行った。その10項目とは次のとおりである（『糖業年鑑』1987-88年版，p.4参照）。

①糖価水準を下げ，消費減退に歯止めをかけること。②精糖業界の課徴金負担を軽減すること。③精糖業界の甘味市場におけるシェアを維持すること。④国産等の無制限買上制を改め（とくにビート糖について），市場条件に適した生産体制とすること。⑤高コストの甘蔗糖保護を独立させ，独自の甘味資源対策を講ずること。⑥異性化糖に対し甘味対策費の分担を応分負担とし，不公平を是正すること。⑦甘味関連食品等に対し，糖分に応じた負担分を設定すること。⑧加糖調整品等に対し，糖分に応じた負担分を設定すること。⑨わが国の粗糖輸入量の現状維持を期すること。⑩急激な円高差益の還元を他の食品と同様に実現する方策を講ずること。

近年の日本経済の国際化の進展および円高下において，わが国の農業 農政をめぐって，内外からの批判も厳しさを増してきている。1986年11月の「21世紀に向けての農政の基本方向（骨子）」や，87年5月の経済審議会建議『国際化時代にふさわしい農業政策』の基本的立場は，国内農業の生産性向上とあわせて適切な輸入政策により，内外価格差を縮小する必要があり，そのために，生産，流通の各段階に市場メカニズムを一層活用し，競争条件の整備をはかる

べきであるというものである。また、米以外のその他の農作物についても、国内生産の合理化、効率化に努める一方、国境整備措置は必要最小限にとどめるべきである、と主張している（鹿児島県糖業振興協会『甘味をめぐる最近の情勢と課題』参照）。

上記の「21世紀へ向けて農政の基本方向」の第4章3節、「米以外の個別品目についての当面の対応方向」、によれば、「テンサイ、サトウキビについては、糖価安定制度により、輸入糖と国内産糖との価格調整及び国内産糖の価格支持を通じて最低生産者価格の保証が行われている。近年、砂糖の需要の低迷、国内産糖の生産の増大により、輸入糖の国内産糖価格支持の負担が増大しており、このため、計画的な生産を行うとともに、最低生産者価格に一層の生産性の向上を反映することが重要となっている。また、砂糖の生産コスト低減のためには、糖分等品質の高いテンサイ、サトウキビの生産が不可欠であることから、品質に応じた価格の設定により、高品質のテンサイ、サトウキビの生産を助長する必要がある。このため、テンサイにおいては86年度産から糖分取引が導入されたが、サトウキビについても品質取引の早期導入を図ることが必要である。」（前掲書の抜粋による）[118]。

これをうけて、第30回甘味資源審議会は、農林水産大臣に建議した。そのなかにも「サトウキビについても、品質取引の早期導入を図る必要があり、このため、国、県、市町村、農業団体、農業者、糖業者が一体になって、生産性及び品質の向上に取り組むとともに、生産者、糖業者など関係者から十分実情を聴取し、その移行円滑に行われるよう十分配慮すること」と述べている（同p.5）。また、とくに近年は、事業団が売買に要した差損額と、サトウキビの粗

---

[118] 世界の砂糖生産量は、1986年度には1億トンに達し、その後少しずつ増加し、96年度には1億2,390万トンに達し、砂糖の需給は緩和している。にもかかわらず、国際市場における砂糖価格は、86年には6.04セント／ポンド、87年6.75セントだったのが、90年代に入って10セントを上回る水準で推移している。それでもなお、国内産糖価格と国際産糖価各の間には大きな価格差が存在している。そのために、国内産糖合理化目標は年々引き下げられ、それに連動してサトウキビの最低価格も引き下げられている。

第8章　国際化時代の地域産業

表41　奄美群島におけるサトウキビ生産の推移

	生産農家(戸)	収穫面積(ha)	単収(kg)	生産量(t)	平均規模(a)
1964	23,713	8,344	8,027	669,763	35
80	11,386	9,650	6,513	628,495	85
90	10,871	9,426	5,963	562,064	87
95	8,835	7,197	6,341	456,347	81
2000	8,007	6,994	5,630	393,742	87
01	7,829	6,874	6,484	445,749	88

(出典)　大島支庁『奄美群島の概況』各年度版及び『南海日日新聞』2003年3月9日.

生産額とが均衡する状況で、財政面の制約からサトウキビ価格も引き下げられ、品質及び生産性の向上を強く求められている。1989年現在、農林水産省の指示「サトウキビの品質調査について」(1986.11)により、工場搬入時のサトウキビの品質の状況を把握するための調査が行われているところであり、国内糖業をめぐる状況は『冬の時代』を迎えているといえる（表41）。

④　第4期（1995年〜）

1986年9月に開始されたウルグアイ・ラウンドは7年余にわたる交渉の結果、93年12月に実質的に妥結した。95年度からウルグアイ・ラウンド農業合意の受け入れに伴い、わが国の農業生産体制を抜本的に強化することを目的として、「農業生産体制強化総合推進対策」が実施されている。サトウキビ生産振興施策も主としてこの対策に即応して実施されている。政府の糖業行政は、内外価格差の縮小是正を背景とした低糖価施策（国内産糖の目標生産費の合理化、サトウキビ品質取引実施の準備）であった。

サトウキビの生産振興については、品質及び生産性向上、品質取引制度の定着化はもとより、農業従事者の高齢化に伴う作付規模の縮小等、現下の厳しい状況に対処し、サトウキビ産業の安定と地域農業の活力を維持していくために、強力な支援体制のもとで、サトウキビ生産の担い手農家が「新政策」の方向に沿って経営規模の拡大や複合化の推進により、効率的、安定的な農業経営を行いうるような生産・出荷体制を早急に構築していくことが不可欠である、と指

摘されている（日本甘蔗糖工業会『日本甘蔗糖工業会年報』第31号，1991年7月）。

　低糖価政策の実施により，サトウキビ生産農家は生産意欲を失っており，行政の熱心な取り組みにもかかわらず，生産農家戸数，収穫面性，生産量は減少傾向をたどっている。2002年度産サトウキビ生産量は1963年以降で最低の36万トンに減少した。単収も各島で軒並み低下し，群島平均で4,970kg（10a当り）である（『南海日日新聞』2003年6月5日）。

4）　サトウキビ生産農家の経済状態

　わが国のサトウキビ並びにそれらを原料として生産される粗糖・精製糖の価格は，世界に類をみないほどに高いものとなっている。日本のテンサイ糖の生産価格はアメリカ及びEUのそれに比較して，それぞれ4倍と3倍の高さになっており，甘蔗糖はアメリカの5.24倍の高さである。日本のトン当りのサトウキビ生産者価格は2万880円（1985年度）に対し，アメリカのそれは，当時の為替相場（1ドル＝149.66円）で換算すると3,981円である。テンサイ糖及び甘蔗糖の価格も3～4倍の高さであり，完全自由競争になればとても太刀打ちできない。1986年のわが国のサトウキビに対する国の価格支持費用は，10アール当り12万7,940円で，粗収入13万530円の98％を占めている。諸外国でも砂糖を含めた農産物に対して高率の補助金が支出されている。OECD資料によれば，砂糖に対する生産者補助金相当額の割合は，アメリカ50～74％，オーストラリア10～24％，カナダ25～49％，日本50～74％，台湾10～20％となっている（W.M.マイナー他編，逸見監訳『世界農業貿易とデカップリング』p.62）。

　次に世界のサトウキビ生産主要国の1ha当り生産量をみてみよう。1ha当りサトウキビの世界平均の収量は，1985年には60.1トンで，最高はインドネシアの84.1トン，次いでアメリカの82.2トンである。鹿児島県の収量は71.2トンで世界平均をかなり上回っており，種子島，喜界島でも80トンの収量が実現している。いま，鹿児島県では，10アール当り8トン（1ha当り80トン）取り運動を推進中であるが，県平均としては，まだいちども実現していない[119]。

以上のことから，鹿児島県のサトウキビの土地生産性が低いために，国際的に価格競争が劣るのではなく，また土地生産性を大幅に引き上げることも現状においては容易でないことを示している（戦後40年間に単収はほとんど増加していない）。

 1987年8月，沖縄協会は，「沖縄農業近代化の可能性」と題する研究報告書をまとめた。その要旨はおおよそ次のとおりである。

 沖縄県農業の近代化には「本土並み」は通用し得なくなった。国の農政が歴史的転換期にあり，自治体を含めた地域主導のもとで，沖縄独自の近代化を切り拓く必要があるからである。もはや，これ以上の糖業の保護が期待できない情勢下では，知識集約的な生産構造を構築し，所要の技術を開発・利用して，農業生産と製糖工場の生産性を高め，並行してより付加価値の高い資源利用の新たな道を切り拓く以外に活路はない。サトウキビの土地生産性は，現実と可能性との格差が大きく，10アール当りの収量は12～10トンを目標にすべきである。ハワイではサトウキビ単作で20トンが平均で，しかも大規模機械化で，高いキビの生産性を上げているが，世界に類をみない困難な条件を抱える沖縄ではこのような高生産性を上げることは不可能である。しかし沖縄でも機械化を進めるためには，所要の広さの土地を整備する必要があり，小規模農家の耕作権の集中が前提となる。

 『南日本新聞』は，1989（平成元）年3月10日の社説で，「『サトウキビの日』を意義あるものに」と題して次のように論じている。「これまでサトウキビ振興については，行政の手厚い保護が講じられてきた。（中略）もし，この防波堤を取り外せば，国内産の1/10といわれる安い海外産糖がどっと流入して，鹿児島のサトウキビ産地は崩壊しかねない。何らかの保護措置はぜひとも必要だが，鹿児島の産地としては，課徴金を支払わされる側に反発が強いことも考慮し，コスト低減の努力を怠ってはなるまい。まだまだコスト低減の可能

---

119) 1988年2月16日付けの『南海日日新聞』の社説は，「『単収〔10アール〕8トン取り』が叫ばれて久しいが，80～86年度のうち，最高・最低を除いた奄美の5年間の10アール当り平均収量は6.18トンにすぎない。種子島は6.62トンである。種子島に学ぶ必要がある」と述べている。

性は十分にある。長い間,サトウキビ一辺倒だった沖縄農業は,亜熱帯気候の冬にも暖かいという優位性を野菜や花の生産を前面に出した農業に転換しつつある。同じ気候帯に属する奄美農業も「沖縄県に学ぶ」必要がある。」と。社説も指摘しているように,サトウキビは南西諸島農業の中心的作物と位置づけられる。農業粗生産額に占める割合をみてみると,熊毛地区では25%前後,奄美地区では50%弱,沖縄県では15%にのぼっている。まさに,奄美地域にとって糖業は基幹産業であり,かつ300年以上の歴史をもつ産業なのである。これまでは,天与の恵みと政府の保護によって発展してきたが,今後はこの2つの条件ともこれまでのように威力を発揮しないであろう。サトウキビを守ろうとすれば,これまで以上の内発的な努力と英知が必要とされよう。

　いま,わが国の,とりわけ鹿児島県及び沖縄県の糖業は大きな岐路に立たされている。農民の生産するサトウキビと分蜜糖工場は車の両輪の関係にある。しかし,農民はサトウキビのみを作らなければならないわけではない。といって,農民がサトウキビを作らなければ,あるいはサトウキビ生産を減らせば,今ですら少ない操業日数をさらに短縮しなければならず,企業の採算悪化を招く。企業の収益を上げるためには,時期的に操業の限られた製糖業への専門特化や合理化・構造改善だけでは限界がある。企業活動の多様化を図り,地域生産物の開発製造のために,蓄積された技術や人的資源及び副産物の活用等を積極的にすすめ,雇用の維持・拡大によって,地域発展の機関車となることが必要である。これまでサトウキビ一辺倒だった奄美・沖縄でも多角的農業が展開しつつある。製糖工場は,これらの農産物が高付加価値産物に転化しうるように,新しい技術や経営分野を開拓していくことが望まれる。そうしてはじめて,両者は両立できるようになるのである[120]。分蜜工場ができて約45年,農民も企業も1つの大きな転機を迎えている。両者がさらに発展への活路を見出すことである。

5） 奄美糖業の現状と課題

　鹿児島県農政部の資料によると,奄美群島のサトウキビの収穫面積は,1965年以降,8,000～9,000ha前後で推移してきたが,栽培農家の高齢化,他作物

との労力競合などによる労働力不足が深刻化し,91年から減少傾向にあり,96年には7,015 ha,2000年には6,996 haに減少したが2001年には9,147 ha(作付面積)に回復した。それに伴い,生産量もピーク時の88年の70万4,020トンに対し,96年は旱魃などの気象災害もあり,38万1,679トンに落ち込んだが,2000年には45万トンに盛り返しているが,50万トンに回復することは困難である(2002年には36万トン)。この結果,分蜜製糖工場の操業率が低下し,製糖工場の経営は危機的状況に陥っている[121]。

奄美群島の糖業はすでに見てきたように,「甘味資源特別措置法」によって保護育成されている。そのうえ,1973年以降の水田転作奨励(10アール当り2万円の補助金が支給された)によって,サトウキビの作付面積は拡大し,最低生産者価格も年々引き上げられ,生産量も増加してきた。しかしながら,80年代後半以降の国際化,円高化の進展に伴い,砂糖の内外価格差を是正するために,サトウキビの最低生産者価格が引き下げられることになった。その結果,農家はサトウキビの生産意欲を低下させ,生産量が減少するに至ったのである。

---

120) 1993年11月22日付けの『南海日日新聞』は,社説で「復帰40年,岐路に立つ奄美農業」と題して,次のように述べている。「戦後の奄美農業には画期的なことが2つある。1つはサトウキビの製糖が含蜜糖から分蜜糖に変わったことであり,2つ目は,奄美から稲作が姿を消したことである。米作をなくしたことが,農業の喜びを奪い,農村の荒廃に拍車をかけた側面は否定できない。奄美農業にとって,当面の課題は,政府の支持価格に頼るサトウキビと,切花や熱帯果樹など収益性の高い作物をどう調和させるかである。〔中略〕県は,01年の奄美農業について,キビ作のほか,野菜,花卉,畜産などの生産拡大で,農家1戸当りの農業生産額を90年の2倍に増やす構想を描いている」。だが実際には,奄美の農業粗生産額は,90年の321億60百万円に対し,00年度には273億72百万円へと減少しているのである。

121) サトウキビの増産運動にもかかわらず,2001年度の奄美群島内の製糖工場の原料受け入れ数量は,富国製糖工場(奄美大島)2万8,385トン,生和糖業(喜界島)7万5,765トン,南西糖業(徳之島)23万3,307トン,南栄糖業(沖永良部島)6万3,216トン,南島開発(与論島)4万3,605トンで,群島全体では44万4,278トンであった。特に,南栄糖業ではピーク時の60〜70%程度に減少している。

表42　鹿児島県（大島郡及び熊毛郡）におけるサトウキビ及び
　　　甘蔗糖生産の推移
(単位：ha，トン)

	生産農家戸数	収穫面積	10a当り収量	生産量	産糖量
1965	32,166	12,860	6,032	775,732	87,419
75	17,120	10,831	6,432	696,622	80,862
85	15,997	12,595	7,117	896,416	109,248
90	15,301	12,265	6,200	760,429	84,485
95	12,086	9,369	6,487	607,803	72,995
98	11,124	8,932	7,599	678,734	79,817
2001	11,156	9,327	6,555	611,406	77,597
	(7,829)	(6,874)	(6,484)	445,749	(56,573)

（出典）　鹿児島県農政部『さとうきび及び甘蔗糖生産実績の推移』2000年7月．
（注）　（　）内は奄美群島分である．

　一定の原料が確保できないようになれば，甘味資源の産地としての存続が危ぶまれるのである。というのは，「甘味資源特別措置法」による「生産振興地域」としての指定をうけるためには，「甘味資源作物の生産数量が合理的な経営規模の国内産糖の製造事業を安定的に成立させるために必要な数量に達しているか，または達する見込みが確実であること」が必要条件となっているからである（表42）。

　ところが，沖永良部島では，サトウキビの作付面積が年々減少し，生産量が製糖工場（南栄糖業）の操業に必要な量（経営採算ライン約5万5千トンに対して，2000年度のサトウキビ生産量は和泊町と知名町合わせて4万4千トン）を確保することができないような状況に追い込まれている[122]。そのために，農林水産省はこれからの沖永良部島におけるサトウキビ生産の方向によっては生産振興地域指定をはずすことも視野に入れているとの厳しい指導もあり，

---

[122] 徳之島に3つの大型製糖工場をもつ南西糖業（本社東京）は，1997年4月から休止していた平土野工場（天城町）は，必要量のサトウキビ（27万トン）の安定的確保のメドがたたず，操業再開を断念，「産業活力再生特別措置法」に基づく優遇措置をうるため，通産省に対し，「工場閉鎖」の申請を行うことを決定した（『南海日日新聞』2000年10月6日）。

会社の合理化についても厳しい指導がなされているというのが現状である[123]。

ではなぜサトウキビの作付面積及び生産量が減少してきたのであろうか。その原因の1つは農家労働力の高齢化であり，またもう1つの原因は，サトウキビの最低生産者価格の引き下げまたは据え置きである。つまり，経済的インセンティブ（魅力）の低下によるものである。

サトウキビの最低生産者価格は，1981年には2万310円，84年には2万770円だったのが，90年には2万190円となり，97年には2万160円へと引き下げられた。サトウキビの価格体系は，農業パリティー指数や生産費を基準にして割り出す政策価格で，本体である最低生産者価格と関連対策費の2本立てからなっている。農家の手取額は，最低生産者価格プラス関連対策費であるが，97年産サトウキビの農家実質手取額は，最低生産者価格2万160円プラス高品質安定生産対策推進費260円で，合計2万420円である。

表43は，サトウキビの生産費及び粗収益・所得を示したものである。10アール当りの生産費は，1987年には第1次生産費14万3,780円で，うち機械や肥料等の物財費5万2,902円，労働費9万878円である。資本利子，地代等を算入した第2次生産費は16万3,193円である。10アール当りの粗収益は14

---

[123] サトウキビの生産振興地域においては，サトウキビの生産量の規制とともに，国内産糖製造事業の製糖施設の設置等についても規制が設けられている。その目的及び内容は概ね以下のとおりである。生産振興地域における甘味資源作物の生産振興と農家の利益を図り，さらに甘味資源についての国際競争力の強化を図るためには，甘味資源作物の生産振興のほか，これら甘味資源作物を原料とする国内産糖製造事業の健全な発展をはかるための措置が必要である。このため，必要な措置として，まず，製糖施設の設置について農林水産大臣の承認が必要とされている。これは，製糖施設の設置を企業の自由にゆだねていたのでは，工場立地の有利な地域に過大な原料処理施設が集中し，過当な原料集荷競争，工場操業率の低下を生ぜしめる等の事態が起きることも考えられ，これを防ぐため，甘味資源作物の生産の長期見通しに見合った適正な工場配置を考慮しつつ合理的に企業の進出を認めることが，製糖事業の健全な発展のために必要であるからである。この商人は，生産振興地域内に製糖施設を設置する場合に必要とされるもので，生産振興地域以外に設置するものは規制の対象とされていない。また，製糖施設を変更しようとする場合は，農林水産大臣の承認を必要とする。

表43 鹿児島県のサトウキビ生産費及び粗収益の推移 (10アール当り)

(単位：円)

	1987	1990	1995	1996	1997	2000
物財費	52,902	53,452	56,090	54,235	56,019	51,356
労働費	90,878	86,848	83,742	85,561	84,658	119,238
費用合計	143,780	140,300	139,832	139,796	140,677	170,594
第1次生産費	143,780	140,300	139,832	139,796	140,677	170,380
第2次生産費	163,193	158,285	156,993	157,589	157,673	189,236
粗収益	140,262	128,849	147,915	133,002	141,175	133,452
所得	74,428	69,321	80,760	64,967	68,628	66,465

(出典) 九州農政局鹿児島統計情報事務所『農業経営統計調書』1998年，及び日本甘蔗糖工業会『日本甘蔗糖工業会年報』第37号，2002年9月による．

万262円で，所得は7万4,428円になる。生産費と粗収益の差額をみてみると，10アール当り2万2,931円，1トン当り2,000円の赤字になる。1997年には物財費5万6,019円，労働費8万4,658円，第1次生産費14万677円，第2次生産費15万7,673円で，粗収益14万1,175円，所得6万8,628円で，10アール当り1万6,498円の赤字である。2000年には赤字額は5万5,784円に拡大している。この10年間に物財は値上がりし，労働費は減少している。労働費の減少は，10アール当りのサトウキビ生産に費やされる平均労働時間が1987年には111時間だったのが，1997年には75時間に短縮されたためである。機械化による合理化の進展によるものである。10アール当りのサトウキビの所得6万8628円は，同面積当りの鹿児島県の平均的な所得(11万9千円) に比較して64%に相当する。

　サトウキビ生産はこのような不利な条件，つまり，生産農家にとって経済的インセンテイブが低いにもかかわらず，鹿児島県及び奄美群島の各市町村は，サトウキビを奄美群島の基幹作物，地域経済を支える重要な作物として位置づけ，増産奨励を行っているのであろうか。

　県農政部の前掲資料によると，「サトウキビは，輪作体系や地力維持上，きわめて重要な作物であり，サトウキビ生産が地域に及ぼす経済効果は，製糖工場での製造にかかわる雇用面や原料運搬にかかわる輸送事業等，非常に大きいものがある。このため，今後ともサトウキビ生産を維持・拡大し，製糖工場の

安定的な操業に見合った生産量の確保と，サトウキビ作の経営安定に努める必要がある」とし，「土地基盤の整備，地力の増強，機械化の推進，病虫害の防除，優良種苗の確保等，総合的な生産振興対策等を実施し，面積の確保，生産の拡充を図っている」ということである。

喜界島は，奄美群島の中で農業粗生産額に占めるサトウキビの生産額の割合が最も高い島である。2000（平成12）年度の農業粗生産額は約25億58百万円で，サトウキビの生産額は16億52百万円である。サトウキビを中心にした喜界島の農業粗生産額は後にみるように，沖永良部島の農業粗生産額に比較して著しく低いのであるが，その他の製糖業に関わる経済効果がかなり大きいことに注意しなければならない。

サトウキビは奄美の気候風土に適した作物であり，輪作や地力維持，つまり，循環型農業という観点からも優れた作物である。しかしながら，砂糖は国際商品であるがために，内外の条件変化の影響を受けやすい。特に，近年の経済の国際化，円高化のもとで，国内産糖は輸入糖の数倍に及ぶ価格差が存在し，国内外から輸入自由化の圧力は非常に強い。それゆえに，国内糖の価格を引き下げるためにサトウキビ作りのための基盤整備や機械の導入による合理化，大規模農家の育成なども必要である。しかしながら，国内糖が外国糖に対して優位性を確保することは極めて困難である。特に，甘蔗糖の場合には，その主たる生産地域が亜熱帯及び熱帯地方の発展途上国であるか，大規模な農地を保有するオーストラリアやハワイのような国や地域であるために，現在の円高や零細規模の農地しか保有していない鹿児島県や沖縄県の甘蔗糖の場合にはなお一層困難である。したがって，何らかの方策によって長期的な所得補償がなされないかぎり，農家のサトウキビ生産意欲は減退せざるをえないのである。農民は経済的インセンテイブの大きい作物を栽培するか，他の産業部門に転出するようになるのである。

奄美群島最大のサトウキビの生産地である徳之島の町議会は，99年11月，農業協同組合から提出された「新たなサトウキビ基本政策の確立と99年産サトウキビ政策価格に関する陳情書」を採択した。陳情書によれば，「政府は新農業基本法のもとで，市場原理を重視した価格形成，砂糖価格の引き下げに向

けた関係者の協同した取り組みの具体化等の新たな砂糖・甘味資源作物政策を検討しており，今後の生産者ならびに甘蔗糖企業への影響が懸念されるところであります。このような状況の中で，生産者の将来への不安感を払拭し，サトウキビ，糖業の再活性化を図るためには，将来展望のもてる新たな基本政策の確立と，生産意欲の喚起ならびに再生産が確保される価格の実現が不可欠であります」と述べている。

県もサトウキビを南西諸島の基幹作物として位置づけ，生産振興地域として存続をはかれるよう種々の対策を打ち出している[124]。しかし，生産農家からすれば，サトウキビの将来性に対する不安感を隠しきれない状況である。

わが国における砂糖の歴史は300年を超えている。その間，さまざまな変転を経て現在に至っている。概していえば，政府による奨励と保護による増産と，貿易の自由化と円高化による衰退を繰り返してきた。サトウキビは亜熱帯性気候の地域に成育する作物ゆえに，国内においては，奄美群島や沖縄諸島は唯一の生産地として優位性をもっているが，国際的には劣位の条件下にある。世界のサトウキビの主要な生産地と比較したとき，耕地面積，土地生産性，生産コストのいずれの面からみても不利な条件下にある。国際貿易理論からみれば，貿易を自由化して外国から安い砂糖を輸入した方が国民的厚生を高めることになるが，もし，そうなれば，奄美・沖縄の糖業はつぶれ，サトウキビ生産の長い歴史も幕を閉じることになるだろう。市場経済原則に立てば，比較優位性を失い劣位化した産業は淘汰・消滅させ，比較優位な産業部門に資源を移すことが経済合理的であるということになるが，筆者は，生産資源の転換が困難な産業部門や地域に対しては，一定の範囲内で保護の手段が講じられてしかるべきだと考える。一定の範囲内でと限定をつけたのは，経済原則を全く無視して，政府の保護策を要求するというものではないということである。状況の変化に対応すべく，サトウキビ生産農家や製糖工場の方でも経営の合理化や適正な経営規模への再編を行い，サトウキビ及び砂糖の生産コストの削減と経営の安定化を図っていく必要がある。徳之島では農業改良普及センターによる機械化体

---

124) 鹿児島県『かごしま農業・農村ヴィジョン21』2001年3月。

系導入の支援といった継続的な取り組みの結果，サトウキビの減産傾向に歯止めをかけ，大規模経営体の育成を行っている。農家がサトウキビ専業に必要とされる栽培面積7ヘクタール以上を経営する農家数は，93年度にはゼロだったが，2000年度には21戸になったという実績があることも忘れてはならない。

補論　沖永良部島農業と喜界島農業の比較
　　　──花卉園芸中心とサトウキビ中心の農業

　甘味資源特別措置法に基づき，奄美群島の主要な島々がサトウキビの生産振興地域に指定されて以降，1985年頃までサトウキビの生産量が増加してきた。沖永良部島でもそうであった。しかしながら，80年代半ば過ぎから，サトウキビ中心の農業に対する先行き不安から，多角的農業経営の方向を模索しはじめた。97年度の『奄美群島の概況』は，喜界島と沖永良部島の概況について次のように述べている。

　喜界島：農家1戸当りの耕地面積は251.8アールと群島内で最も大きく，県平均（120.8アール）を大きく上回っている。作目は，サトウキビが中心で，小菊やメロン等との複合経営により収益性の高い農業が行われている。

　沖永良部島：農家1戸当りの耕地面積は229.7アールで，作目は菊，ユ

表44　喜界島と沖永良部島の農業粗生産額の推移

（単位：百万円）

		1976	1981	1986	1990	1996	1999	2001
喜界島	農業粗生産額	1,816	2,108	2,803	2,991	2,500	2,687	2,451
	サトウキビ	1,374	1,563	2,008	1,944	1,596	1,686	1,761
	花卉園芸	160	363	549	716	597	542	295
沖永良部	農業粗生産額	5,871	7,809	8,740	12,296	11,482	11,064	9,747
	サトウキビ	1,750	1,495	1,623	1,710	952	1,349	1,035
	花卉園芸	2,373	4,764	6,024	8,814	9,399	8,174	6,935

（出典）　大島支庁『奄美群島の概況』各年度版．

リ，グラジオラス等の花卉を中心にバレーショ，石川サトイモ，インゲン等の輸送野菜，サトウキビ，畜産との複合経営が確立されている。

表44は，1975年以降の喜界島と沖永良部島の農業粗生産額及びサトウキビ，花卉園芸作物の生産額の推移を示したものである。

1976年の喜界島の農業粗生産額は18億1,600万円で，うちサトウキビ13億7,400万円で，農業粗生産額の75.6％を占めている。同年の沖永良部島の農業粗生産額は58億7,100万円で，うちサトウキビ17億5,000万円で，農業粗生産額の29.8％，花卉園芸23億73百万円で40.4％である。喜界島はサトウキビ中心の農業，沖永良部島は花卉園芸，サトウキビ，畜産の高く経営型農業が営まれていた。この頃の沖永良部島の花卉園芸の中心は，サトイモやジャガイモ等の輸送野菜が中心であった。81年には喜界島の農業粗生産額は，76年に比べて16％増加して21億8百万円になったが，沖永良部島のそれは33％増加して78億9百万円になった。沖永良部島の農業粗生産額が大幅に増加したのは，花卉園芸の生産額が2倍増加したことによるものである。90年の喜界島の農業粗生産額は29億91百万円で，うちサトウキビが19億44百万円，65％を占めている。沖永良部島の農業粗生産額は，122億96百万円，サトウキビの生産額は17億10百万円で農業粗生産額の中に占める割合はわずか13.9％にすぎず，花卉園芸は88億14百万円で，農業粗生産額の71.7％を

---

125) 喜界島の生和糖業株式会社のサトウキビ集荷量は，1973年度には10万5000トンであったが，96年度には7万5千トンに減少した。経営状態も90年代以降しだいに悪化し，経営の合理化を進めてきた。同社の従業員数は，73年には134人であったが，96年には93人に削減された。沖永良部島の南栄糖業株式会社の場合には，73年度の集荷量は，9万8千トンであったが，96年度には4万7千トンに激減した。同社の場合，早くから経営状態は悪化の方向をたどり，経営の合理化にのりだしていた。従業員数は，73年には196人であったが，96年には45人に削減された。製糖工場の操業継続のために，島をあげてサトウキビの増産に努めている。糖業の危機は沖永良部島だけでなく，奄美群島全域に及んでおり，群島全域でサトウキビの増産運動が展開されている。しかしながら，サトウキビ生産農家にとって経済的インセンティブが強くならなければ，長期的にはサトウキビの減産はさけられないであろう。

占めている。96年には長引く不況のせいで，農業粗生産額は90年に比べて喜界島においても沖永良部島においても減少しているが，沖永良部島の花卉園芸の生産額は増加している[125]。

以上にみるように，サトウキビを中心にした喜界島の農業粗生産額は停滞的であるのに対して，花卉園芸を中心にした沖永良部島の農業粗生産額は比較的順調に伸びてきている。しかしながら，花卉類，輸送野菜を中心とした農業も長期的にみて不安がないわけではない。市場商品であるために価格変動が大きいこと，地理的に遠いために市場へのアクセスの困難と輸送コストが高いこと，外国産地との競争が激しいこと，連作障害や農薬汚染の問題が存在することなど，解決すべき問題が多いのである。さらに，耕地や資本や労働力がサトウキビ生産から花卉園芸に向けられることによって，サトウキビ生産と製糖業が消滅してしまうかもしれないということである。サトウキビ及び糖業は，農業のみならず，製造業，運輸業，サービス業など地域に及ぼす経済効果はかなり高いものがある。喜界島の生和製糖株式会社が地域に及ぼす経済効果をみてみよう。

表45にみるように，喜界島の生和製糖工場がサトウキビ生産者に支払う代金約16億円のほかに，従業員の賃金や原料運搬費，原料集荷手数料，原料増産対策費，外注費，租税効果，島内物品購入費，従業員の住民税など，約9億円が島内に流出するので，非常に大きな経済効果がある。そのことは，第2次産業の製造部門及び第3次産業の卸・小売業，サービス業の割合が比較的高いことに反映されている。

表46は，喜界島と沖永良部島の1995年度の産業別所得を示したものである。

表45 生和糖業の諸経費

(単位：万円)

	金額	備考
原料買入費	152,918	
原料運搬費	12,777	
原料集荷手数料	3,035	
原料増産対策費	2,708	
労務費	58,792	賞与・退職金は含まず
雑給	6,314	
租税	694	固定資産税
外注費	2,534	製品運搬・廃液
設備投資	58	
従業員の住民税	1,200	
島内物品購入代	1,000	
合計	242,031	

(出典) 生和製糖会社での聞き取りによる．
(註) 1996〜97年度実績である．

表46　喜界島と沖永良部島の産業別生産額
(単位：万円)

	喜界島		沖永良部島	
	所得額	構成比	所得額	構成比
純生産額	15,025	100.0	31,342	100.0
第1次産業	1,524	10.1	6,571	20.9
農業	1,396	9.3	6,402	20.4
第2次産業	3,696	24.6	7,521	24.0
建設業	2,456	16.3	6,260	20.0
製造業	1,239	8.2	1,219	3.9
第3次産業	10,573	70.4	19,375	61.8
卸・小売業	1,772	11.8	2,699	8.6
運輸・通信	750	5.3	1,355	4.3
サービス・公務	6,841	45.5	11,965	38.2

(出典)　大島支庁『奄美群島の概況』1997年度版.

喜界島の島内純生産額（所得）は約150億円（全体を100%とする）で，各々の生産部門の純所得額は，第1次産業15億24百万円（9.3%）で，うち農業13億96百万円（9.3%），第2次産業36億98百万円（24.6%），で，うち製造業12億38百万円（8.2%），第3次産業105億73百万円（70.4%）で，うち卸・小売業17億72百万円（11.8%）である。沖永良部島の島内純生産額（所得）は313億42百万円（100.0%）で，第1次産業65億71百万円（20.9%），第2次産業75億21百万円（24.0%）で，うち製造業12億19百万円（3.8%），第3次産業193億75百万円（62.0%）で，うち，卸・小売業26億99百万円（8.6%）である。

　明らかに，沖永良部島は農業においては高い所得をあげているが，製造業，卸・小売業，サービス業・公務においては喜界島の所得が相対的に高いのである。製糖業の地域経済に及ぼす影響の大きさを窺いしることができるのである。もしも，奄美群島がサトウキビの生産振興地域としての指定を外されたならば，奄美のサトウキビ生産は壊滅的打撃をうけ，（屋久島や瀬戸内町のように），9,000 ha（現在のサトウキビ栽培面積）の農耕地のほとんどは荒廃化してしまうであろう。というのは，花卉園芸がいかに有望であるといっても，9,000 haもの面積に花卉園芸の栽培（現在の奄美群島の花卉園芸栽培面積は600 ha）を行うならば，市場を見出すことは困難で，価格の暴落を招かざるをえないであろう。サトウキビ，花卉園芸，畜産のための適正な耕地の配分を行い，多角的農業経営が必要である。

　沖永良部島ではコメやサトウキビに代えて，輸送野菜や花卉類の生産を増や

すことで農業生産所得を増やしてきた。しかし，輸送野菜や花卉類は多くの農薬，化学肥料，水を必要とし，環境への負荷が大きく，水質，土壌汚染が懸念される。特に花卉類は，人の胃袋にはいるものではなく見て楽しむものであり，市場での見栄えと需給関係が価格を左右するため，その栽培には，サトウキビの10倍近い農薬，化学肥料，水を使うといわれている。殺菌剤キャプタン（製品名ホソサイド）の島内使用量は全国の1％を占めている[126]。

　和泊町では，町出身の三重大学谷山鉄郎教授に土壌・水質調査を依頼したところ，懸念された結果がでた。その調査結果を踏まえて，和泊町では1990年代に入り，化学肥料・農薬の低減をめざし，有機物の土壌還元等による土づくりと合理的作付け体系を基本とした農業をすすめていく方針を決定した。94年3月には和泊町地域環境保全型農業の推進に関する条例を制定し，同年12月には，「和泊町地域環境保全型農業推進基本方針」を策定し，2000年度までに化学肥料・農薬の投入量を約20％削減することを目標とする取り組みを行っている[127]。

　町花卉振興課のまとめによると，化学肥料は99年度段階で94年度の47％まで減少，農薬も68％まで節減されていることがわかった。最近は有機農産物の生産拡大に向けた動きも活発化しているという。

　沖永良部島と同じように，喜界島や与論島でも花卉類やメロン等の栽培が盛んになりつつある。3島とも隆起サンゴ礁からなるため，川水が利用できず，地下ダムを建設，または建設予定である。地下ダムの水は飲用水ではないが，地下水に溜まった農薬等が濃縮されて，農作物等への被害や環境汚染，生態系や人体への影響がないように最大の注意を払っていく必要がある。

---

[126] 西澤他前掲論文は，離島における「自給型経済」，「循環型農業」のあり方を探ろうとする問題意識のもとに執筆されている。今後，循環型農業の確立のために，さらに研究を進めていって，積極的に提言してほしいと願う次第である。

[127] 化学肥料・農薬の投入量を約20％削減するという具体的な推進方法は，①未利用有機物を有効活用した土づくり，②肥培管理，③病害虫防除④緑肥作物の活用や輪作体系の推進など，である（『南海日日新聞』2001年1月28日）。

3節　黒糖焼酎

　砂糖（サトウキビ），大島紬に次ぐ第3の移出産業として黒糖焼酎がある。この黒糖焼酎は法的に，奄美だけで製造が認められているものである[128]。メーカー及び行政はこのことを全国的にもっと宣伝する必要があるし，黒糖焼酎用の果糖（サトウキビ）についても，政府に特別の措置を要求していく必要がある。黒糖焼酎は，移出用製造品としても，また，郡内消費用製造品としても大きな経済的効果をもっている。ピーク時の1986年度についてみてみると，製成高の数量は7,778キロリットル，価格にして36億3,850万円で，移出高は，数量が5,615キロリットル，価格26億2,660万円である。その後，バブル期に入ってから，製造量，販売額は減少した（ビールやワイン・ウイスキー・ブランデー等の消費増大）ものの，バブル崩壊後は再び，製造量，販売量は増加傾向をたどり，2000年には7,200キロリットルに達し，販売額も50億円を超え，第3次焼酎ブームを招来している。1980年代前半までは90%以上が郡内消費であったが，現在では40%以上が郡外移出である（表47）。

　名瀬市総務課活性化対策室発行の『活性化ニュース』Vol.3（1994.10.1）において論じられているように，黒糖焼酎は大島紬に比べて移出額は少ないが，奄美経済への波及効果という点においては，政策次第では大島紬に勝るものと思われる。大島紬は，原料やデザイン等を域外から仕入れて，地元の機工や締工などの労力によって製品に加工し，製品のほとんど100%は仲買人や問屋を通して，大集散地に集荷され，卸・小売店を通じて消費者に販売される。地元へ落ちる金は，織工，締工，図案工や機屋，仲買人などの労賃や親方の利潤に

---

128)　酒税法第3条第5号は「焼酎」について規定しているが，含糖質物のうち，奄美産の黒砂糖を焼酎乙の原料として使用することは，大島税務署（鹿児島県）の管轄区域内において製造する場合で，当該砂糖と米こうじとを併用するときに限り認めることとし，その他の場合には当分の間，使用させないよう指導することに取り扱う（「酒税法基本通達の全部改正について」（1978年6月17日）。

表47 酒造年度別黒糖焼酎生産状況
(単位：Kl. 百万円, %)

	製造量		課税移出量		課税移出先				県外移出比率	郡内消費量
					県内		県外			
	数量	価格	数量	価格	数量	価格	数量	価格		
1975	3,532	1,197	2,968	1,434	2,929	1,416	39	18	1.3	2,509
80	4,241	1,654	3,757	2,087	3,353	1,863	404	224	12.0	2,329
85	7,791	3,640	5,593	3,791	3,676	2,492	1,917	1,299	52.1	2,644
90	4,718	2,354	4,715	3,380	3,332	2,389	1,383	991	41.5	2,535
95	5,814	3,262	4,689	3,777	3,262	2,628	1,436	1,156	44.0	2,455
97	7,053	4,184	4,746	3,940	3,258	2,705	1,488	1,235	45.7	2,372
98	5,832	3,748	4,740	4,171	3,229	2,842	1,511	1,329	46.8	2,087
99	6,398	4,112	4,988	4,389	3,351	2,949	1,636	1,440	48.8	2,133
2000	7,153	4,958	5,137	4,994	3,568	3,446	1,569	1,548	44.0	2,040
01	3,787	2,625	3,855	3,748	2,256	2,179	1,598	1,577	41.5	—

(出典) 名瀬市産業振興部紬観光課紬特産係『本場奄美大島紬及び特産品振興策』
(注) 2001年度は奄美大島酒造組合分である(『南海日日新聞』2002年11月21日).

限られている。しかも所得分配の不平等性が著しく大きいことも問題である。

それに対して，黒糖焼酎は域内で第1次産業（サトウキビ），第2次産業（黒糖製造），第3次産業（卸・小売業）を経由して移出または域内で最終消費される。つまり，移出によって奄美の主要な産業の生産，雇用，所得を増大させているのみならず，域内消費用に供給されることによって，域外からの移入を抑える役割を果たしているのである。黒糖焼酎は立派な奄美の移入代替工業と称することができる。そして，今や移出指向商品として成長している。今後は国内のみならず，世界に向けて，輸出品として市場開拓をしていく必要がある。そして，今や移出指向商品として成長している。今後は国内のみならず，世界に向けて，輸出品として市場開拓をしていく必要がある。ただし，現状においては，完全な地域資源（黒糖）を十分に利用しているとはいえないし（黒糖の大部分を沖縄及び外国から移入している），いまだ奄美独特の特産物との名声（ブランド）を確立しえていない。また，黒糖焼酎の原料となる奄美産の黒糖（含蜜糖）に対する補助金を沖縄並にし，原料の黒糖を地元でする必要がある[129]。この焼酎産業界にも国際化の波が押し寄せてきた。WTO（世界貿易機

構)の勧告を受け入れて，政府は焼酎に対する課税を大幅に (50〜70%) 引き上げる決定をしたからである。政策的工夫を必要とするゆえんである。

奄美群島の酒造会社の多くは零細である。企業間の協力・連携または合同によって，市場動向に対応した商品の開発・製造・販売を促進する必要がある。

むすび

地域の気候・風土や文化・伝統に育まれて創出され，発展してきた地域の産物や産業は，経済社会の変化に伴って盛衰を余儀なくされてきた例は枚挙にいとまのないほど存在する。戦後の奄美に限ってみても，養蚕・製糸業，芭蕉布業，味噌・醤油醸造業，製塩業，米・麦・粟・黍・大豆・小豆等の穀物類，パインアップル等の果物類，ユリ・フリージャ・チューリップ等の球根，花卉類，などが輸入品によって駆逐または代替され，すでに消滅してしまったか，あるいは衰退の局面に立たされている。もちろん，郡外や国外から新たに奄美に導入され，地域に定着しているものもある。

奄美の伝統的な基幹産業であった大島紬業と糖業も経済社会の変化や国際化の進展によって苦境に立たされており，対処策が求められている。黒糖焼酎業はローカルなものから全国的なものへと成長しつつあり，さらにはインターナショナルなもの，グローバルものへと展開する可能性を秘めている。これまた，そのための対応策を早めに講じておく必要がある。今後は，経済のグローバル化を前提に，奄美の産物・産業の振興を図っていく必要がある。

---

129) 1985年の製造量が7,800klの時，黒糖の消費量は約2,000トンであった。うち，100トンが奄美産であり，残りは沖縄から移入している。奄美では分蜜糖工場導入の際に，含蜜糖工場は取り壊されてしまったために，黒糖酒の生産量が増加すると，原料が不足し，沖縄産黒糖に依存する状態である。黒糖30kgの価格相場は，沖縄産7千円，外国産(ベトナム，ボリビア)なら5千円，奄美産は1万円を超す(『南日本新聞』「島唄の風景，第7部—本土並み・光と影，6「黒糖焼酎」2003年4月3日」)。

第9章　奄美振興開発事業と地域社会の変容

1節　郡都としての名瀬市の発展と変容

　1946（昭和21）年7月1日，名瀬町は市制を施行し，名瀬市となった。同市は，鹿児島県最南端の郡都として，奄美群島1市10町3村の行政・経済の中心的位置を占めている。終戦直後の人口は約1万4,000人であったが，終戦後は引揚者復員の吸収，離農者の都市集中，人口の自然増加等により，人口は急増し，52年2月には最高3万6,000人に達した。その後，沖縄への出稼ぎ者の流出により，53年12月末の復帰時の人口は3万2,603人，人口密度は1km^{2}当り1,360人（奄美群島は170人，日本全国226人）に達している。54年版名瀬市『市勢要覧』によれば，「名瀬市は本群島唯一の消費都市であり，一面，本場奄美大島紬の生産地でもあるとともに，島内移出入物資の集散地でもあり，商工業者は本市就業人口の58.2%を占め，奄美群島における経済の中心地をなしている。」と述べている。

　1940年の名瀬町の産業別就業構造は，第1次産業20.6%，第2次産業42.2%，第3次産業37.2%であった。第2次産業の中心は大島紬業である（表48）。戦後は，大島紬業が壊滅的打撃を受けたこと，食糧不足のため，農業就業者が急増したことにより，第1次産業就業者の割合が大幅に増加し，47年の第1次産業就業者の割合は47%に達した。その後，大島紬業の復興に伴って，

表48　名瀬市の産業別就業者割合の推移

（単位：%）

	第1次産業	第2次産業	第3次産業
1940	20.6	42.2	37.2
47	47.0	9.9	44.0
48	25.0	9.3	65.7
50	21.1	18.5	59.8
53	12.4	31.4	56.2
75	1.0	36.0	63.1
91	0.3	23.3	76.4
96	0.7	21.3	78.0
2000	2.1	21.5	76.4

（出典）名瀬市『市勢要覧』1954年，名瀬市『統計書なぜ』1997, 2001年度版．

第2次産業就業者割合が増加し，逆に第1次産業就業者割合が減少していった。復帰後における名瀬市の発展は，再び郡都としての行財政，産業経済，教育，医療等の諸機能の拡充に負うところが大きいことはいうまでもないが，なかでも地域伝統産業（奄美大島紬）の発展に支えられてきた点が大きい。とはいっても，米軍統治下の52年度の名瀬市の財政規模は，人口規模のほぼ等しい串木野市や鹿屋市に比較して約1/7～1/10程度であった[130]。交付金や補助金が少なく，市税が45.5％を占めていた。このような乏しい財政のために，産業の復興が大幅に遅れた。復帰後の復興事業によって，大島紬業が再び興隆し，それに伴って，他の産業も発展していき，人口増加をもたらし，1970（昭和45）年には4万4,482人，80年には4万9,765人となり，県下第4位（鹿児島市，鹿屋市，川内市に次ぐ）の市となったが，その後減少傾向をたどり，2000年の国勢調査時には4万3,015人，2001年10月1日には4万2,493人に減少し，県下第5位に下がってしまった。

　1970年10月の国勢調査によると，産業別の就業者構造は，第1次産業4.3％，第2次産業49.2％，第3次産業46.5％である。第2次産業の振興，とりわけ大島紬業の振興の裏には，第1次産業の急激な衰退があったのである。1975年の『行政診断結果報告書―鹿児島県名瀬市―』は，市行政の基本的事項についての提言として，「名瀬市発展の基礎となる産業部門機能の強化充実を図ること」をまず第1にあげ，「第1次産業は主食，鮮魚，蔬菜，果物など，市民の日常生活物資に多く関与するものであり，その衰退は必然的にこれらの生活物資を他地域から移入しなければならない状況を生み出すことになる。現実に，名瀬市の主要生活物資の自給率は平均して20％以下であり，主要産業である大島つむぎの原料である生糸でさえもその大部分を本土等からの移入に頼っている。」と指摘している[131]。90年代以降，第1次産業就業者割合は微増を続けているものの，第2次産業（主として大島紬）の衰退による離職者を吸収するまでに至らず，第3次産業部門が肥大化している。遊休地化した耕地

130）　例えば，1952年度の名瀬市の歳入額は3,400万円に対し，串木野市2億3,900万円，鹿屋市3億3,600万円であった（名瀬市『市勢要覧』1954年度版による）。

第9章 奄美振興開発事業と地域社会の変容

を活用して,都市近郊農業を振興させる必要がある。

名瀬市の産業構造(就業者及び生産額からみた)は,高度経済成長による所得増加によって消費者の高級志向が高まり,大島紬業が隆盛を極め,第1次産業の衰退を招いたのである。

『事業所統計調査』によると,名瀬市の産業(大分類)別事業所数は,1975(昭和50)年には4,100であったが,81年には4,369へと増え,その後,減少傾向をたどり,91年には3,800,96年3,488へと減少した。75年から96年にかけて事業所総数の減少の最も大きな原因は,製造業(主として大島紬)事業所の大幅な減少である(同期間中に1,757から518に減少)。96年時点で事業所数の多い産業部門は,卸売・小売業の1,596,サービス業906,製造業518,建設業223の順で,この4産業部門で全体(3,488)の93%を占めている。製造品出荷額も85年193億円,90年213億円,96年98億円へと減少している。産業別従業者数の推移をみてみると,75年には最大の産業部門であった製造業従業者数は,5,147人から91年には2,157人,2000年には1,446人へと72%も減少したのに対し,建設業従業者の増加はめざましい。75年には建設業就業者数は1,905人であったが,90年には2,178人,91年には製造業従業者数を抜き,2000年には2,447人となった。1975年には第2位の産業部門であった卸売業・小売業の従業者数は4,167人から90年には4,692人,2000年には4,737人へと13.7%増加し,製造業に代わって最大の産業部門となった。建設業の動向は,奄美群島振興開発特別法に基づく公共事業と関わっていることはいうまでもない。たとえば,1984年度から87年度までの補助事業の総額は118億25百万円で,うち奄美群島振興特別措置法による事業は84億99百万円を占めていた。

奄美経済に大きな転機(成長発展から衰退過程へ)をもたらしたのは,1970

---

131) 行政管理庁行政管理局『行政診断結果報告書—鹿児島県名瀬市—』1975年12月,p.3。同報告書は,その他,以下の提言をしている。2.財政事情の逼迫に応じ,事務事業の総点検により,経費の節減,効率的使用に努めること,3.人事に関する制度を確立し,行政施策の効率化に努めること,4.行政施策の効率化を図るため,企画管理室の役割を活用すること。

年代以降の日本経済の長期不況とプラザ合意に基づく円高による不況であることは前述した。外的条件の悪化はあったものの，奄美の経営者内部に外的条件の変化に対する認識不足または経営手腕のまずさがあったことは疑いない。86年5月3日の『南海日日新聞』は，「不況下の奄美―問われる経営手腕」と題して次のように述べている。

　1981年9月，朝野建設，82年4月，ホテル・ニューオータニ徳之島，84年6月，朝日工業，さらに85年から86年にかけて，徳之島，奄美の両グランド・ホテル，大型家具店，青木モータース，……。ここ数年，名瀬市を中心に企業倒産，閉鎖，あるいは吸収が相次ぎ，86年4月にはサンストアがシャッターを下ろし，市民に衝撃を与えた。相次ぐ倒産は何も奄美に限ったものではなく，景気が低迷する中で全国的な傾向であるが，倒産原因の中に，奄美特有の共通分母が見いだせるのではないか。つまり閉ざされた"シマ"の中で営む経営者の姿勢そのものに問題があるのではないか。

不況の中で多くの零細個人企業及び法人企業は限界的な経営を余儀なくされている。主要な産業部門の1事業所当りの従業者数をみてみると，卸売・小売，飲食業で3.7人，製造業2.4人，建設業12.0人という小規模企業である。50人以上300人未満の事業所数はわずか31で，うち建設業9，サービス業7，運輸・通信5，金融・保険4である。300人以上の従業者を有する事業所は皆無である。全従業者のうち，国・地方等の公共企業体の従業者数が15.5%を占めているのも郡都・名瀬市の特徴の1つである。

表49　名瀬市の商店数・従業員数，販売額の推移

(単位：件，人，万円)

	1964	1985	1991	1994	1997	2002
商店数	928	1,253	1,220	1,076	950	920
従業員数	2,705	4,129	4,325	4,059	3,657	4,000
販売額	774,016	9,708,754	9,502,351	9,568,587	9,014,606	8,237,672

(出典)　大島支庁『奄美群島の概況』，1990,1997,2001年度版．ただし，2002年については，『商業統計調査速報』(『南海日日新聞』2003年3月23日による)．

第 9 章　奄美振興開発事業と地域社会の変容　　155

　次に,『商業統計調査』によって,名瀬市の商業活動をみてみよう（表49）。

　名瀬市の1964年の商店数は928,従業員数2,705人,販売額77億円であったが,85年には商店数1,253,従業員数4,129人,販売額971億円と,各々かなりの増加を示したが,その後,商店数は次第に減少し,02年には920になった。従業員は97年まで減少傾向をたどったのち,増加に転じ,02年には4,000人になった。販売額は,02年には824億円に落ち込んでいる[132]。名瀬市の商業活動を奄美群島及び鹿児島県のなかでみてみると,85年には商店数においては,群島の36.5％,県の3.7％,販売額は,群島の61％,県の2.7％を占めていたが,02年には,商店数においては,群島の34.8％,県の3.4％,販売額においては,群島の51.1％,県の1.9％を占めるにすぎない[133]。確実に,名瀬市の商業活動は衰退傾向にある。これは,もちろん,大島紬業の衰退によるものである。

　1990年の『工業統計調査』によって,人口1人当り及び工業従業者1人当たりの工業製品出荷額を名瀬市と他都市（人口が同規模の都市）と比較してみると,人口4万人弱の出水市の工業製品出荷額は551億35百万円,4万人の石垣市（沖縄県）は150億26百万円,同じく,4万人強の本渡市（熊本県）は,106億7百万円に対し,人口4万6,000人の名瀬市は109億96百万円である。従業者1人当りの出荷額も出水市の1,488万円に対し,名瀬市は1,037万円である。2000年の製造業の事業所数,従業員数,製造品出荷額は90年を

---

132) 1986年の鹿児島県中小企業指導課『名瀬市広域商業診断報告書』は,「名瀬市商業の内部構造と問題点」を指摘し,それを踏まえて,「名瀬市商業の今後の方向―勧告事項―」をまとめている。その要点は,①商店主は顧客・消費者のニーズの変化に対応した経営を行うこと,②商店街活動に積極的に取り組むこと,③商店街の近代化に積極的に取り組むこと,④各商店街のビジョンを明確にすること,等をあげている

133) なお,91年の卸売業従業者1人当りの年間販売額は,全国平均が120,058（千円）,鹿児島県平均が68,255（千円）に対し,名瀬市は45,290（千円）で,全国平均の37.8％にすぎない。同年の小売業1店当り年間販売額は,全国平均が88,383（千円）,鹿児島県平均が57,301（千円）に対し,名瀬市は43,400（千円）で,全国平均の49％である。卸・小売業の零細性が窺われるのである。

基準（100）としたとき，各々，49.4，59.1，61.8，と大幅に減少している。従業者1人当り出荷額も748万円に減少している。工業においても零細性は明白である。

『大島郡民所得推計報告書』によれば，奄美の郡内総生産に占める政府サービス生産者の比率をみると，1975年頃までは低下傾向にあり，79年には18.4%まで下がった。しかし，その後，反転に向かい，88年には21.0%，92年には23%へと増加してきている。民間の生産活動が停滞するなかで，相対的に政府部門の比重が増加してきていることを表している（『経済自立化指標調査報告書』参照）。また，建設業は公共事業に大きく依存していることを考えると，雇用，所得，投資，消費において，つまり，あらゆる経済部門において，直接的・間接的に政府部門の果たしている役割はきわめて大きいといわなければならない。

奄美経済のもう1つの特徴は，商業，製造業及び建設業において域内での産業間の相互依存関係が稀薄で，中間財の取り引きが少なく，最終財の取り引きが大部分を占めているということであり，郡内生産物の取引関係が稀薄なこと，生産基地としての機能よりは消費地として機能が強いことを示している。そのことは域内で稼いだ所得または外部からもたらされた資金の大部分が支出として域外に流出してしまうこと，つまり，資金の域内循環が乏しく，所得または投資の乗数効果が小さいことを意味している。

名瀬市中央青果市場への青果物の入荷量は，1985年度には4,375トンであったが，93年には3,653トン，2000年には3,134トンへと85年に比べて71.6%に減少している。野菜の入荷量は，85年には2,742トンであったが，2000年には1887トンへと70%に減少している。果実も同期間中に1,522トンから1,187トンへと減少している。島内からの搬入の割合は野菜の数量で47%，金額で50%程度である。鶏卵は99%が島内産である。南社長によると，大型小売店（ダイエー等）は，中央市場を通さず，直接鹿児島や産地から直移入しているので，名瀬市の青果物の自給率は20%程度になるものと推測されている。魚介類についても同様のことがいえる。奄美の農業者及び水産業者は零細であるため，生産性が低く，コスト高であるうえに，本土からの移入物資

は輸送コストや中間マージンもとられるので，名瀬市をはじめ離島の消費者物価は割高にならざるをえない[134]（表50）。

1966年，名瀬市は鹿児島県地域計画協会に委託して『名瀬市総合開発計画調査報告書』を作成した。それによれば，名瀬市の開

表50　名瀬市中央青果市場への野菜・果物等の入荷状況

（単位：トン，％）

品　目		1985	1993	2000
野菜	数量	2,742(39)	2,242(46%)	1,887(47)
	金額	421,540(55)	505,598(41)	330,786(50)
果実	数量	1,522(35)	1,370(47)	1,187(52)
	金額	340,882(29)	393,927(45)	325,280(49)
花卉	金額	10,815(76)	17,559(89)	137,973(25)
鶏卵	金額	－（－）	11,165(97)	3,554(99)
その他	数量	73(91)	41(73)	60(65)
	金額	25,213(90)	24,539(69)	30,239(72)

（出典）　名瀬市中央青果株式会社「名瀬市地方卸売市場の青果物流通の現状」2002年3月15日．

発構想（開発の前提と課題）は，①豊かな市民生活の実現，②離島性の克服と拠点都市への方向，③最南端と亜熱帯気候の活用，④主体的開発の推進と人的能力の開発を掲げ，開発の方向としては，①大島紬のまち，②奄美観光の玄関口としての都市，③管理中枢，流通拠点都市，④清潔な生活環境をもち健康で文化的都市，を目指すことを提案している。都市の発展を支える第1次産業，特に，農水産業の振興策については，自給力の向上を期するとされているが，その後の推移は，期待に沿うものではなかった[135]。名瀬市近郊にはかなりの休耕地があるが，それを利用して，都市近郊型農業を展開し，野菜等の自給率を上げる必要がある。

---

[134]　鹿児島県企画部交通政策課『鹿児島県離島物流効率化検討委員会参考資料』（2002年8月）によると，名瀬市の消費者物価は，1970年には鹿児島市を100としたとき，総合で116.8，食料で109.8であったが，2000年には総合で104.7，食料で108.7となっている。名瀬市の場合，商圏が広く，大型店舗の進出も多く，鹿児島市との格差は縮小しているが，他の地域においては，1996年には108.6であった指数は年々上昇し，99年には113.0となっている（『奄美群島の概況』2000年度版，p.382）。

[135]　鹿児島県地域計画協会『名瀬市総合開発計画調書』1966年3月，pp.74-85．

次に名瀬市の総合開発計画についてみることにしよう。

1985年，当時の大津市政は，総合開発計画「豊かさと潤いのあるまち『名瀬』づくり」を策定した。この将来都市像を実現するために定められた4つの基本目標は，①産業を振興し，調和のとれた豊かなまちづくり，②南海の魅力を生かすまちづくり，③健康と安全を守り，幸せで生きがいのあるまちづくり，④教育・文化を高め，豊かな人間性創造のためのまちづくり，である。

やがて，バブルの発生で，計画そのものを見直さざるをえなくなった。

1992年，成田市政は新たな総合開発計画「名瀬・21世紀の道標（みちしるべ）」を策定した。自然環境や産業振興，文化振興の重要性を強調した。将来の都市像として，「自然の魅力あふれる南海の産業文化都市」を掲げたが，バブルの崩壊で奄美群島，名瀬市の経済にも不況が押し寄せ，産業の衰退，人口減少が続いた。96年には平田市長となり，市政運営の基本方針として，「若者の定着する活力ある豊かな街づくり」，「快適で美しい機能的な街づくり」，「福祉と教育行政の充実」，「奄美スポーツ・アイランド構想」を掲げ，その実現に努めている。

総合開発計画の実施には予算が伴う。1995年，名瀬市は『名瀬市行財政診断調査報告書』を公表した。同報告書は「経常収支比率85.7％，起債制限比率15％という財政状況にあり，財政再建団体へ移行の可能性あり」と指摘し，「危機寸前の名瀬市の財政」と，警鐘を鳴らした。財政の健全化に努めたにもかかわらず（例えば，2000年度の歳入・歳出の決算は対前年度比マイナス12.1％とマイナス12.5％），名瀬市の財政状況はその後も悪化し，2003年度当初一般会計予算は，歳入231億63百万円で対前年度比7.7％増の過去最高の規模になった。地方交付税73億46百万円（31.7％），国庫支出金53億36百万円（23.0％），市債22億39百万円（9.7％），県支出金12億46百万円（5.4％），市税30億48百万円（13.2％），繰入金9億33百万円（4.0％）で，依存財源73.1％，自主財源26.9％である。歳出は，民生費65億99百万円（28.5％），教育費32億69百万円（14.1％），公債費28億49百万円（12.3％），土木費23億84百万円（10.3％）となっている。義務的経費124億3百万円で，歳出総額の53.8％を占め，投資的経費は46億51百万円，20.1％である。2001年5月現在の公債費比率17.2％，起債制限比率12.9％，経常収支比率90.9％で，

地方債残高は243億72百万円で，01年度予算の115.3%である。それに対して，積立金の現在額は16億88億円である[136]。

　名瀬市の行財政を診断調査した前掲報告書は，「扶助費が41億76百万円で，歳出に占める割合は19.9%と他市町村に比べて格段に高い」と指摘するとともに，「国の特別措置は，地域経済面で財政依存を実際に促進しており，市政の中にあっても自治を蝕みつつあるのではないかと強く懸念される，と指摘している[137]。

2節　観光ブームと与論島の変容

　復帰直後の1955（昭和30）年頃の与論島の経済社会状況は，世帯総数1,640戸のうち，農業で生計を立てている世帯1,562戸，商業によるもの40戸，公務によるもの24戸となっており，全体の95.2%の世帯が農業を生業としていたのである。農業においては，水稲，イモなど，自給的な農業が中心を占めていた。ところが復帰して，本土経済の影響がストレートに作用しはじめた1950後半以降になると，第1には，高度経済成長政策が与論島にも労働力流出という形で著しく影響を及ぼすようになったこと，第2には，奄美復興特別措置法に基づく諸事業が与論島にも作用を及ぼし，当地域の社会資本の整備が盛んに行われるようになり，それに伴って村人たちが農外収入を得る機会を増大させたこと，第3には，大型製糖工場が設立され，一方では農民を製糖資本の原料生産者に転化させ，それに伴って他産業への就労条件を大幅に高めさせるとともに，他方では古くから存続してきた黒糖製造のための共同作業を解体

136）バブル経済の末期の1992年度の名瀬市の財政状況は，歳入額・歳出額は各々225億円と220億円で，収支は約5億円の黒字であった。経常収支比率73.6%，公債費比率14.8%，財政力指数0.27，積立金36億円，地方債残高180億円という状況であり，他の市町村と比較して特に厳しいという状況ではなかった。なお，2003年度の予算については，『南海日日新聞』2003年2月19日による。

137）前掲『名瀬市行財政診断調査報告書』1995年，p.9.

させ，かつて，強固な共同体的結合を示していた与論島の社会関係を大きく変容させたこと，第4には，奄美振興開発政策のもとで，与論島経済の建て直しが観光開発という形で試みられ，その開発が順調に促進された結果，従来の所得構造，就業構造に大きな作用を及ぼすようになってきたことなど，いくつかの要因の複合によって，与論島の社会は1960年代以降著しい変貌を遂げたのである[138]。『与論町誌』は，島の変容について次のように指摘している。

　与論島の生活水準は一段と向上し，文化的生活様式が年ごとに一般に普及した。それは日本復帰と日本の経済成長のたまものであるが，その近因として，①南島開発株式会社の導入によるキビ作を主とする単一作物が姿を消し，それと相まって農業の機械化による牛馬飼育の減少など，農家に時間的ゆとりができ，開発事業の賃金仕事や出稼ぎなどができたこと，②主婦たちの台所作業が大幅に減少したため，農家の主婦たちは，キビ刈り期以外は，専ら紬織りに専念できたことなど，である[139]。

　そこで，与論島の経済社会の現状をみることにしよう。

　奄美が日本に復帰すると，与論島の海（自然）の美しさや辺境性が旅人を引きつけた。若者や学生が夏期休暇には殺到し，島の人口（約7,500人）を越えるほどになり，与論島の風情を一変させた。与論ブームは1970年代後半（昭和50年頃）までつづいた[140]。しかしながら，70年代後半以降，旅人の目（関心）は海外に向かい始めた。観光客を対象にした産業は苦境に直面することになった。他方，67年まで与論島には高等学校がなかったため，中学卒業後は名瀬市か鹿児島市にでなければならなかった。母親が子供と一緒に島をでて，

---

138) 蓮見他前掲書。『与論町誌』によれば，1955年1月1日現在の輸送手段は自動車2台，荷車8台，自転車12台であった。62年5月には貨物自動車13台，乗用車6台，原付自転車53台，自転車305台，製糖工場12，精米・製粉工場28である。テレビの最初は58年で，与論村が与論町になり，島の農業構造を大きくかえた南島開発株式会社が製糖会したのは1963年1月1日，与論島観光協会の設立は1965年である。この頃から73年ころまでの約10年間は，与論島の飛躍的大発展期（少年期から青年期への移行のごとく，エネルギーに満ちた時代）であったと（pp.446-449）。

139) 前掲『与論町誌』pp.454-455.

紬織をし，父親は島で土木工事や島外で出稼ぎをして学費や生活費を稼いでいた。

与論島の人口は，1955年の7,851人をピークに徐々に減少傾向をたどり，63年1月1日，町制施行時には6,099人まで減少していた。65年頃からの観光ブームの到来によって，再び人口は増加し，85年7,222人，2000年には6,045人へと減少した。1955～85年間の年平均人口減少率は0.27%であるが，1985～1999年のそれは1.4%である。1985年までの年平均減少率は大島郡内では最も低かったが，85年以降は逆に最も高くなっている。1991年度の調査研究『奄美自立化指標調査』（九州調査協会）によると，与論島の人口は，2005（平成17）年には4,610人に減少し，老齢人口比率も2000年の18.3%から2005年には33.5%になることが予測されている[141]。

基幹産業であった糖業と大島紬業の衰退によって，就業構造は，土木建設業と第3次産業，サービス産業が大きな比重を占めるに至っている。与論島は他の奄美諸島に比較して，外部（財政や観光客）依存型の経済構造になっている。1人当り所得も1979年には県下96市町村の中で46位だったのが，86年には93位に後退した。00年度の1人当り所得は，県平均234万8千円に対し，与論町は149万6千円で，対県平均63.7%にとどまっている

---

[140] 1965～80年頃の与論島観光ブーム時には，夏期中だけで与論島の人口の約3倍の2万1,480人（年平均）の観光客が訪れた。70年代以降，学生や若者の観光客は減少しつつあったが，79年の観光客，年間史上最高の15万387人が訪れた（『与論町誌』p.451）。与論町では，1982年3月，ZEN環境設計という本土の企業に委託して『与論町観光基本構想』を策定した。同報告書は，「今後観光産業が中心となることは必然的な趨勢であろうが，それが単独で発展するのではなく，他の産業を活性化しながら，観光と他の産業とが強く結びついた形で発展することが望ましい」と指摘しているが，町や町民はそのような方策を講じたであろうか。また，その方向で対応したであろうか。検証してみる必要がある。1984年11月には，ギリシアのミコノス市と国際姉妹盟約を結び，産業と観光発展をめざしている。

[141] 2001年10月1日の調査によれば，与論島の人口は6,049人で，老齢人口割合は26.2%で，人口減少率，高齢化率は予想よりは低い（県統計課調べ）。
なお，与論町は人口の大幅な減少と劣弱な財政力にもかかわらず，過疎地域振興法の指定地域から除外されている。

たしかに現在，与論町の経済は困難な状態にある。しかし，与論町では，新たな農業（サトウキビを中心とした花卉園芸や畜産）及び観光（海洋性気候を利用した癒し）の振興に向けた取り組みをしているが，沖永良部島（和泊町・知名町）との合併問題が持ち込まれており，海を超えた合併によって，与論町そのものの存続が危ぶまれている。

3節　町村合併によって過疎化した南部大島

　1956（昭和31）年，実久村（加計呂麻島の西半分）鎮西村（加計呂麻島の東半分と請島，与路島），西方村は古仁屋町と合併して瀬戸内町となった。

　町村合併前の1955年の西方村，実久村，鎮西村の3村の合計人口は1万4,461人で，古仁屋町を含めた1町3村の人口2万6,371人の54.8％を占めていた。合併から45年後の2000年には瀬戸内町の人口は1万1,651人となり，合併前の44.2％に減少した。旧古仁屋町のみは4.2％の増加であるのに対して，旧実久村，鎮西村，西方村の人口は80％も減少し，旧3村の合計人口の

表51　合併前と合併後の瀬戸内町の人口変化

（単位：人，％）

島　名	旧町村名	人　口			世　帯　数			高齢化率
		1955	2000	減少率	1955	2000	減少率	
大島	古仁屋町	11,910	8,917	25.1	2,937	3,665	▲24.8	25.7
	西方村	3,778	665	82.4	909	365	59.8	47.8
大島計		15,688	9,582	38.9	3,846	4,030	▲4.8	27.3
加計呂麻島	実久村	4,276	725	83.0	1,069	360	66.3	47.6
	鎮西村	4,237	979	76.9	1,027	456	48.5	48.5
加計呂麻島計		8,513	1,704	80.0	2,096	816	61.1	48.1
与路島	鎮西村	996	165	83.4	218	89	59.2	49.1
請島	鎮西村	1,174	200	83.0	295	113	61.7	55.5
与路島・請島合計		2,170	365	83.2	513	202	60.6	52.6
合　計		26,371	11,651	55.8	6,455	5,048	21.8	31.1

（出典）　久岡学他編著『田舎の町村を消せ』南方新社，2002年，p.64による．

表52　大島南部4町村の合併前と合併後の財政
(単位：百万円)

	1953					2000				
	歳入総額	税収入	税外収入	交付金	借入金	歳入総額	地方税	税外収入	交付金	地方債
古仁屋町	2,117	717	550	220	630					
西方村	665	136	155	123	250					
実久村	666	244	103	149	170					
鎮西村	1,423	462	268	153	540					
計	4,871	1,559	1,076	645	1,590	12,172	743	1,592	8,297	1,540

(出典)　大島支庁『奄美群島の概況』1956年度, 2003年度版.

瀬戸内町に占める割合は23.5%になってしまった。町村合併によって, 町役場のある旧古仁屋町地区への行政機関, 経済・産業, 人口が集中し, 旧実久村, 鎮西村, 西方村においては, 過疎と経済産業の衰退が生じたのである。人口減少率を島別にみると, 加計呂麻島は61.1%, 与路島59.2%, 請島61.7%の減少率である。この3つの島では高齢化率も48%を超えるという超高齢社会になっている。『南海日日新聞』記者・久岡学は合併後の加計呂麻島, 請島, 与路島の衰退の様子を「赤ちゃんの消えたムラ―合併から46年, 瀬戸内町, 喜界町のその後―」としてレポートしている[142] (表51)。

「子ヤギの鳴き声はしても, 人の赤ちゃんの泣き声は聞こえてこない」。奄美大島南部 (瀬戸内町, 大和村, 宇検村, 住用村) の過疎はこんな切ない言葉で表現されることがある。」

合併後, 小学校・中学校5校が廃校・休校になった。

1953年度の1町3村の歳入総額は48億71百万円, うち税収入・税外収入等の自主財源が26億35百万円, 歳入総額の54.1%で, 交付金は6億45百万円, 13.2%にすぎず, 借入金が15億90百万円, 32.6%を占め, 厳しい財政運営を余儀なくされていた。それでも, 財政規模は県内の人口規模が同じような町村の1/3程度であった。復帰後, 地方交付税交付金や国・県支出金 (補助

---

142) 久岡学他編著『田舎の町村を消せ―市町村合併に抗うムラの論理―』南方新社, 1992年7月, 所収.

金)が年々増え,歳入は増加の一途をたどったが,復興・振興開発計画に基づく諸事業(港湾,道路,教育文化・福祉施設等)を実施したため,歳出も増加し,財政運営は相変わらず厳しいものであった。そのうえ,過疎・高齢化による主たる産業であった農業や水産業が衰退し,地方税収を上回る扶助費(生活・医療保護等)や公債費等の義務的経費が増加し,経常経費の比率は80%を超え,財政の硬直化を招いている。1996年度には起債制限比率が19.5%になり,全国第3位(ワースト・スリー)になった[143]。2000年度の歳入総額は121億72百万円で,うち,地方税はわずか7億43百万円,歳入総額の6.1%を占めるにすぎず,これに対し,交付金(地方交付税,国・県支出金)は82億9,700万円,68.2%を占めている。地方債は15億40百万円,12.6%を占めている。財政力の弱さを語っている(表52)。

昭和の合併の結末は以上のようなものだったので,平成の大合併に対しても,瀬戸内町内,とりわけ,旧西方村,旧実久村,旧鎮西村では反対が根強い。2003年3月実施された瀬戸内町の住民アンケート結果によれば,合併に否定的な意見を含む反対が65%にのぼり,賛成は条件つきを含めて34%にとどまった。特に,昭和の合併で役場を失ったか加計呂麻島では合併反対意見が根強かったという(『南日本新聞』2003年4月8日)。海を超えた市町村合併の問題点を顕現させている事例である。もちろん,市町村合併はデ・メリットばかりでなくメリットも多い。名瀬市に編入合併した旧三方村(上方,下方)はインフラ等の整備が進み,人口も増加し,生活環境は改善したといわれるが,古見地区では,地価格差,水利用等の問題で不満も多いという(南海日日新聞久岡記者談)。

---

143) 名瀬市議員・吉田慶喜の瀬戸内町財政担当者への公債費適正化計画について聞き取り調査によれば,「93年度に償還計画をたて,一般財源で93年度から96年度の4年間に10億76百万円を償還した。償還の原資は,交付税がなかったものとして,一般財源から毎年2億50百万円を留保して獲得した。特別交付税や地方債の支援は5年間で52百万円あっただけである。財政規模の1割相当の目標で歳入の確保と歳出の合理化を図る財政健全化はすすんでいない」という(吉田慶喜「奄美振興開発計画のもとで借金財政の苦悩(2)」『月刊街づくり8.6ニュース』第36号,1997年5月25日)。

いずれにせよ，市町村合併は，単に国や自治体の財政が苦しいからということだけではなく，地方分権，地域住民自治の拡充と地域社会の振興と活性化が図れるものでなければならない。

第10章　奄美の生産構造と域際収支の推移

はじめに

　高度に発達した資本主義経済のもとにおいては，社会的分業も高度に発達しており，いかなる地域や島嶼といえども他の地域との結びつきなくして存在することはできない。だが，資本主義の発展は，あらゆる地域の均衡的発展をもたらすのではなく，生産諸要素の偏在をつくりだし，地域の相互依存関係に歪みをもたらす。それゆえに，近年の政府の地域政策（地域計画）や都道府県・市町村の経済振興計画には必ずといってもいいほどに，「経済の自立化」が掲げられている。とはいっても，「経済の自立化」の意味・内容については必ずしも明確にされているわけではない。『広辞苑』によると，「自立」とは，①他の力によらず，自分の力で身を立てること，②他に属せず自立の地位に立つこと，となっており，「自立」は他と係わりなく存在する「孤立」とは意味を異にし，行動の規範的要素を含む「自律」とも区別されている。前述したように，資本主義経済は，社会的分業に基づく商品・貨幣経済を前提にしている。それゆえ，資本主義経済の構成部分をなすかぎり，「孤立」経済や「自律」経済はほとんど問題にならない。

　「沖縄経済の自立化」について労作を発表されている嘉数啓は，「経済的自立とは，経済的な支配＝従属・被支配関係を脱して，自らの力と知恵によって生計をたてること」と定義し，「自らの経済的運命を決定しうる経済的主体と他の経済的主体との関係」として捉えている。そして氏は，「世界くまなく結ばれた市場による相互の絡み合い，あるいは依存性は，異なる経済（圏）が弱い経済（圏）を収奪し，従属せしめる強力なメカニズムとしても作用している。世界規模にまで広がった市場経済の連鎖の中で，収奪・従属関係を止揚し，対等な相互依存関係を創り出すことが経済自立への課題である。」と述べている。

氏の論稿「沖縄経済自立への道」に示唆と刺激を受けつつ，沖縄と似た条件，いな，それよりもなお一層困難な条件下にある奄美の経済的自立について，氏とは違った分析視角に立って考察することにする。

1節　島嶼経済自立化の理論的枠組み—嘉数の「自立」論—

　南太平洋を中心に，沖縄を含めて島嶼経済（ミニ経済）について精力的に研究をされている嘉数は，自らの研究視角を次のように打ち出している。

　　かつて，『新沖縄文学』（第56号，1983年）誌上で，同氏の「沖縄経済自立への道」を中心に沖縄経済の自立論争をしたときに，平恒次教授から「沖縄とは，近代経済理論が通用しない未開社会である」という批判を頂いたことがある。だがしかし，「近代経済理論」の破産が宣告されてから久しいが，私の見るところ，その理論が部分的にも通用しうる所は「島嶼経済」においてである。なぜなら，「島嶼経済」はあらゆる市場の諸力の「吹き溜まり」になっており，近代経済理論が前提にする「小国の仮定」が現実性をもって適用しうる唯一の経済であるからだ。—私がここで試みているのは，「島嶼経済」の特質に基づく近代経済理論の「内在的批判」である。(引用文を簡略化した)[144]。

　嘉数は「島嶼経済」の分析手法として，近代経済理論によりながら「内在的批判」を試みている。同氏が島嶼経済の特質としてあげているのは，①資源の過少性，②市場の狭隘性，③モノカルチュア的輸出構造，④慢性的な貿易赤字，⑤規模の不経済性，⑥輸送コストの割高，⑦高い人口流動，⑧高い財政依存，⑨植民地の遺産，等である。そして，氏は，古典派のアダム・スミスの『国富論』の分業に関する理論から導きだされた，小国や島嶼経済にとって輸出貿易は「繁栄へのエンジン」であるという命題は，古典派，新古典派の経済学者のみならず，多くの経済発展論者に引き継がれてきて今日に至ってい

---

144)　嘉数啓著『島しょ経済』ひるぎ社，1986年，p.2.

る，と述べる[145]。氏の島嶼経済の理論モデルは，近代貿易理論家のG.ハーバラーの小国にとっての貿易は，「成長のエンジン」であるのみならず，「生存へのエンジン」でもある，という主張，つまり，「貿易は与えられた技術，資源の制約を超えて1人当りの実質所得を拡大することができる」という貿易理論に寄りかかりながら，近代貿易理論を修正したモデルを用いている。

曰く，「① 島嶼経済が貿易を通して資源を活用し，経済発展を成し遂げていく姿は，新古典派流の成熟しきった市場を前提とするモデルではほとんど説明できない。貿易によるダイナミックな発展経路をみるには，生産可能曲線の内側からスタートする必要がある。つまり，生産要素（資源）が不完全利用のため，現実の生産力が潜在的生産力よりも低い状態にある。② 輸出が経済成長，あるいは多様化へのエンジンであるとする「ステイプル理論（staple theory)」は，人口増とイノベーションの欠陥によって，ミニ島嶼経済では完全に破綻し，「生存的豊かさ」から「生存的貧困」へと陥落しつつある島嶼もある[146]。

交易条件と貿易収支に関する氏の見解は，新古典派の生産における可逆性（reversibility assumption）に反して，これまでエンジョイしている輸入物資の消費水準を落とさないために，逆に輸出財の生産を増やして交易条件の悪化をカバーしようとする行動が観察されている。いまもし，輸出財の生産を増加させることができず，輸入財のみが増えるとすれば，実質的な貿易赤字になり，経済危機を救うためには，外国の援助の受け入れ，移民送金，観光収入等でこの赤字を埋め合わせなければならない。─労働や資源が新古典派の理論通り「可逆」可能であれば，交易条件の悪化は当然，生存財の生産を刺激し，輸入消費財の削減につながるはずである。」とし，続いて，「島嶼経済の崩壊モデル」を示される。島嶼経済の崩壊モデルの1つは，再生産不可能な唯一の輸出資源が枯渇したときであり，もう1つのケース（モデル）は，交易条件の悪化が伝統的技術の喪失を伴って起こる場合である。これは伝統的な消費財を生産する生

---

[145] 嘉数前掲書，p.2.
[146] 同上。

存部門の技術が，経済の極端な輸出偏向と輸入品消費志向によって喪失し，その部門での生産能力の低下をみるためである。」と述べる[147]。

そして氏は，「島嶼経済の自立化への道」として，①対外収支アプローチ，②最低安全性基準アプローチ，③輸入品置換戦略，を提示され，①の対外収支アプローチの核心は，消費を生産の範囲内に抑えることを意味するが，これは，比較的資源の豊富な島嶼国では容易に実行可能であるが，超輸出偏向のミニ経済での実際的な意味は薄く，②の最低安全性基準アプローチは経済よりも安全の問題を優先する考えであり，③の輸入置換戦略は，最近に至って，輸出偏向型（export-biased），あるいは輸入代替型（import-replacement）の開発戦略が反省され，土着の資源と伝統的技術を活かした土着生産物による輸入品置換型（import-displacement）への転換として主張された戦略であると整理し，それぞれの問題点と課題を示されている。

嘉数は，前述したように，島嶼経済の自立化のモデルを沖縄に適用し，分析を試みられているので，そこに目を転じてみよう。

まず氏は，対外収支の視点から沖縄経済の自立度を捉えるという「自立収支」の概念を用いる。ここでの「自立収支」とは，「商品移輸出及びサービスの受取」から「商品移輸入及びサービスの支払」を差し引いたものであり，IMF国際収支表における「貿易収支＋貿易外収支」に相当する。「自立収支」は，自前の経済活動で得た県外からの収入でもってどの程度県外から生産物やサービスを購入しているかを示している。したがって，「自立収支」が黒字ということは，経済が他人の助けを借りずに十分な支払（自立）能力をもっていることを意味し，逆にそれが赤字だということは他人が稼いだ所得に依存していることを意味することから，自立していないということになる。

このような定義に基づいて，沖縄県の復帰後の「自立収支」を求めてみると，1952（昭和47）年度の約800億円の赤字が大幅に増加して80年度には実に3,600億円の赤字を記録するに至っている。経済の「自立度」（移輸出等の受取／移輸入等の支払×100）でみても過去10年近く60％台を記録して，まったく

---

147) 同上。

改善されていない。この自立概念からする限り，自立的発展を目指した「第1次沖縄振興計画」は完全な挫折に終わったといえる，というのである。

　この「自立収支」の莫大な赤字は，貯金（準備金）の取り崩しか，外部よりの借金か，あるいは新しい別収入でもって埋め合わさなければならない。別収入の太宗を占めるのが，財政純受取と軍関係受取である。これらの2つの「外生的受取」は，県民の自発的な経済循環の中から稼ぎ出されたものではないという意味で，「非自立的収入」といえる。これらの「外生的受取」は自立収支を大幅に上回って増加し，70年度には6,000億円強（自立収支赤字の約2倍）にも達している。「外生的受取」のなかでも財政純受取が8割強を占めており，他人からの収入でもって沖縄経済は「貯蓄」する余裕さえあるという[148]。

　沖縄県経済が他力依存経済を脱却して自立的発展を遂げるためには，沖縄の産業の発展を図らなければならない。いかなる産業の発展を図るかが問題になるわけであるが，嘉数は，「日本経済の一部としての高度に発展した市場経済を前提にするかぎり，沖縄のもつ経済的優位性は一体何であるかが最大の問題である」と述べ，「沖縄経済の戦前・戦後の経済発展は，沖縄のもつ相対的優位性を活用するという形で展開されてきているということに気づく。たとえば沖縄は本土のどの地域と比較してもサトウキビとパインの生産に適しており，これらの作物に特化して生活を支えるという考え方は，市場経済の下では当然の成り行きであった。砂糖，パインへの特化は，外部によって作られた，植民地経済によく見られるモノカルチュア的耕作形態であるとする議論がある。しかし，市場経済を前提として砂糖，パイン以外に有利に展開しうる商品があるわけではなかった。むしろ与えられた条件下で，市場のメリットを最大限生かした結果が砂糖，パインへの特化であったとみるべきである。その証拠に，税金等による植民地的収奪がなくなった戦後においても，砂糖，パインは沖縄の基幹産業であり続け，そのことは今日でも変わりはしない。もし，砂糖，パイン以外に市場が確保されて沖縄で有利に生産しうる生産物が出現したとしたら，

148）　嘉数啓「沖縄経済自立への道」『新沖縄文学』沖縄タイムス社，第56号，1983年，p.5.

数年もたたないうちに，われわれはサトウキビ・パイン畑をみることはないであろう。最近になって，野菜，花卉の生産が盛んになってきているのは，エネルギー価格の高騰もあって，これらの作物が沖縄で有利に生産できるようになったためである。このことは比較優位性の程度が，内外の条件の変化に応じて変化し，固定しているものではないということである。」[149]と，比較優位性の観点から沖縄の生産構造について氏の考えを展開している。

続いて，自立的発展の内部条件として，①人口と失業，②インフラストラクチュア，③市場の狭小性，④単位コストの高さ，⑤軍事基地の存在，⑥共同体的閉鎖性，をあげている。そして，沖縄経済の可能性として，①豊富な若年層労働力，②コバルトブルーの海と白砂のビーチ，③亜熱帯性気候・風土，④東南アジアへの近接性，⑤豊かな伝統文化，をあげ，沖縄の自立的発展のヴィジョンを描いている。その自立ヴィジョンとは，①ローカル産業重視型，②工業誘致型，③観光産業重視型，④自由貿易地域型（輸出加工型，輸入加工型，観光ショッピング型，トレードセンター型），⑤ローカル産業複合型，があるが，氏は，⑤のローカル産業複合型モデルを重視している。ローカル産業複合型モデル実現のための戦略として，①技術開発を最優先した開発の「有効継続」，②「自由貿易地域」の創設，③「幼稚産業の保護育成」，④生産における「地域間分業」，について考えることの必要性を主張される。そして最後に，ローカル産業複合発展モデルを実現するために解決すべき課題として，1つは，将来にわたって需要の増大が見込まれ，国内，海外をにらんだうえで，沖縄で競争的に供給しうるローカル生産物は何かを検討すること。2つは，増大する需要に対応しうるだけの供給体制（とくに原材料）がとれるかを検討すること。3つは，有望産業育成にむけての研究開発，生産，販売等の組織化をいかに推進するかを検討すること。4つは，県外市場の開拓である。

以上にみるように，嘉数の『島嶼経済論』及び「沖縄経済自立への道」で展開された島嶼経済の発展＝自立化は，広範かつ精巧なものであるが，いくつかの問題点も指摘されている。前出の平恒次は，「嘉数の所論のように，経済構

---

149) 嘉数前掲論文, p.20.

造，資源配分，経済成長，所得及び試算配分等々の経済的諸特徴において，沖縄経済は，学問としての経済学における正常な経済システムからの偏きが甚だしく，近代経済理論が適用できるのかはなはだ疑問である。」との主旨を述べ，経済理論面からの取り組みを避けておられる[150]。

　嘉数は，「現代では，A. スミスあるいは K. マルクスが分析の対象とした資本主義は過去のものとなったし，また，マルクスをはじめとする多くの思想家，政治家が讃美した社会主義国家の現実の姿は，決して市場経済よりベターであるとは言い難い。失業，インフレーション，公害，貧困は市場経済特有の病であるとするナイーブな議論は，いまや完全に否定されている。」[151]と述べ，マルクス理論には一顧だにされていない。確かに，マルクス理論に依拠した社会主義諸国は崩解・解体してしまったが，だからといって，マルクス理論のすべてが過去の遺物となってしまったわけではない。

　また氏は，沖縄のサトウキビやパインは比較優位に基づいたごく自然で，合理的であったといわれるが，それならばなぜ，市場経済を通じて沖縄は戦前・戦後を通じて経済発展（資本の蓄積）を図れなかったのであろうか。その疑問についても答えていないのである。そうでなければ，自由市場原理を前提にし，比較優位性の観点から沖縄が選択すべき産業として，氏が推奨するローカル複合型産業の発展も覚束（おぼつか）ないものになってしまうであろう。

2節　国民経済と地域経済—域際収支と経済自立化

　「自立」の概念はいろいろ解釈しうるが，ここでは嘉数に従って，対外収支の視点から捉えることにする。嘉数は，沖縄県の「自立収支」は年々赤字幅を拡大してきており，莫大な赤字は貯金（準備金）の取り崩しか，外部よりの借

---

150) 平恒次「沖縄経済の基本的不均衡と自立の困難—嘉数論文をどう読むか」『新沖縄文学』第56号, p.56.
151) 嘉数前掲論文, p.20.

生産力格差モデル

	農業	工業
奄美	2.0	2.0
本土	3.0	6.0
発展途上国	1.5	1.5

（数字は単位時間当り生産量）

金か，あるいは新しい別収入で埋め合わさなければならない，と述べるにとどまり，どうして自立収支が赤字になっていったのかについての分析はしておられない。もともと，氏の依拠する経済理論に従えば，交易においては，豊かな大国よりも貧しい小国の方が，相互需要＝供給能力に見合った需要が小さく，交易条件は有利になる。比較優位性に基づく沖縄のような小国のサトウキビ及びパイン産業は，大国への販売を通じて沖縄県経済に利益をもたらし，経済成長のエンジンとなる，というものである。氏自身は，沖縄経済の分析に近代経済理論そのものを適用しているのではなく，「近代経済理論の内在的批判」の上に立って分析を意図されているのであるが，比較優位性に基づいた交易は沖縄県経済になぜ，経済成長をもたらさなかったのであろうか，その点についての「内在的批判」の観点からの言及はなされていないのである。

以下において，筆者は生産力格差モデルを設定して上の問題について考察したい。ただし，沖縄県の代わりに，1つの地域として奄美を用いる。奄美も嘉数が分析の対象とされた沖縄県，あるいは沖縄県の先島諸島と似たような状況に置かれており，同じようなも問題を抱えている点で共通するものがある。

上のモデルにおいて，本土，奄美，発展途上国の農業及び工業の間には生産力格差が存在している。本土の農業の生産力水準を3.0とすれば，奄美のそれは2.0で，発展途上国のそれは1.5である。つまり，本土の農業の生産力は，奄美の1.5倍，発展途上国の2倍である。奄美の農業の生産性は発展途上国の約1.3倍である。工業における本土，奄美，発展途上国の生産性格差は農業におけるそれよりも大きく，奄美の工業の生産性は本土の1/3であり，発展途上国のそれは1/4である。奄美の工業の生産性は発展途上国の2倍であり，農業における生産性格差と同じである。本土からみれば，本土は奄美及び発展途上国に対して，農業及び工業において生産力の絶対的優位性を有しているが，工業において比較優位性を有し，農業において比較劣位性を有している。奄美からみれば，奄美は本土に対し，農業及び工業のいずれにおいても生産性は絶対的に劣位であるにもかかわらず，農業において比較優位性を有し，工業におい

て比較劣位性を有している。奄美は発展途上国に対しては，農業及び工業においてともに生産性の絶対的優位性を有しているが，農業及び工業の比較優位性は同じである。つまり，奄美の農業及び工業の生産力は発展途上国の農業及び工業の生産力の約1.3倍で，同じである。

　以上のようなモデルにおいて，国内及び国外との交易において自由貿易が行われていると仮定すれば，奄美は自ら工業製品を生産するよりも，比較優位の農業に生産資源を傾注して農産物の生産と移出を増やして，必要な工業製品を本土から移入した方が，お互い（奄美も本土も）より多くの利益を得るという。しかし，奄美の農業生産物は，発展途上国との農業の生産性格差以上に，両者の間の貨幣価値の格差（為替相場）が大きいために，為替レートによって換算した価格は発展途上国の農産物価格よりも高価となる。従って，本土の工業にとってのみならず，国民経済にとっても奄美の農産物ではなく，発展途上国から農産物を輸入した方が安上りで利益になる。このように，自由貿易の下においては，奄美の工業は本土との比較において不利な状況にあり，農業は発展途上国との競争において不利な状況におかれている。奄美の工業（大島紬以外にみるべき工業はないのだが）及び農業（中心はサトウキビ）は，このような不利な状況におかれているがゆえに，政府の保護策を必要としているのである。

　次に大国と小国の貿易を通ずる利益の配分についてみてみよう。

　嘉数は，相互需要説の立場からJ.S.ミルやG.ハーバラーの「豊かな大国よりも貧しい小国の方が貿易による利益は大きい」という命題を支持されていると思われるが，それならば氏は，貧しい沖縄（モデルでは奄美や発展途上国）は富める大国（モデルでは本土）との貿易でより大きな利益を収めて，富める国（本土）よりも急速な経済成長を遂げたと主張されるのであろうか。その点については，氏は見解を述べておられないようであるが，筆者の見解は次のとおりである。（上のモデルによりながら説明する）。

　　奄美と本土は同じ国民経済内にあって，同じ貨幣を使い，労働力，商品，サービス，資本の移動は自由であるにも係わらず，大きな生産力格差が存在している。発展途上国と奄美及び本土との関係は，国民経済を異にし，貨幣も異なるのみならず，労働力，商品，サービス，資本の移動にも制限

があり，生産力格差も大きい。奄美と本土との生産力格差は農業部門で1.5倍，工業部門で2倍であるが，農産物の供給において，奄美の生産条件が限界的であるとすれば（需要が供給を上回っており，奄美の農産物もぎりぎり市場に参入できる状況），農業の生産力は奄美のそれが社会的生産条件とみなされ，本土の農業の生産力は社会的平均以上の価値を生産するものとして評価される。工業においては，本土の生産力が社会的一般的な生産力とみなされ，奄美の工業の生産力は社会的平均以下の生産力とみなされ，奄美の2労働日は本土の1労働日に等しいものとして計算される。つまり，奄美の労働力の半分は価値を生産しない，無駄な労働として社会的に葬りさられてしまうのである。

このように，生産力の格差が存在することによって，不等労働量の交換が行われ，生産力の低い地域（国）は無駄な労働の放出を余儀なくされるのである。このような交換は単に不等労働量の交換にとどまるのか，それとも不等価交換であるのか，議論の分かれるところであるが，利潤を最高の目的としない農民にとっては，汗を流した労働が正当な評価（報酬）をうけえないということこそは大きな損失である。国民経済を異にする先進国と発展途上国の間の貿易においては，国民的生産力の格差，それと密接な関係をもつ国民的貨幣価値の相違などの存在によって，不等労働量の交換のみならず，不等価交換がしばしば行われているのである。ただし，自由な契約という形式によって行われている今日の貿易は，貨幣（為替相場）というヴェールに包まれているため，その本質は外観では把握しにくいのである。近代経済理論は，「貧しい小国は豊かな大国よりも貿易を通じてより大きな貿易利益を取得する」と説いたが，現実をみるとその逆ではないだろうか，と誰しも疑いたくなるであろう。事実，発展途上国は貿易を通じて資本蓄積，したがって経済発展をなかなか進めえないでいるのは，貿易によって富が流出しているためであろう。その損失を補填するために，先進国から発展途上国へODA援助が行われているのである。

次に相互需要説に基づいて農産物と工業製品はどのような比率で交換されるかをみてみよう。本土の工業家は本土内で農産物を入手しようとすれば，工業製品2でもって1の農産物を入手することができる。したがって，遠距離の奄

美から農産物を購入するとすれば，工業製品2に対して1以上の農産物が入手可能でなければ，わざわざ奄美の農産物を購入することはないであろう。奄美の場合，奄美内部で農産物を販売して工業製品を購入するとすれば，農産物1でもって工業製品1を購入できるのである。したがって，農産物1でもって1以上の工業製品が購入可能でなければ，本土から工業製品を購入しないであろう。

　以上のことをまとめてみると，① 奄美は農産物1に対して，本土との交易で工業製品1以上の交換が可能でなければ，交易の利益を収めないであろう。② 本土は工業製品2に対して，奄美との交易で農産物1以上の交換が可能でなければ，交易の利益を収めないであろう。この2つの条件を満たす交易とはいかなるものであろうか。それは，農産物と工業製品の交換比率が1対1以上で，1対2以下の範囲内で交換が行われることである。その交換比率が1対2に近ければ，奄美の利益が大きく，1対1に近ければ本土の利益が大きいのである。相互需要説によれば，貧しい小国は大国の供給する工業製品に対する需要は小さく，したがって，工業製品の価格に影響を及ぼさないが，豊かな大国は貧しい小国の供給する少量の農産物に対する需要が大きく，農産物価格を騰貴させるため，交換比率は小国に有利（貿易利益大）になるというのである。実際の交換比率は，種々の条件によって決まるのであるが，交換の範囲，バーゲニング・パワー等に決まるのであり，その点からいえば，貿易の利益は大国に大きく，小国に小さく配分されると考えるのが妥当であろう。なぜなら，大国は小国以外からも農産物を購入できるが，小国は大国以外から工業製品を購入できないからである。

3節　産業構造と移出入構造の変化

　明治初年から第2次世界大戦前の1935年頃までの奄美の農耕地の利用概況は，水稲，約4,000町歩，甘藷，約7,500町歩，麦，約1,500町歩，サトウキビ，約5,000町歩であった。この4つの作物の耕作栽培面積は全耕地面積の9

割を超えていた。米，甘藷，麦は島民の自給的な食糧であり，砂糖は商品として域外に移出された。域内で生産される米麦のみでは島民の需要を賄うことはできず，米麦を域外から移入するか，安価な甘藷を食糧にしなければならなかった。当時の資料によれば，米は正月や祝い事などの特別の日に食し，普段は甘藷を主食にしながら，砂糖，大島紬，カツオ節などの商品生産に励んでいたという。戦前の主要な産業といえば，農業と大島紬があるのみで，その所得で消費財の購入や租税，貯蓄などを賄わなければならなかったが，その過不足は移出と移入によってバランスさせていた。これを国民所得計算の式で表現すれば，

$$Y(所得) = C(消費) + S(貯蓄) + T(租税) + I(移入) - E(移出)$$

となる。戦前においては，消費と移入を抑制し，移出を増やすことに最大限の努力が払われたのである。その結果，移出入のバランスはほぼ黒字（移出超過）を記録することができたのである[152]。

戦中・戦後直後は食糧増産運動が展開されるとともに，砂糖の移出市場を喪失したために，水稲，麦，甘藷の作付面積は拡大し，サトウキビの作付面積は縮小した。食糧事情の改善によって甘藷作付面積は急速に減少し，サトウキビの作付面積は日本復帰とそれに伴う移出市場の回復，大型分蜜製糖工場の進出によって大幅に増加した。大型製糖工場の進出は，これまで農民によって行われていたサトウキビの栽培と製糖作業の兼営を分離し，農民を専業的サトウキビ栽培農家にするとともに，砂糖生産を従来の家内制手工業的な製糖技術から大工業的生産に移行せしめた。かくして，大型分蜜製糖工場は，サトウキビ栽培と砂糖生産の増加をもたらすことになったのである。それに加えて。1969（昭和44）年，米の生産調整開始とともに，水田はサトウキビ畑に転換され，85年には水田はほとんど姿を消してしまったのである。サトウキビの栽培は70年頃にほぼピークの1万1千町歩に達しており，水田や甘藷畑の減少した分は花卉や園芸の栽培か，あるいは休耕地化＝荒地化した状態にある。農業部

---

152) 奄美の移出入については，拙著『奄美近代経済社会論』晃洋書房，1988年，第18章で論じているので参照されたい。

門に相対的過剰な労働力が形成され、農業外の産業部門や域外への労働力の流出を促すことになった。

かくして、人口及び労働力構成、産業構造にも大きな変化が生じた。1955年頃からの日本経済の高度成長とともに、労働力の流出が続き、人口は55〜85年の30年間に25.5％も減少し、しかも労働力の高齢化が著しく進んだ。85年の産業別就業者構成は、第1次産業22％、第2次産業34％、第3次産業44％で、戦前に比べて第1次産業が大幅に減少し、第2次産業、とりわけ建設業が増え、第3次産業の増加も著しい。

戦後の経済的・社会的状況の変化とともに、移出入構造も大きく変化した。戦後の急速な本土化や食糧事情の変化、農業や経済構造の変化、外的資金の導入（国庫補助金等）によって、奄美の移入は急速に増加した。移出も増加したが、とても移入の増加には及ばず、1955年以降、移出入の収支は赤字を呈しており、しかも年々赤字幅は拡大している。残念ながら、戦後、移出入金額に関する貿易統計は存在しないので、『港湾統計』、『県民所得統計』、『物資流通調査』等によって、おおまかな移出入状況＝域際収支を把握しうるにすぎない。

『郡民所得統計』によれば、1967年の赤字額（商品、サービス取引）は、104億円であったが、1975年には341億円になり、84年には700億円、99年には1,108億円に達している。純移入額の郡民総支出（99年の郡民総支出額は3,430億円）に対する割合は、約32.3％である。嘉数に従って、「自立度」を求めてみると、67年の63％から75年には50％弱、85年には46％、99年には32.3％へと低下しており、「自立度」に関する限り、奄美は沖縄県（沖縄県は60％台）よりも高いということができる。この「自立収支」の大幅な赤字は、外部よりの借金や送金、新しい別の収入、財産や貯蓄の食い潰しによって賄われている。別収入の太宗をなすのが奄美特別措置法に基づく財政補填である。この財政補填だけで赤字の70％前後を占めている。1960年から85年に至る30年間にわたる累積入超額は約8千億円にのぼるが、そのうち約5千億円は奄美特別措置法によって補填されたのである。逆にいえば、奄美の経済的自立化をめざして投入された莫大な投資、あるいは補助金による資金のトランスファー（移転）は、雇用・所得創出効果、移出拡大効果を期待されたほど

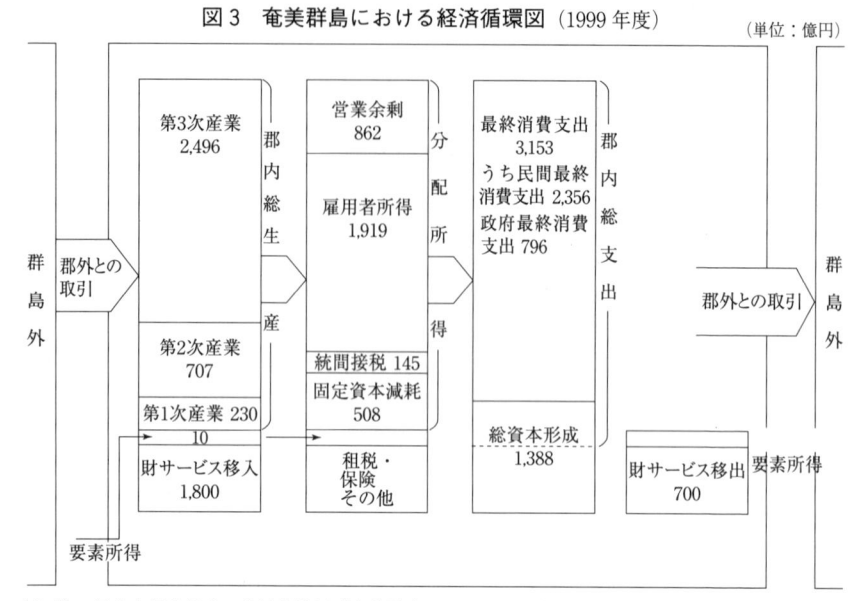

図3　奄美群島における経済循環図（1999年度）　　　（単位：億円）

```
群島外 ─┬─ 郡外との取引 ─→ ┌─────────┐ 郡内総生産 ─→ ┌─────────┐ 分配所得 ─→ ┌─────────┐ 郡内総支出 ─→ 郡外との取引 ─→ 群島外
        │                    │第3次産業 2,496│              │営業余剰 862  │              │最終消費支出 3,153│
        │                    │                │              │              │              │うち民間最終消費支出 2,356│
        │                    │                │              │雇用者所得 1,919│            │政府最終消費支出 796│
        │                    │第2次産業 707  │              │              │              │              │
        │                    │第1次産業 230  │              │純間接税 145 │              │              │
        │                    │         10    │              │固定資本減耗 508│            │総資本形成 1,388│
        │                    │財サービス移入 1,800│         │租税・保険その他│            │              │
        │                    └─────────┘              └─────────┘              └─────────┘
        │                                                                                    財サービス移出 700
        └── 要素所得 ────────────────────────────────────────────────→ 要素所得
```

（出典）　国土交通省都市・地域整備局『奄美群島における経済自立化調査報告書』2003年3月, p.14 より作成.

にはもたらさなかったのである。

　図3によって，奄美群島における経済循環を説明しよう。

　1999年度の奄美群島における総生産額は3,433億円で，これに郡外からの要素所得（純）10億円を加えた郡民総生産は3,443億となる。郡内総生産（＝付加価値）と分配所得となり，営業余剰862億円，雇用者所得1,919億円，純間接税145億円，固定資本減耗508億円から構成されている。郡内総支出は，最終消費支出3,153億円，うち民間最終消費2,356億円，政府最終消費796億円であり，総資本形成は1,388億円である。郡内総支出が郡内総生産を1,108億円上まわっており，それは，財貨サービスの移出から移入を差し引いた額に統計上の不突合を加えた額に等しい。つまり，郡内総支出のアンバランスは対外収支の不均衡によってバランスさせられているのである。財・サービスの移入超過は資金移入（政府の財政移転や借入）によって相税されていると考えられるのである。

これまでの投資がやがて生産力の増強をもたらし，移出の増加を通じて収支の均衡から黒字へと転換し，自立的発展の方向をたどるためには，これまでに投資され，建設された産業基盤を活用しつつ，生産，流通，消費の面において，さらに条件整備を進めていくことが必要である。そのためには，物資の流通や所得，財政・金融の流れがどうなっているのか具体的な分析が必要であるが，これは今後の課題としたい[153]。まずは，総生産，所得分配，総支出の概要を示しておくことにする。

むすび

資本主義経済（市場経済）は，生産要素（資本，労働力，技術，土地等）の合理的配分を通じて生産力の発展と利潤の最大化を図る。そのため，都市と農村，工業と農業の不均等は点により，生産力格差が生じる。特に，自然的，経済社会的にハンディキャップを背負った地域，島嶼が市場経済の中で経済的自立と経済発展をはかることは困難である。市場原理を優先させつつも，それによってもたらされた不均衡を是正するのが，政府や公的機関の役割である。だからといって，政府や公的機関の保護や援助があるからということで，経済自立や経済発展のための努力を怠っていいというのではない。沖縄県では経済自立化や経済発展あるいは沖縄にふさわしい経済の姿を求めていろいろな行動や施策・議論が展開されているようであるが，奄美ではそのような動きが立ち遅れているように思われる。島民の内発的なエネルギーこそが，経済自立化や経済発展あるいは望ましい経済社会の形成の原動力になりうるのである。

---

[153] 1999年度の奄美の税負担額は，国税138億84百万円，県税48億84百万円，市町村税99億57百万円，合計287億25百万円となるが，これに対して，1市13町村に国・県・市町村から配分された税金，交付金・補助金等の総額は951億31百万円である。それとは別に，奄美群島振興開発事業費882億52百万円が支出されている。両者を合計すると，1,833億83百万円で，奄美の財政収支は1,546億58百万円の受取超過である。

第11章　奄美経済の自立的発展の可能性

1節　島嶼経済社会の特徴

　島嶼は一般的に，隔海性，狭小性，資源過少性ということがいわれる。かつて，ロビンソー・クルソーはある無人島（川勝平太によれば，デフォーのこの作品の舞台はカリブ海のドバゴ島で，1719年に執筆されたという）に漂着し，永らくこの島に1人で生活していかなければならないかもしれないという状況のなかで，将来の生活設計を立てなければならなかった。さっそく，彼は難破船を隅々まで調べ，生活に役立つもの，つまり，小麦，鉄砲，火薬，木材，釘，金属類等を持ち帰った。まず，小麦は，日々生きていくための食糧として半分を使い，残りの半分は，来年の生産（収穫）のための播種に使った。鉄砲や火薬は狩猟や外敵から身を守るために使い，木材や釘・金属類で農耕や狩猟・漁労のための道具をつくった。彼は，難破船の材料（外来のもの）を用いて，無人島の土地や海や動植物（地域資源）を利用して生産を行い，生活を営んだのである。1人で何から何までしなければならないので，生産は多くなく，生活は決して楽ではなかったが，年々の生活は十分維持していくことができた。やがて，この島にフライデーがやってきた。フライデーは狩猟や漁労が得意だったので，彼に狩猟や漁労は任せて，ロビンソーは，得意な農耕に専念した。つまり，各人が得意な分野に仕事を専門特化したのである。その結果，農産物，狩猟・漁労の獲物はロビンソー1人の時の数倍になり，2人の生活はずっと楽になり，家や道具もより立派なものをこしらえることができた。これは，アダム・スミスのいう分業と協業による利益である。

　総じて，島嶼は，人間が生活していくうえで必要な物質的，文化的条件を十分に備えておらず，不足を補うために，外部に依存せざるを得ない側面をもつと同時に，常時，人間の最低限の生存を保障するために，自給自足体制を整え

ておかなければならないという側面を有している。そのことから，島嶼社会は，外部依存的であると同時に，自給自足的であるという二面性（開放性と閉鎖性）を合わせもっている。航海術や地理上の知識が乏しかった時代にあっても，必要な生活物資や情報を入手するために，危険を冒して未知の海を遠くまで航海した。他方においては，狭い閉ざされた社会なるがゆえに，人々は血縁または地縁で結びついて村社会をつくり，見知らぬものを排除する傾向が強い。村社会という組織が生活，生産，祝祭の１つの単位をなしていた。それゆえに，村社会から構成される島嶼では政治，経済，文化，祝祭等の要素が未分化の状態にあり，生産においても社会的分業が未発達で，生産効率は低い状態にある。K.ポランニーの言葉を借りれば，「経済は社会に埋め込まれ」ており，生産活動は純経済的原理（最小の費用で最大の利潤を上げるとか，合理性や効率性を追求するということ）に基づいて行われているのではないということである。やがて，蒸気船による航海が発達し，周囲の島々，あるいは遠方の地域とも容易に往来できるようになった。そのために，自分の島では比較的有利な生産物の生産に専念して，それと交換に生産困難なものは他の島から入手した方がよほど利益があることを知るようになった。これはリカードの比較生産費説と呼ばれるものである。

　近代国家や国民経済の形成とともに，島嶼にも皇民化政策と商品・労働力市場化政策が押し進められ，また，島民自身も自ら皇民と位置づけ，経済発展に積極的に関わってきた結果，資本主義の坩堝の中にしっかりとはめ込まれ，資本主義的精神をしっかりと身につけるにいたったのである。次第に，島々では，以前は生産していたものが生産（栽培）されなくなって，消滅してしまった。新しい文化や宗教も入ってきた。この島の伝統的な社会構造や文化，宗教等が混合・融合し，新たな社会，経済，文化が形成されたのである。

　島嶼といっても，面積，地形・地質，人口密度，資源の賦存状態，大陸や都市からの距離，緯度・経度などの違いがあり千差万別である。だが，共通して言えることは，島嶼は，各々海や大河で隔てられているために，人やモノやカネ，情報などの量が少ないこと，その移動が比較的困難であり，他とは違ったものをつくりだすということである。また，半面においては，狭小性，隔海性，

資源過少性からくる自然災害や飢餓，疫病など外部からの影響によって，短期間に急激な変化をきたすことも避けられないということである。前者の例として，伝統的な生業，民俗，文化，言語，宗教，固有の動植物種（例えば，ガラパゴス島の例）の存在をあげることができ，後者の例として，アフリカ大陸（奴隷狩り）や西インド諸島（スペインによる征服と略奪およびコロンブス等が持ち込んだ病原菌）における人口激減または無人化（長崎県の軍艦島や十島村の臥蛇島等），外来の文化や産業の流入による古きものの破壊または代替が行われた。例えば，1950年代後半の頃までは奄美諸島には多くの文化や伝統，言語，稀少動植物が残っており，九学会連合による調査等が行われたが，今では多くのものが消失してしまっている。つまり，島嶼は外部からの影響に対して非常に傷つきやすい（vulnerable）ということである[154]。

冒頭で述べたように，島嶼は，一般的に資源過少（土地，資本，労働力，資源）であり，島内の生産要素を利用して必要なものをすべて生産すること（自給自足）はほとんど不可能であるし，また賢明な方法でもない。他の島や地域と分業関係を形成し，相互に交換しあうのがお互いにとって利益あることである。伝統的な貿易理論によれば，「貿易は小国にとって成長のエンジンである」とか「貿易の利益は経済大国よりも小国に多く配分される」ということである。また，ある経済学者は「島嶼こそが市場経済原理が作用しやすい」と主張している[155]。だが，経済発展および貿易の発展につれ，島嶼は本土との経済格差を拡大しつつある。伝統的な貿易理論の教えるところと逆である。つまり，島嶼は，一般に本土との貿易およびサービスの取引において不利な立場に立たされているということができるのである。本土に比べて島嶼は，生産力お

---

[154] マルタ大学のリノ・ブリグリオ（Lino Briguglio）教授は，島嶼の経済的脆弱性（Economic Vulnerability Index）を開発しておられる。貿易依存度の高さ，エネルギーや水等の循環などから，島嶼は一般的に非常に脆弱であると主張している（An Economic Vulnerability Index and Small Island Developing States : Recent Literature, Alternative Economic Vulnerability Indexies for Developing Countries, 2001. 1. 19, 鹿児島大学多島圏研究センター研究会での報告のDiscussion Paperによる）。
[155] 嘉数啓著『島しょ経済論』ひるぎ社，1986年，p.2.

よび資本蓄積の量において，つまり競争力において劣っているからである。

とはいっても，島嶼は，大なり小なり，他地域との相互依存関係をもたなければ存続できない宿命にある。島嶼が自立的発展を遂げるためには，相互依存関係にありながら，いかにして互恵平等，機会均等の関係を築いていくかということにある[156]。

コラム8 東洋のガラパゴスと自然保護

ガラパゴス諸島は南米エクアドル海岸から西へ約1,000 Km，東太平洋の赤道直下に点在する大小15の島々からなる火山性の海洋島である。ビーグル号の博物学者として乗り込んだダーウィンは，1835年9月，ガラパゴス諸島に上陸し，ここでの動植物の観察によって，進化論のヒントを得たのである。ガラパゴス諸島には珍しい生物がたくさん生息している。その1つに「ガラパゴス」の語源になったゾウガメやオオトカゲ，ウミトカゲ，翼が退化して飛べなくなったコバネウ，アザラシ，アシカなどが住みついている不思議な島である。これらは，ガラパゴス諸島の固有種である。なぜ，大陸とは異なった固有種が存在するのか。あるいは，動植物が進化するのか，ダーウィンは大陸から隔絶された島での動植物の生き残りの術を考察したのである（『種の起源』1859年）。

南西諸島は約100万年前に大陸から離れて島になり，現在に至っている。アマミノクロウサギで有名な奄美諸島は沖縄島とともに，南西諸島地域では最も古くに大陸から切り離なされた陸塊で，陸地伝いにやってきた古型の遺存的な生物群が生き残り，また，隔離分布種や固有種が多い特殊な地域になっている。南西諸島とガラパゴス諸島の生物相の共通した特徴は，各々の大陸（中国大陸とアメリカ大陸）でごく普通に見られる生物群が欠けていたり，大陸で見られないような生物が見られること，各々の島ごとに種類が異なっていることであ

---

[156] 1964年，旧植民地から独立した発展途上国は結束して，先進国に対して戦後の新しい国際秩序の形成を求めて国連貿易開発会議を開催させ，国際経済面における処遇の改善（例えば，開発援助）を求め，ある程度実現された。

る。南西諸島の動物相は，遺存種型分布（東洋区系）と移動種型分布（旧北区からの移動）の特徴を示しているが，ガラパゴス諸島は遺存種型分布である（鮫島正道著『東洋のガラパゴス―奄美の自然と生き物たち―』南日本新聞社）。

　1880年8月，琉球諸島の奄美大島の動植物相を調査したL・ドーダーラインによれば，「奄美大島の植物相は種及び個体が非常に多い。あらゆるところは繁った植物相に支配されている。動物相はその島嶼的性格を認めざるをえない。大島には野生の哺乳動物がきわめて少ない。少し大型の動物としてイノシシとウサギだけがいるといわれている。大島と九州の間には，2つの大きな動物相の地域，すなわち旧北区と東洋区の境界線となっている。また，大島でもっとも目立つ，典型的な植物のいくつかが最北分布であるという事実によって，植物相の境界も一致するというもうひとつの重要な境界線を引くことができる。それはインド洋の海洋動物相と北部太平洋のそれを分けているこの線はリーフをなすサンゴの北の分布線に沿っている。これを東に延ばすと小笠原諸島の北を通るはずである」と述べている（ヨゼフ・クライナー，田畑千秋共訳『ドイツ人のみた明治の奄美』1992年）。

　南西諸島のつながりは，南から北へ，北から南へのヒトと文化の交流の道となり，日本の文化の基層を形成してきたと考えられている（鹿児島大学理学部地球環境科学科・堀田満他「南西諸島における自然環境の保全と人間活動」鹿児島大学全学合同プロジェクト「離島の豊かな発展のための学際的研究―離島学の構築―2001年3月）。島嶼という特殊な環境と亜熱帯気候の中で，そこにすむ生き物たちは独自の変化を遂げていった。大陸では既に絶滅した古い時代の生物が遺存し，あるいは島内で固有の種に進化したものも多い。哺乳類，鳥類，爬虫類，両性類で見ると，東洋のガラパゴスといわれる南西諸島（奄美群島）に生息する498種のうち96種類が固有種および固有亜種で19.27％を示し，ガラパゴス諸島では68種中，約20～25％が固有種または固有亜種であるといわれている。日本全国で，ここ数十年の間に20種類の植物が絶滅しているが，その半数の10種が南西諸島地域での絶滅である。鹿児島県で記録されている絶滅種4種はすべて奄美群島地域のものである。野生絶滅種も5種類のうち2種がこの地域で記録されている（堀田前掲報告書，p.21）。野生動物種の絶滅を懸

念されて，自然環境保護のために,「自然の権利」を主張して訴訟を起こしたネットワーク奄美は，棄却されたとはいえ，奄美の自然保護運動の展開において大きな役割を果たした[157]。いま，世界自然遺産候補地として注目を浴びるようになったのである。

2節　バランスを失った奄美経済

　1953（昭和28）年12月25日，奄美群島は8年間の米軍統治に別れを告げ，日本に復帰した。まもなく，あれから50周年。「本土並み」の旗を掲げ，荒廃からの脱却を目指した島々は装いを一変させた。原動力となったのは，「奄美群島特別措置法（奄振）」である。2004年3月で期限切れとなる同法のさらなる延長のための審議が進行中である。少なくとも50年間「特別措置法」の世話になることになる。その間につぎ込まれた事業費は，約1兆8千億円を超える。1998年度の郡民所得額2,800億円の6倍に相当する金額である。うち国費は約1兆2千億円で全体の70％を超える。このような巨額な資金を投じて公共投資を中心にした諸事業が実施されてきた。その結果，学校，道路，港湾，空港などの公共施設や産業・金融基盤の整備は著しい向上をみたものの，本土との経済格差は思うようには縮小せず，人や金の流出によって，奄美の経済力は相対的に低下してきた。そのままの趨勢で進むならば，将来においても明るい材料を見出すことは困難である[158]。

　国民総生産額は1955年の約10兆円から2000年には約500兆円と50倍に増加したが，奄美群島の総生産額は同期間中に約70億円から約3,100億円へと44倍増加したにすぎない。1人当りの郡民所得は1人当り国民所得に比較して上昇してきているが，それは，人口の減少と，政府の財政移転によるものであって，経済活動の発展によってのみもたらされたものではない。奄美経済は

---

157)　奄美の「自然の権利」訴訟に関しては，山田隆夫「奄美『自然の権利』訴訟控訴審判決」『水情報』Vol. 22., No. 4,（2002年），及び環境法研究会『資料』「いわゆる『アマミノクロウサギ訴訟』について（1)「第1審判決」『久留米大学法学』第42号（2001.12）参照されたい。

第11章 奄美経済の自立的発展の可能性

ますます，外部（政府財政）に依存の度合を強めつつある。

『南海日日新聞』は，1993年1月1日，「復帰40周年特集」を編集し，「『本土化』から『奄美化』へ」と題して，3つの省察を行っている。その1つは，「特別措置」に伴う差別意識とコンプレックスの形成を放置して，果たして自立の機運が醸成されるのか，というものである。これこそが「特別措置法（奄振）」不要論あるいは見直し論の強力な論拠となっている。いまこそ，郡民の主体性と自立志向が強く求められているのである。

前述したように，郡民総生産もそれ相応の増加をしたが，その増加率よりも，郡民総支出（消費や投資や送金）の増加率が大幅に上回ったため，域内生産だけでは消費財や投資財の供給をまかないきれず，域外（群島外）にその供給を仰がなければならなくなっている。しかも，域外に対する依存の度合は年々増加傾向にある。

鹿児島県統計課の『物資流通実態調査』（1993年）によると，県内の事業所

---

158) 戦後，国土計画の一環として，離島のハンデイキャップを解消して，本土との経済的格差是正，国土の均衡発展を図るため，離島振興法，奄美群島振興開発特別措置法が制定され，社会資本，産業基盤の整備がなされてきた。にもかかわらず奄美群島では他の離島に比較して，過疎化・高齢化が進展している。その最大の理由は，就業機会の欠如による人口流出であるが，その他の理由として，高校・大学への進学と医療体制の不備があげられる。近年，公共投資による「ハコモノ」からソフトへの投資転換の必要性がいわれているが，ヒューマン・ベイシック・ニーズである離島医療システムの拡充整備が必要である。『鹿児島県保健医療計画』（1997年10月）によれば，「本県は，多くの離島・僻地を抱えており，これらの地域は，全般的に医療供給の整備が遅れており，これに交通基盤の立ち遅れも手伝って，医療機関の利用が困難な地域が存在しており，無医地区37地区，無歯科医地区50地区となっている。また，住民の居住する28島嶼のうち18島が無医島であり，無医村も2村存在している。無医地区等については，僻地中核病院による内科を主体とした巡回診療を実施しており，特に不足している眼科，耳鼻咽喉科，皮膚科及び歯科については，県医師会，県歯科医師会及び鹿児島大学の協力を得て，離島を中心に巡回診療を実施した。」と述べている。その中でも離島医療システムの確立は最も必要性に迫られている問題であったが，2001年度から鹿児島大学医学部に離島医療講座が開設され，今後の活動が期待されているところである。

表53 郡民総支出（名目）の推移

(単位：百万円)

	1994	1995	1996	1998	1999	2000
民間最終消費支出	183,243	108,796	183,149	185,872	189,822	188,895
一般政府最終消費支出	109,358	115,378	121,356	128,375	130,752	134,940
郡内資本形成	131,630	150,844	155,807	145,815	143,779	138,629
純移出	▲103,168	▲112,118	▲116,794	▲103,565	▲105,520	▲102,049
郡内総支出	321,062	334,901	343,518	356,498	358,833	360,415

(出典)　鹿児島県大島支庁『奄美群島の概況』2002年度版，p.372.2002年度版は，1993年SNA改訂に伴って，1992年にさかのぼって，全面的に見直しを行っている。

が奄美群島から仕入れた物資の総額は326億円で，逆に，県内の事業所が奄美群島に出荷・販売した物資の総額は，1,194億円，奄美群島の域際収支は867億円の移入超過である。移入超過額はその後も増加傾向にある。1998年度の『奄美群島の概況』の郡民所得統計によれば，94年度の純移出額（財のみならずサービス取引も含む）は1,032億円，2000年度は1,020億円で，郡内総支出の32.1%と28.3%に達しているのである。政府最終消費支出も37%を占めている（表53）。

　移入超過の増加の原因は，移出の停滞にもかかわらず，移入が増加し続けていることである。そのことは，奄美群島の移出産業は衰退を示しているにもかかわらず，消費需要が高まっていることを示している。特に，名瀬港の場合，移入量は移出量の5倍を超えている。移入超過に対する支払いは，外部資金によって補填されている。移出産業あるいは域内供給産業の育成を図らなければならない。財（商品）の移入超過による支払いの他に，保険，医療，金融，教育，観光や業務のための経費など相当の金額が郡外に流出していることも見逃してはならない。

　独立した，そして自立的な国家や企業，家庭を想定するならば，年々の収入（生産）によって支出（消費や投資）をまかなっていくというのが原則であり，恒常的に支出が収入を上回るような経済運営はそのうちに破綻を来さざるをえないのである。破綻を来さないためには，収入を増加させる方策を講じるか，支出を削減する方策を講じなければならない。奄美も1つの自立した経済圏と考えるなら，あるいはそういう方向にもっていこうとするならば，消費水準を

第 11 章　奄美経済の自立的発展の可能性

維持しつつ、収入を増やす方策を積極的に講じなければならない。収入を増やす方法の1つとして、資本係数を低くすること、つまり、ソフト面を充実して、すでに存在する生産施設や産業基盤を有効に活用して、効率的な生産を行うこと、あるいは、収入の多くなる高価な生産物の生産・販売を行うこと、未利用の資源を活用する方策を講ずることである。

奄美の場合、既に相当の産業基盤、社会資本も整備されてきた。しかしながら、それらは十分に活用されているとは決していえない状態にある。そのためにも、人材の育成と地域資源の積極的活用を図る必要がある。1960年代半ば頃までの奄美群島は、海、山、田畑の産物といった地域資源に恵まれ、生活物資において自給率がかなり高く、自立的経済を営んでいた。しかしながら、その後の開発や運輸交通の便利化によって、本土からの商品が大量に移入され、地域資源の多くを消滅させてしまい、生活物資の自給率は著しく下がり、外部依存性が高まってしまった。そのため、域内での資金循環と経済の波及効果が小さく、資金が外部に漏出してしまう構造になっている。このようなことから、地域資源の再生と利活用が可能な地域産業の振興が必要である[159]。本土との所得格差に加え、生活保護率は他地域より依然高い。失業率も高い。そういう

---

159) 奄美の商店、ホテル、学校等で購入・需要される物質（食料・野菜・肉・魚介類、雑貨等）の多くは鹿児島や関西からの移入に依存しており、島内産はなかなか購入してもらえないという。本土産よりも島内産の値段は少々高くても島内産が受容されれば、それだけ貨幣は島内で循環し、商店も潤うことになる。

160) 筆者は、『南海日日新聞』の「奄振一法延長と奄美振興一鹿児島からの提言」の中で、具体的な提案として、以下のことを述べた。「奄美の人々はこれまで東京、大阪、神戸、鹿児島など、北の方に目を向けてきた。奄美群島は北はトカラ、熊毛、日本へと4つの列島につながり、南の方は沖縄、先島、台湾、フィリピン、アジア、中国へとつながっている。今後、広域的な視野をもって、人的・経済的なネットワークをつくる必要がある。日本は国際協力のために、年間100億ドル（約1兆2,000億円）を上回る政府開発援助（ODA）を発展途上国に供与している。そのうちの1％程度を使って、発展途上国の12歳から18歳くらいまでの児童生徒を気候風土の似た奄美で教育することで、国際協力に貢献するとともに、少子化、過疎化問題の解消にも寄与することができる。奄美には小・中・高校であいた教室がたくさんあり、自然や文化も豊かである。」

所に所得や雇用が及ぶような施設も必要である。高齢者が生きがいをもてるような社会参加や労働の場をつくることも必要である[160]。

経済環境の変化に伴って，奄美の経済活動も変化していかざるをえない――同じ競争の土俵に立とうとすれば――のであるが，奄美の経済活動は旧態依然の状況を脱しているとはいえない。ただし，経済合理性や効率性が優先する社会も行き詰まりをみせつつあるのである。奄美群島のような島嶼社会においては，開発と環境の調和，あるいは持続可能な循環型経済の構築が求められているといえよう[161]。

コラム9　奄美経済の進むべき道

「人智は，それが自然を支配しうるかのごとく思い上がった時，通例最も多く誤りを犯すものです。あれこれの土地，国々に，それぞれさまざまの生産物ができることは，各国が互いに助け合い，相互に必要品を供給すべしという神の思召しのしるしなのであります。ある国に，その土地に合わないような産物の栽培をさせようとしたり，その国民の一般的な性向にそわぬような製造業を導入しようと努めるのは，決して賢明なことであろうはずはありません。促成栽培でできた果実が立派そうにみえることがあるとしても，味がなくて身体に悪いのと同様，こうしたやりかたでデッチ上げられた産業は，決して国民的利

---

161)　筆者は，2000年4月5日付けの『南海日日新聞』で，「奄美の進むべき道」と題して，イギリスのチャールズ・ダベントの古典を引用したあと，「狭小で周囲を海に囲まれた奄美諸島は，大量生産，大量消費，大量廃棄型の資源浪費型，自然破壊的な経済システムは不向きである。限られた土地や生産資源を有効かつ永続的に利用可能にするためには，農林水産業，工業，観光のいずれも持続可能な循環型の経済システムをつくりださなければならない。21世紀は，大都市型経済の機能や魅力が低下し，地方分散型の産業及び農林水産業が見直され，生産性や効率性よりも公平性，健康とやすらぎが重視される社会が求められるであろう。奄美には将来ますます価値をもつ多くの自然をはじめとした財宝が残されている。そのときのために，稀少な生産資源を枯渇させることなく，むしろ価値を増加させるように努めることが必要である」と述べた（コラム参照）。

第11章　奄美経済の自立的発展の可能性

潤をもたらさないばかりか，社会にとっては害となるのです。」(チャールズ・ダヴェナント)。

近代以降，科学技術の発達によって人智は自然を支配しうると過信した結果，大惨事を引き起こしてきたことは周知の事実である。

さて，奄美群島は8つの島々からなっており，どの島も人々が生活していくのに十分なほどの生産資源に恵まれているとはいえない。そのために，太古の昔から，そして経済発展と生活水準の向上につれ，ますます多くの必要品を相互に交換するようになった。商品交換の基礎は社会的分業である。社会的分業は，各々の国または地域が優れた生産資源や技術を利用して比較優位な産業部門に特化することによって，生産力を増加させ，生産資源の節約を可能にし，社会的利益を生み出す。奄美の経済は果たして，比較優位の産業または生産資源を活用した社会的分業に基礎をおいたものであるといえるであろうか。大島紬やサトウキビは，かつては比較優位性をもっていたが，時代の変化とともに現在では比較優位性を失ってしまっている。新たな比較優位産業または生産資源を創出しなければ奄美経済は衰退を余儀なくされるであろう。奄美にとって比較優位の産業または生産資源とは何であろうか。それは亜熱帯性の気候風土，広大な遠浅のサンゴ礁の海岸，独特の歴史・文化に支えられたものであるだろう。あるいは，新たに外部から導入した産業または生産資源も比較優位性を確保できる可能性は存在する。それは簡単なことではないが，研究開発の必要がある。その際，冒頭のダヴェントの警告に耳を傾けることも必要である。

近年，「奄美経済の自立(律)」ということがよくいわれている。「自立(律)」とは，「他の力によらず自分で身を立てること」，または「外部からの制御から脱して，自身の立てた規範に従って行動すること」の意味であるが，「経済の自立」とは，他とは無関係に孤立して経済を営むということではない。経済は，人と人，地域と地域，国と国または各々の間の関係である。経済の自立化を図るためには，相互依存関係が高まっていくなかで，生産力を強化するとともに，相互依存関係のあり方を改善していく必要がある。これまでの中心部との上下の相互依存関係(垂直的依存関係)から，近隣のあるいは似たような条件の島々との横の連携(水平的依存関係)を強めていく必要がある。つま

り，互恵平等な相互依存のシステムをつくっていくということである。狭小で周囲を海に囲まれた奄美諸島は，大量生産，大量消費，大量廃棄型の資源浪費型で自然破壊的な経済システムは不向きである。限られた土地や生産資源を有効かつ永続的に利用可能にするためには，農林水産業にせよ，工業にせよ，観光産業にせよ，持続可能な循環型の経済システムを創り出さなければならない。21世紀は，大都市型経済の機能や魅力が低下し，地方分散型の産業及び農林水産業が見直されるであろう。奄美には将来ますます価値をもつ多くの自然をはじめとした財宝が残されている。その時のために，稀少な資源を枯渇させることなく，むしろ価値を増加させるように努める必要がある（拙稿『南海日日新聞』のちに『それぞれの奄美論・50―奄美21世紀への序奏―』南方新社，2001年所収）。

3節　経済環境の変化と奄美の産業

　奄美の気候風土に適した産業として，伝統と歴史を有し，今日まで基幹産業として奄美の経済を支えてきたのは，黒砂糖，百合根，大島紬である。しかしながら，この3つの基幹産業もいま大きな岐路に立たされている。というのは，気候風土は同じでも，両産業をめぐる経済社会的条件が大きく変化してきているからである。かつては，比較優位性または独占的供給者の地位を保持していたのが，経済の国際化や円高によって，外国の安価な輸入品が増加し，それらの産業を脅かしつつあるからである。

　奄美や沖縄の黒砂糖は，明治以降の外国産砂糖の輸入増加にもかかわらず，安価で重要な大衆的甘味資源としての地位を保持し続けてきた。大島紬や百合根は，明治20年代に奄美の主要な移出商品として広範に生産されるようになったが，それは，伝統的な技術と労働集約的な小規模企業または個人によって生産されてきた（このような条件のもとで生産されている本場大島紬は伝統工芸品に指定されている）。黒砂糖や大島紬が主要な奄美の移出品としての地位を保

持しえたのは，国民所得の増加に伴って，需要の増加があったことにもよるが，過剰な労働力と低い生活水準を基盤にした相対的に安い労働賃金と価格にあった。

　日本復帰後の昭和30年代以降，奄美の産業をめぐる状況は大きく変化してきた。過剰な労働力の本土への流出と，復興・振興事業による土木建設業や大型製糖工場の進出による雇用機会の増加，社会保障や政府の財政移転等によって，賃金や所得の上昇がおこった。所得向上につれ，奄美の消費水準も高まり，食料品をはじめ大量の物資が移入されるようになった。そのために，郡内の産業や農産物の多くが姿を消してしまった。だが，移出産業の分蜜糖と大島紬は，基幹産業としての地位を占め続けてきたが，1980年代以降，大きな試練に立たされている。新たな産業の創出が求められている。

　戦後50年間にわたる「奄美振興開発特別措置法」に基づく公共事業によるハードおよびソフト面における整備によって，かつては不利な条件下に置かれていた奄美群島にも新たな産業の可能性が生まれてきた。たとえば，港湾，空港，漁港，通信情報網，農地灌漑整備，道路網等の整備やバイオ技術の導入，ウリミバエの根絶，風土病の撲滅，金融利用の容易化など，産業振興の基礎的条件は改善されてきたのである。要は，いかにこれらの資源を活用して新しい産業の担い手となる人材をつくりだすかということである。奄美群島における新しい産業の胎動についていくつかの例をみることにしよう。

1) 沖永良部島における花卉園芸農業の展開

　沖永良部島（和泊町と知名町の2町からなり，周囲約50km，面積95 km^2，人口約1万5,000人）も他の奄美諸島と同様，昭和50年代半ば頃まではサトウキビ農業が圧倒的割合を占めていた。しかし，サトウキビ一本農業に対する先行き不安から，多角的農業経営の方向を模索した。同島は明治20年頃から，アメリカをはじめ欧米諸国にテッポウユリの球根を輸出してきたという伝統をもっている。しかも，世界に4ヵ国で栽培されているテッポウユリ球根のなかで，沖永良部島の早生品種は唯一で貴重なものであるという。ユリ栽培の長い伝統と技術を活かしつつ，亜熱帯性の気候を利用して，本土では露地栽培のできな

い年初から春先に出荷できる花卉園芸の振興に方向転換が図られてきた。つまり，フリージャ，グラジオラス，ユリ，などの球根や切り花およびバレーショ，石川サトイモ等の輸送野菜の出荷が開始されたのである。1975（昭和50）年度の和泊町の農業粗生産額は，21億27百万円であったが，83年度には36億61百円，87年度，59億84百万円，91年度には68億12百万円，97年度63億62百万円である。この20年間に農業粗生産額を3倍に増やしたのである。1989（平成元）年度の和泊町の農家1戸当り所得額は，約500万円で，農業粗生産額（約65億円）に占める割合をみてみると，花卉類43.3％，野菜類24.7％，サトウキビ18.1％，畜産13.1％となっている。花卉類，野菜類の生産額が，サトウキビの生産額を大幅に凌駕しているのである。

沖永良部花卉流通センターの前身である「えらぶ花卉園芸組合」が設立された1979（昭和54）年度には切り花類の出荷販売額は，約1億5千万円であった。その後，86年度には切り花出荷数量13,930本，販売金額7億65百万円と販売額において5倍に増加し，10年後の1990年度には19億62百万円と約13倍強の増加となった。沖永良部島の花卉類の出荷販売は，上記の沖永良部花卉流通センターの他に，「百合フリージャ生産組合」がユリやフリージャの球根を出荷販売しており，また，知名町の花卉類は主として知名町農業協同組合を通じて出荷販売されている。その他に，個人または団体が独自で出荷販売しているケースもある。沖永良部島全体では，切り花の生産販売額は約40億円に達した。農業協同組合を通して87年度に系統販売された切り花の出荷販売額だけをとってみても，県下96市町村のなかでは知名町が東の横綱，和泊町が西の横綱の番付をされるに至っている[162]。

花卉類，輸送野菜の場合，価格の変動や輸送コスト，連作障害，技術的問題，さらには，外国からの輸入の増大等，解決克服すべき問題が多く存在しているが，それらの問題を解決していくことで，新しい産業として定着させていく必要がある。そのためには，なお，研究開発の必要がある。名瀬，鹿児島，大阪，名古屋などの青果・花卉卸売市場を回ってみて，奄美の青果・花卉類に多くの

---

[162] 1987年8月17日付け『南海日日新聞』による。

第 11 章 奄美経済の自立的発展の可能性

表 54 鹿児島花卉卸市場における価格の変動

(単位：円)

	1/5	2/20	3/21	4/6	5/10	8/12	9/22	10/24	12/28
カーネーション赤	4,532	2,884	5,047	4,532	11,330	3,090	2,266	2,800	6,798
ユリ	5,665	3,090	4,944	4,120	2,844	11,330	5,665	5,150	5,665
キク（大）	12,360	9,064	12,360	14,729	16,995	8,240	20,600	14,729	10,712
グラジオラス	2,781	3,399	3,090	2,781	3,399	3,399	3,914	2,884	3,708
バラ	10,300	8,755	15,450	11,330	11,330	6,695	11,330	12,360	15,450

(出典)『南日本新聞』の市場情報による。 単位：カーネーション50本, キク100本, ユリ・グラジオラス20本, バラ50本の卸価格（円). 価格はその日の最高値を示している.

期待がかけられており，サトウキビ専業農業に代わる複合多角農業として有望である。ただ，輸送野菜や花卉類は，季節や出荷する時期によって価格の変動が非常に激しい。出荷先（市場）によっても価格の有利，不利がある。輸送野菜の場合には端境期や品不足の時期に価格が高騰し，花卉類の場合には，花の需要期，つまり彼岸や年始年末，卒業式・入学式の時期，結婚シーズン等に価格が暴騰する。表54は，1991年度の鹿児島花卸売市場における切り花の最高価格の動向を示したものである。バブル崩壊後は，花卉類の需要は伸び悩み，価格も低迷している。さらにそれに追い打ちをかけているのが，外国からの輸入野菜や花卉類の増加による競争の激化である。そのために，輸送野菜や花卉栽培農家も困難に直面している。

花にはその種類によって，需要がピークになる時期がある。たとえば，カーネーションは5月の第2日曜日・母の日の直前に最高値に達し，平常月の2～4倍になっている。ユリは9月のお盆前に，菊とグラジオラスは秋のお彼岸前に，バラは春のお彼岸に最高値に達している。最高値と最低値の間には相当の格差があることは明瞭である。切り花類の市場価格の動きは，このように，時期によって大幅な変動がみられるが，品質による価格の高低はなお一層大きなものがある。したがって，生産者が有利な価格で販売するためには，出荷の時期や品質の管理が重要である。

奄美の輸送野菜や切り花の場合，出荷の時期は本土産がまだ出荷できない早い時期に出荷できる有利性をもっているが，品質や量的な面でまだ改善の必要

性が指摘されている。沖永良部島では，バイオ研究所や種苗センターを中心にした技術指導や品種改良と，農協や花卉センターを通じて系統・共同販売や流通市場の開拓とともに，生産者の研修・研究によって技術を高め，ブランドを確立することによって，切り花の生産販売額は急増している。沖永良部花卉センターが1990（平成2）年度に取り扱った花卉類の販売額は19億62百万円で，グラジオラス4億64百万円，菊4億81百万円，ユリ3億99百万円で，この3つでサトウキビの販売額（11億73百万円）を上回っている。98年度の和泊町の農業粗生産額を品目別割合でみると，キクが19％（9億76百万円）で最も高く，次いでサトウキビの15％（7億39百万円）ユリ（切り花）の12％（6億4百万円），肉用牛の11％（5億68百万円）などの順となっており，花卉類を合計すると，27億93百万円で，全体の約6割を占めている[163]。サトウキビに代わって花卉類の生産が和泊町農業の中心的な位置を占めるに至っているといえるのである[164]。

　切り花の出荷販売額に対する生産者の手取額，つまり手取率も70％を超え，かなりの収益となっている。栽培期間も4ヵ月弱で，サトウキビの栽培期間18ヵ月に比べると，土地利用の効率も非常によい。耕地面積の狭小な奄美にとって，有利な作物ということができる。ただ，花卉類の栽培には，サトウキビに比べてきめ細かな管理が必要であり，その点で労働力の配分と灌漑施設，自然条件の管理が必要である。そのためには，人づくり，土づくり，基盤づくりが必要である。いま，沖永良部島の2つの町は，それらの課題に取り組んで

---

163) 九州農政局鹿児島統計情報事務所編集・鹿児島農林統計協会発行『かごしまの花卉―統計からみた花卉生産の動き―』2000年3月，p.56.
164) 和泊町及び知名町ではサトウキビに代わって花卉類や園芸作物の耕作が増加したために，サトウキビの生産量が減少し，製糖工場（株式会社南栄糖業）の経営採算ラインである5万3千トンのサトウキビが供給できず，経営危機に陥っている。5万3千トンを割った場合には，サトウキビ生産振興会から1トンにつき1万2,000円の補給金を出すということで，製糖工場の存続を図っているが，将来的に負担が重くのしかかることが懸念される。徳之島や喜界町でもサトウキビの生産量が減少傾向にあり，製糖工場の経営は厳しい状況にある。

第11章 奄美経済の自立的発展の可能性

表55 和泊町の花卉と輸送野菜の栽培面積及び販売額

(単位:ha, 百万円)

	1994		1996		1998		2003目標	
	面積	販売額	面積	販売額	面積	販売額	面積	販売額
グラジオラス	58.7	390	38.3	282	31.4	253	40.0	381
キク	68.4	1,081	79.6	1,338	82.7	1,534	120.0	2,430
ユリ	20.8	709	21.0	715	27.9	843	30.0	811
ソリダゴ	—	—	13.2	336	33.9	790	40.0	1,056
その他	4.8	120	10.4	137	2.8	80	17.2	279
花卉計	152.7	2,300	162.5	2,808	178.7	3,500	247.2	4,957
サトイモ	236.5	505	200.1	560	180.2	546	180.0	754
バレイショ	254.6	799	292.3	960	419.9	536	380.0	1,035
インゲン	11.9	106	6.5	53	6.0	29	5.0	55
その他		11		10		4		4
輸送野菜計	503.0	1,421	498.9	1,583	606.1	1,115	565.0	1,848
合　　計	655.7	3,721	661.4	4,391	784.8	4,615	812.2	6,805

(出典) 和泊町『第4次和泊町総合振興計画』1999年12月.

いるところである[165]。若者の新規就農者、農業後継者も増えている。

　1990年度以降、バブルの崩壊で、全国の花卉市場も伸び悩んでいる。96年度の切り花出荷本数57億56百万本をピークに98年度は56億20百万本に落ち込んでいる。98年度の全国の切り花類粗生産額は3,008億84百万円で、このうち、愛知県が467億54百万円(16%)と最も多く、次いで千葉県174億44百万円(6%)、長野県173億83百万(6%)の順となっており、鹿児島県は120億27百万円(4%)で、沖縄県に次ぐ全国7番目の生産県である。鹿

---

[165] 沖永良部島では、狭小な耕地面積を拡大し、整備するために、畑灌事業が展開されている。そのために、藪や石垣、防風林などが取り払われ、赤土の流出による海の汚染(珊瑚の死滅)が問題になっている。また、環境や水系保全の役割も担っていた水田がなくなり、耕地回転率が高く、農薬や化学肥料を多く利用し、農業廃棄物(ビニール類)を多く出す花卉・園芸類の栽培による環境破壊問題(地下水の汚染)も生じている。近年は、環境重視型農業に取り組んでいる。1996年度に和泊町国頭集落が、98年度には知名町正名集落が、農林水産祭村づくり部門の天皇杯を受賞し、沖永良部花卉センターが農業経営優秀賞を受賞した。

図4 切り花の出荷割合

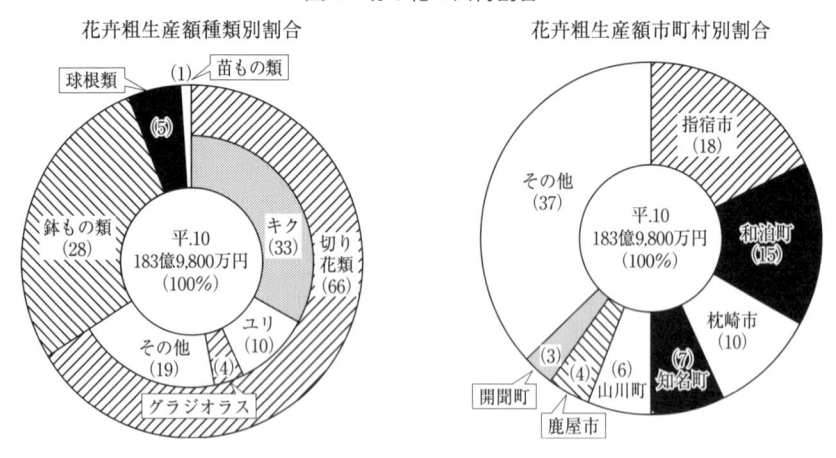

花卉粗生産額種類別割合　　　　花卉粗生産額市町村別割合

（左円グラフ）平.10　183億9,800万円（100％）
　球根類(5)、苗もの類(1)、キク(33)、切り花類(66)、ユリ(10)、グラジオラス(4)、その他(19)、鉢もの類(28)

（右円グラフ）平.10　183億9,800万円（100％）
　指宿市(18)、和泊町(15)、枕崎市(10)、知名町(7)、山川町(6)、鹿屋市(4)、開聞町(3)、その他(37)

（出典）九州農政局鹿児島統計情報事務所編集『かごしまの花卉』2000年3月．

児島県の花卉類の粗生産額は183億98百万円で，市町村別では指宿市33億55百万円（18％）が最も高く，次いで和泊町27億93百万円（15％），枕崎市18億10百万円（10％），知名町12億44百万円（7％），山川町11億24百万円などとなっている[166]。沖永良部花卉流通センターの2003年度の販売目標は49億57百万円である（図4）。

　決して生産資源に恵まれているとはいえない沖永良部島であるが，島民は，農業に熱心である。奄美群島で，いな，鹿児島県あるいは日本全国でも最もよく働くと言われている。グローバル化した市場で競争を展開していくためには，優れた経営感覚と技術が必要であるが，島嶼は経済的・環境的に脆弱であるということも十分認識しておく必要がある。かつては，牛，豚，ニワトリ等の糞尿やサトウキビの葉やススキ，ソテツ葉を堆肥として使用していたが，高度経済成長期以降，化学肥料や農薬への依存度が高まり，土壌の汚染・劣化，地下水や海洋汚染，農業生産性の低下を招いた。そのため，沖永良部島農業の振興策として，人づくりとともに，土づくりを強力に推進し，持続的発展の可能な

166）　前掲『かごしまの花卉―統計からみた花卉栽培の動き』。

循環型農業への取り組みが行われている[167]。

2) ウリミバエの根絶と亜熱帯果樹農業の有望性

長い間，奄美農業の阻害要因となっていた，ウリミバエが，1985年に喜界島での根絶宣言をはじめに，87年12月に大島本島，89年11月に徳之島，沖永良部島，与論島で根絶宣言がなされ，奄美群島全域からウリミバエが根絶された。これで奄美群島から果実類や野菜類の本土向け出荷が自由になり，新たな亜熱帯果樹農業の展開が可能になった[168]。

亜熱帯性の有利な気候を活かした，メロン，タンカン，ポンカン，スモモ，ビワを重点品目として大島本島，徳之島の山間を中心にして生産振興が図られ

---

[167] 西澤栄一郎等のグループは沖永良部島の水，土地利用，食生活等の側面から「自足型社会」の構築を目指した研究を行っている（『島嶼研究』創刊号，2000年3月）を参照されたい。

[168] 沖縄県農業試験場病虫害部キビ害虫研究室の長嶺将昭室長らは，キビの新芽などを食い荒らしている害虫・カンシャクシコメツキ（ハリガネムシ）のティッシュペーパー採卵法を1980年に確立し，室内で飼育，濾紙に男性ホルモンを吸着させ，それから，分離・濃縮などを経て，83年には性フェロモンの抽出，開発に成功した。84年度から読谷村内で野外誘殺試験を行い，結果は，「一晩でタライが真っ黒になるほどハリガネムシが飛び込んできた」という。この方法で，2年で害虫の数は半減し，10年で3％台まで減少したという（琉球新報政経部編『沖縄農業の最先端』1988, p.15）。奄美では，ウリミバエのオスに放射線をあてて無精化し，メスと交尾しても不胎化することによって，数年かけてウリミバエを絶滅に成功した（栄政文著『奄美の害虫』）。

[169] 1989（平成元）年11月，奄美群島全域からのウリミバエ根絶を機に，県大島支庁は，奄美群島の新しい農業地図ともいうべき「奄美地域農業の展開イメージ図」を策定した。それによると，地域の特性に合わせ，群島を ① 消費地に直結した農業（大島北部と喜界島），② 山間傾斜地を生かしたゾーン（大島南部），③ 水利を生かした土地利用型農業ゾーン（徳之島），④ 先端技術を生かした園芸ゾーン（沖永良部島，与論島），にわけ，それぞれ重点品目，振興作目を掲げた。各ゾーンともサトウキビを基幹にしながらも，メロン，ビワ，ソラマメ，インゲン，ミョウガなど比較的新しい品目の栽培を推進し，高度農業をめざすというものである（『南海日日新聞』1989年11月17日）。

表 56 果樹生産の推移

(単位：ha, トン, 1万円)

種類		1986	1988	1989	1994	1997	2000	2001
タンカン	面積	165	171	179	243	285	300	304
	生産量	574	727	677	1,053	1,360	1,465	1,623
	生産額	19,168	22,166	19,866	39,963	45,491	48,133	52,071
ポンカン	面積	116	105	111	113	111	113	108
	生産量	500	491	540	594	700	597	544
	生産額	15,375	15,225	17,142	20,945	21,681	16,310	16,156
スモモ	面積	146	137	141	105	99	95	95
	生産量	699	351	715	491	644	376	371
	生産額	19,895	13,390	20,334	17,172	19,821	12,138	11,101
ビワ	面積	84	119	121	54	34	17	15
	生産量	30	97	143	102	45	21	18
	生産額	3,822	13,445	18,675	14,322	5,064	2,608	2,166
その他	面積	121	181	210	167	144	145	121
	生産量	521	1,083	1,923	1,341	716	701	611
	生産額	11,322	29,963	54,672	44,696	37,499	42,367	41,216
計	面積	632	713	762	682	672	13,473	13,124
	生産量	2,324	2,749	3,700	3,582	3,465	3,160	3,167
	生産額	69,582	94,188	130,688	137,098	129,556	121,556	122,709

（出典）大島支庁『奄美群島の概況』,『奄美農業の動向』各年度版より.

ている[169]（表56）。

　ポストウリミに備えて，1985年頃から果樹生産が行われるようになったが，まだ，単一果樹で5億円の出荷・販売の実績を上げているものはない[170]。技術的・質的問題等解決すべき問題が累積していると言わなければならない。冨永茂人（鹿児島大学農学部）によると，「奄美地域は熊毛地域に比べて平均気候が高いこと，日照時間がいくぶん短いことなどが原因でポンカンは果実糖度が

---

170) 復帰当時，奄美の農業について，熱帯果樹の導入による振興策があげられたが，結局，転換・定着せず，サトウキビ農業に落ち着いた。その理由として，狭い耕地と，台風，ハブの存在を考える時，単に亜熱帯の気象条件だけが頼りでは，どうにもならなかったとみるべきだろう，と指摘されている（向井武勇「島の農業転換の難しさ」『道の島通信』No.3, 1974.9.15）。

表57 輸送野菜・花卉類の生産額及び作付面積の推移

		1980	1985	1989	1994	2000	2001
石川サトイモ	単価	614	348	383	410	361	374
	生産量	1,977	2,773	4,887	6,037	2,955	2,704
	生産額	1,214	965	1,872	2,477	1,068	1,011
	面積	256	408	444	712	337	302
バレーショ	単価	308	208	166	219	164	132
	生産量	3,644	9,667	9,798	10,963	20,561	21,991
	生産額	1,122	2,011	1,612	2,404	3,374	2,899
	面積	302	849	834	1,058	1,614	1,556
インゲン	単価	669	764	1,072	875	782	818
	生産量	95	375	514	659	261	269
	生産額	64	287	551	577	204	220
	面積	20	43	48	85	27	27
グラジオラス（切花）	単価	53	56	55	71	67	89
	生産量	4,518	10,064	20,514	16,530	10,515	10,865
	生産額	240	567	1,135	1,177	710	625
	面積	28	63	134	124	87	80
ユリ（切花）	単価	74	78	109	153	113	102
	生産量	2,043	3,408	6,885	8,323	9,234	10,701
	生産額	152	266	750	1,278	1,047	1,094
	面積	6	10	23	30	34	38
キク（切花）	単価	44	42	44	40	40	34
	生産量	90	5,951	25,753	49,336	50,632	53,595
	生産額	4	249	1,133	1,995	2,018	1,822
	面積	0	16	79	125	136	130
ユリ（球根）	単価	27	27	34	35	31	29
	生産量	45,754	45,368	32,788	26,966	15,400	15,036
	生産額	1,245	1,222	1,014	965	482	451
	面積	305	260	144	164	82	80

（出典）大島支庁『奄美群島の概況』各年度版より。
（注）単位は単価：円，生産量：トン，生産額：百万円，面積：ヘクタール．

低いため主に島内需要がほとんどで，栽培面積はおおよそ100 ha である。それに対して，開花から収穫までの果実の発育期間が長いタンカンは奄美地域の

冬季温暖な気候を活かして大果で高品質果実の生産が可能であるために，栽培面積は年々増加し，1998年度には297 haとなっている。カンキツ類以外では，スモモの栽培が多いが，食味等の点からその栽培面積は年々減少している。ビワは83年から栽培が始まり，その早熟性と良好な食味から市場評価が高く，90年度には栽培面積が100 haを超えたが，その後はヒビ果や腐敗果の多発生により急減している。一方，パッション・フルーツ，マンゴー，アテモヤなどはいわゆるトロピカル・フルーツとして生産気運が高まり，栽培面積は年々増加している」ということであり，問題点として，「既存の果樹類については，改善策を施すとともに，新規のトロピカル・フルーツについては，奄美地域の立地条件を極めて有利に生かせるために，今後は既存のトロピカル・フルーツの産地化と高品質果実の多収穫技術の確立を図るとともに，新規種類の導入と試作を行い，適地での栽培に応用していく必要があるものと思われる」と指摘している[171]。タンカン，スモモについては，県下一の生産量を誇るに至っている。その他のトロピカル・フルーツについても早出しが可能なので，高価格で販売できフライト便でも十分採算がとれるのである[172]。

---

171) 冨永茂人「鹿児島県島嶼域の果樹農業」鹿児島大学多島圏研究センター第3回「多島域における小島嶼の自立性」コロキウム報告要旨（2001.02.19）。

172) 奄美航路の航空運賃はとにかく高い。鹿児島―東京間の航空運賃は普通片道運賃3万円であるが，早割1万8,800円，ホテルパック（往復運賃＋ホテル1泊）で約3万6,000円，鹿児島―大阪間の普通片道運賃は2万600円，早割1万2,800円，ホテルパックで約3万2,000円である。これに対し，鹿児島―与論島・沖永良部島間の普通片道運賃は2万6,600円，離島マル得2万3,900円である。ホテルパックがないので，ホテル代（1泊）を含めると約5万円は下らない。東京・大阪から沖永良部島・与論島への旅客は東京・大阪から沖縄経由で沖永良部・与論島に渡るのが割安となる。羽田―那覇間の航空機燃料税はこれまでの3/4から1/2に軽減された（02年度限り）。沖縄から本土の端境期には花や野菜を航空機（ジェット）で運送しても採算がとれるが，奄美群島では非常に割高となる。離島航路，奄美航路の運賃引き下げが，産業，観光の振興にとって必要である。

む　す　び

　島嶼は相対的に外部からのインパクトに対して脆弱である。自然災害，疫病，環境，経済，文化，宗教，思想等において，外部からの影響は，島社会の存続に決定的な影響を及ぼすこともしばしばである。また，島嶼は狭小なるがゆえに，生産および生活のための資源が不足しており，1つの島嶼のみで自給自足はほとんど不可能である。したがって，外部に依存しなければならない。財や資金のみならず，就業機会や情報も外部に大きく依存している。長嶋俊介も指摘しているように，島嶼においては一般に飢餓，疾病，災害，困窮等に見舞われた時には，相互扶助制度によって救済のシステムが存在しているのである[173]。島嶼と外部世界は，公平・対等の関係，つまり対称的ではなく非対称的関係にある。したがって，島嶼の多くは現状においては決して自立的とはいえない状態にある。経済の発展や情報化の進展に伴って，ますますその傾向は強まる方向にある。

　いま，その方向性の打破が求められている。1つの方策は，できるだけ地域資源を活用して産業を育成し，資源や資金の域内循環の量や回数を増やすことである。2つ目の方策は，比較優位産業を創造し，専門特化していくことである。ただし，比較優位産業はたえず他との競争に晒（さら）されているために，絶えざる革新（イノベーション）が必要であり，豊かな，優れた資金・情報・人材が必要である。3つ目の方策は，島嶼と外部世界の非対称的な関係を是正することである。外部（政府や県）に島嶼の独自性（地方分権）を認めさせるとともに，市町村広域連合や島嶼連合等を結成して，政治的・経済的力量を高めることである。また，奄美群島のような広大な海域を有する島嶼地域は，ボーダーレス化・グローバル化の進展につれて，陸地域におけるよりも一層広範域にわ

---

173)　長嶋俊介「島における困窮者救済のシステム—特に宇々島の事例を中心として—」『太平洋学会誌』第62号，1994年6月。

たって，外部（国内及び外国）との包括的な文化的・政治的・経済的関係が成立する可能性がある。グローバル化時代における奄美のグランド・デザインとそれへの対応策を講じておく必要がある。

終　章　奄美における少子・高齢・長寿と医療福祉

は じ め に

　沖縄県は，長寿王国といわれる。毎年，9月15日の敬老の日を前にして厚生省から公表される都道府県別の長寿番付（1991年以降）で沖縄県は4年連続第1位である。2002年度の発表によると，100歳以上の人は全国で1万7934人，人口10万人当り14.09人に対し，都道府県別で1位の沖縄県は39.50人で，全国平均の2.8倍である。ところが，沖縄県の男性の平均寿命は，全国都道府県の中で，20位前後の位置にあるという[174]。同じようなことが奄美にも該当する。2003年1月に開催された大島郡南部3島（徳之島，沖永良部島，与論島）6町（徳之島町，天城町，伊仙町，和泊町，知名町・与論町）を所管する徳之島保健所運営協議会で，「奄美は長寿の島と聞かされ，平均寿命も高いとばかり思っていた。しかしながら，女性はともかく，男性の平均寿命が軒並み全国平均や鹿児島県の平均に比べて低い。なぜ，そうなのか，原因究明と対策を検討してほしい。」との質問と要望が出された[175]。

　徳之島保健所担当官によれば，「90歳以上の長寿者が多いことから長寿の島と言われるのだろうが，必ずしも長寿とはいえない。」とし，「平均寿命をどこ

---

[174] 2003年3月，厚生労働省が初めて発表した市町村別平均寿命によると，女性の平均寿命が最も長い市長村は沖縄県豊見城村の89.2歳である。上位10位までの中に沖縄県の市町村が4つ入っており，長寿を裏づけているが，男性の1位は岐阜県和良村の80.6歳である。10位までに沖縄県の市町村は1つも入っていない（『読売新聞』2003年3月26日）。

[175] 中山朋之記者の2003年1月『南日本新聞』の「記者の目」による。前掲の厚生労働省の資料によると，鹿児島県市町村で男性の平均寿命が最も長いのは始良町の78.4歳で，女性は与論町の86.3歳である。逆に，最も短いのは，男性は龍郷町の74.6歳，女性は串木野市の83.2歳である（『南日本新聞』2003年3月26日）。

表58 男女別の平均寿命の推移

	男性	女性
1891–98	42.8	39.8
1921–25	42.06	43.20
47	50.06	53.96
50	58.0	61.5
53	61.9	65.7
60	65.32	70.19
65	67.74	72.92
70	69.31	74.66
75	71.73	76.89
80	73.35	78.67
85	74.78	80.48
90	75.92	81.90
95	76.38	82.85
2000	77.72	84.60

(出典) 岡山県保健福祉部資料，2002年2月．

でみるかが難しい。ゼロ歳でみると確かに短命である。だが，65歳以上の平均余命でみるとそこそこに高い。与論町の男性の平均寿命は全国比マイナス3.4歳，和泊町はマイナス0.8歳である。推測される原因としては，肥満が多く，糖尿病を要因とする動脈硬化による死亡が多いこと」と説明している[176]。

奄美は，沖縄県を抜いて日本一の長寿王国である。この10年間のうちに，2人の世界一の長寿者（泉重千代と本郷かまと）を輩出している。だが，奄美は長寿王国であるとともに高齢社会でもあるが，男性の平均寿命は全国平均や鹿児島県平均よりも低いという[177]。他方においては，合計特殊出生率は全国市町村の中で，奄美の市町村が上位6位までを占めている。本稿では，まず，奄美諸島の長寿・少子化の実態を歴史的・統計的に把握することを目的にしている。長寿・高齢の島にもかかわらず，平均寿命が

---

[176] 同前。名瀬市の奄美看護福祉専門学校が，長寿者が多い割には痴ほう老人が比較的少ない奄美の状況を名瀬市小湊地区をモデルに，自然，文化面から調査研究した結果によれば，「体を動かしながら歌う島唄，疲れを取る黒糖，健康保持に効果のある薬草が長寿高齢者の増加，痴ほう高齢者の低出現率に影響を与えている」と報告している（『南海日日新聞』2001年1月27日）。また，筆者が2003年4月12〜13日に放送大学鹿児島学習センターの面接授業で奄美の長寿と平均寿命の問題について論じ，学生にレポートを提出させたところ，奄美で生活した人たちの多くの意見は，「男性の平均寿命が短いのは，日中暑い中で重労働し，夜は黒糖焼酎をかなり飲まれるため，糖尿病，高血圧症，心筋梗塞などの生活習慣病に罹りやすく，40〜60歳の頃に亡くなる人が多いためである。女性の平均寿命が長いのは，こせこせしないため，ストレスが溜まらず，適度に黒糖焼酎を飲んで，シマ唄をうたい，楽しくのんびり過ごしていることによるものである」との内容のものが多かった。

終章　奄美における少子・高齢・長寿と医療福祉

低い原因についての考察及び保健医療等の問題については，本プロジェクトの医療保健研究グループの協力を得て，後日行うことにする。

1節　総人口に占める長寿高齢者の推移

　表58は，1891年以降の日本の平均寿命の推移を示したものである。

　1891（明治24）〜98年の日本の平均寿命は，男性42.8歳，女性39.8歳である。男性の平均寿命が女性の平均寿命よりも3歳長いのである。それはいうまでもなく，医療保健施設や技術の未発達が妊娠・出産を伴う女性の寿命を短くしていたのである。女性の平均寿命が男性を上回るようになったのは大正時代に入ってからであり，男女とも平均寿命が50歳を超えたのは第2次世界大戦後である。

　表58にみるように，戦後，男性及び女性の平均寿命は年々延びて，53年には男女とも60歳を超え，70歳を超えたのは1971年である。戦後の50年間で，男性は27.66年，女性は30.64年延びた。2000年の平均寿命は男性77.72歳，

表59　奄美の出生率及び死亡率の推移

	1955	1975	2000
総人口	205,364(100.0)	155,879(100.0)	132,315(100.0)
出生者数（率）	3,461(16.8)	2,289(14.6)	1,317(10.0)
死亡者数（率）	2,385(11.6)	1,486(9.5)	1,504(11.4)
1歳未満死亡者数（率）	150(6.29)	41(2.76)	8(0.53)

（出典）　大島支庁『奄美群島の概況』各年度版．
（注）　出生率，死亡率は‰，1歳未満の死亡率は％で示してある．

---

177)　厚生労働省の市町村別の平均寿命によれば，奄美群島の1市10町3村のうち，男性の全国平均寿命〔77.7歳〕を上回っている市町村は1つもなく，女性の場合には全国平均〔84.5歳〕を下回っているのは伊仙町と知名町のみで，あとの1市8町3村は上回っている。

表60　奄美及び鹿児島県の65歳以上人口の推移

(単位：人，%)

	65～74		75～84		85-89歳		90歳以上		合　計	
	奄美	鹿児島県	奄美	鹿児島県	奄美	鹿児島県	奄美	鹿児島県	奄美	鹿児島県
1910	6,879 (3.5)	51,227 (3.9)	2,209 (1.1)	18,840 (1.4)	494 (0.3)	2,963 (0.22)	53 (0.003)	1,604 (0.12)	9,635 (4.90)	74,634 (5.64)
15	8,338 (3.9)	59,594 (3.8)	2,769 (1.3)	21,839 (1.4)	633 (0.3)	3,252 (0.21)	91 (0.043)	1,662 (0.10)	11,831 (5.54)	86,347 (5.57)
19	7,807 (3.4)	62,679 (4.0)	3,307 (1.5)	23,550 (1.5)	704 (0.3)	3,184 (0.21)	158 (0.07)	1,977 (0.13)	11,976 (5.27)	91,390 (5.90)
55	11,794 (6.0)	85,186 (4.2)	4,981 (2.5)	36,639 (1.8)	765 (0.4)	4,492 (0.2)	17 (0.009)	78 (0.004)	17,557 (8.91)	126,395 (6.20)
65	11,751 (6.3)	104,823 (5.7)	5,685 (3.1)	43,748 (2.4)	1,128 (0.6)	8,364 (0.5)	37 (0.02)	181 (0.01)	18,601 (10.0)	157,116 (8.61)
75	11,880 (7.6)	128,285 (7.4)	6,682 (4.3)	59,194 (3.4)	1,612 (1.0)	10,925 (0.6)	78 (0.05)	366 (0.02)	20,252 (13.0)	198,770 (11.4)
85	13,813 (9.0)	156,539 (8.6)	7,907 (5.2)	82,094 (4.5)	2,480 (1.6)	18,202 (1.0)	168 (0.1)	803 (0.04)	24,368 (15.9)	257,638 (14.1)
95	15,461 (10.8)	177,194 (9.9)	8,942 (6.3)	96,759 (5.4)	2,730 (1.9)	23,758 (1.3)	278 (0.2)	1,193 (0.07)	27,411 (19.2)	298,904 (16.7)
2000	17,979 (13.6)	226,032 (12.7)	11,761 (8.9)	132,916 (7.4)	4,046 (3.1)	41,358 (2.3)	403 (0.3)	2,934 (0.16)	34,189 (25.9)	403,240 (22.6)

(出典) 戦前については『大島郡統計書』，『鹿児島県統計書』，戦後については大島支庁『奄美群島の概況』，鹿児島県『鹿児島県統計年鑑』各年度版．（　）内は総人口に占める割合（%）を示す．

女性84.60歳である．2010年の頃には，男性の平均寿命も80歳を超えることが予測される．

　戦前及び戦後の奄美の平均寿命に関する統計資料はいまのところ持ち合わせていないが，死亡率が全国平均に比べて1958年においても3ポイントほど高かった（奄美の死亡率は10.3‰，鹿児島県8.2（同），全国7.4（同））ことから推測すると，奄美の平均寿命は，ゼロ歳児の死亡率が全国並に低下するまでは，ある程度短かったことが推測される．

　岡山県保健福祉部が作成した「平均余命の推移」（2003年1月）によれば，1947年から2002年度（第8回～第19回生命表）の死亡率を比較してみると，0歳から10歳代，20歳代，30歳代と若年層で大きく死亡率は低下している．

　奄美の出生率及び死亡率は表59にみるように，1955年には出生率16.8‰（パーミル），死亡率11.6‰，1歳未満の死亡率（1歳未満の死亡数／出生数）は4.33%（パーセント），死亡者数に占める1歳未満者の死亡数の割合は6.29%

表61 奄美の90歳以上人口（割合）の推移
(単位：人, %)

	1955	1965	1975	1985	2002
90歳以上人口(A)	76	275	452	933	1,804
総人口(B)	205,363	183,471	155,879	153,062	131,000
(A)/(B)×100	0.037	0.150	0.290	0.610	1.377

(出典)『奄美群島の概況』各年度版．

表62 奄美の島別の90歳以上の高齢者数と割合 (2002年9月1日現在)
(単位：人, %)

	総人口	90〜99歳	100歳〜	合計
奄美大島	73,034(100)	887(1.21)	53(0.07)	940(1.29)
喜界島	9,086(100)	160(1.76)	16(0.18)	176(1.94)
徳之島	28,426(100)	393(1.38)	21(0.07)	414(1.46)
沖永良部島	14,847(100)	227(1.53)	3(0.02)	230(1.55)
与論島	6,042(100)	120(1.99)	14(0.23)	134(2.22)
計	131,435(100)	1,787(1.36)	107(0.08)	1,894(1.44)
鹿児島県	1,794,224(100)	9,659(0.54)	190(0.011)	9,849(0.55)

(出典)『南海日日新聞』2002年9月6日．
(注) 奄美は2002年9月1日現在，鹿児島県は1999年10月1日現在の数値である．

であったが，75年にはそれぞれ14.6‰，9.5‰，1.79％，2.76％になり，さらに2000年には，10.0‰，11.4‰，0.61％，0.53％となった。1955年から2000年にかけて，出生率，乳幼児の死亡率の大幅な低下が認められるのである。

表60は，奄美と鹿児島県の1910（明治43）年以降の65歳以上人口の推移を示したものである。

奄美と鹿児島の65歳以上人口の総人口に占める割合は1910（明治43）年には4.90％と5.64％，1919年には5.27％と5.90％である。明治・大正期においては鹿児島県の方が奄美よりも高齢化率は高かったのである。

戦後の65歳以上の高齢者の推移をみてみると，いずれの年齢階層においても奄美が県を上回っている。とくに，90歳以上の年齢階層においては，奄美は県の約2倍である。

表61は，奄美における90歳以上人口（割合）の推移を示したものである。1955年から2002年にいたる47年間に総人口は36.2％減少したにもかかわらず，90歳以上人口は23.7倍も増加している。それは医療保健や食料事情，輸送通信手段の改善によるものである。

　1995年10月の国勢調査によれば，人口13万5,791人の奄美群島には100歳以上の人は58人おり，10万人当り42.7人（鹿児島県は10.6人）であったが，人口の減少にもかかわらず，その後も100歳以上の人口は増加し続け，2000年63人，01年97人，02年107人，10万人当り82.3人である。沖縄をも大きく上回っており，まさに日本一の"長寿の島"ということができるのである[178]。

　表62は，奄美の島別の90歳以上の高齢者数（割合）を示したものである。比較のために，県全体の数値を掲げている。年度は違うが，90～99歳人口の総人口に占める割合をみてみると，奄美諸島のいずれの島においても，県全体の割合に比較して2～3倍の高さである。とくに，100歳以上の人口をみてみると，県人口のわずか7.3％にすぎない奄美の100歳以上人口では56.3％を占めている。

　表63は，奄美諸島の男女別総人口に占める90歳以上人口とその割合を，比較のために奄美諸島と同様，離島である甑島と鹿児島県について示したものである。

　奄美諸島全体の90歳以上の男性の割合は，0.59％であるが，甑島（里村，上甑村，下甑村，鹿島村の合計）0.44％，県0.28％である。島別には，与論島0.94％，喜界島0.79％，沖永良部島0.68％，徳之島0.56％，奄美大島0.53％で，島の規模（面積）が小さい順に90歳以上人口の割合が高くなっている。いずれの島も甑島及び鹿児島県よりも高い割合を示している。

　女性については，奄美諸島全体では2.11％，甑島1.34％，県は0.78％であ

---

[178] 2001年10月1日現在の奄美群島と鹿児島県の高齢化率をみてみると，奄美群島は29.5％，鹿児島県は23.1％である。奄美の7町村で30％を超えている。宇検村は36.5％で，県内12位である。40％を超えたのは上甑村の46.3％をはじめ5市町村である（『南日本新聞』2002年2月5日）。

表63 男女総人口に占める90歳以上男女の割合

	男		女	
	総人口	90歳以上	総人口	90歳以上
奄美大島	35,579(100)	189(0.53)	40,253(100)	751(1.87)
喜界島	4,162(100)	33(0.79)	5,106(100)	143(2.80)
徳之島	13,995(100)	79(0.56)	15,161(100)	335(2.34)
沖永良部島	7,344(100)	50(0.68)	7,981(100)	180(2.26)
与論島	2,979(100)	28(0.94)	3,231(100)	106(3.28)
奄美諸島計	64,059(100)	379(0.59)	71,732(100)	1,515(2.11)
甑島	3,834(100)	17(0.44)	4,119(100)	55(1.34)
鹿児島県	840,980(100)	2,395(0.28)	951,244(100)	7,454(0.78)

(出典) 鹿児島県『1999年・鹿児島県統計年鑑』2000年刊行.

る。奄美諸島全体の割合は県の約3倍である。島別にみてもいずれの島も甑島及び鹿児島県よりも高い割合を示している。特に，与論島は県の4.2倍である。奄美大島を除いた他の4島では2％を超えている。奄美大島も市町村別にみると，名瀬市を除いて2％を超えている。奄美諸島は，男女共に長寿の島々であるといえるのである[179]。

---

[179] 徳廣茂は，長寿（率）の評価方法について次のように主張している。「一般に長寿の評価は，最高齢者がいるからとか，あるいは全人口に占める高齢者の割合を比べて行っている。しかし，それらは間違いだとはいえないまでも，少なくとも客観的な評価とは認められない。たとえば，後者の場合，同数の高齢者がいる地域でも若者の多い少ないによってその割合が異なってくるからである。奄美諸島のように過疎高齢化社会では高齢者率が高くなる。そこで，長寿評価の客観的手法の1つとして「65歳以上の人口に占める90歳以上の人口の割合」に100を掛けてみる。これを「長寿人口率」と称し，この割合を10万人単位に換算した人口数で比較する方法」を提案している。筆者もその方法はベターだと考える。
　徳方法によって，1997年度の鹿児島県の100歳以上者の地区別割合によっても，奄美地区は208.0で県全体の83.1の2倍以上である。2番目は指宿地区の92.2,3位は姶良地区の88.2である（徳廣茂著『生物資源王国「奄美」』p.15）。

2節　過疎化と少子高齢化

　表64にみるように, 1960年から2001年の間に, 人口が半分以下に減少した町村は, 大和村, 宇検村, 瀬戸内町, 住用村, 伊仙町の5町村であるが, 名瀬市を除いた10町3村は70年以降, 過疎地域に指定され過疎対策を実施してきたが, 人口減少を食い止めることはできていない[180]。これらの町村では, 人口の社会的減少のみならず, 現在では自然減少にも見舞われており, 年少人口, 生産人口が減少し, 社会の維持が困難になりつつある。60年には15歳未満人口は, 郡全体では40.2%を占めていたが, 01年には17.0%へと大幅に減少している。年少人口率をみると, 徳之島町は18.4%で, 県内では第1位である。上位5位までの中に, 郡内市町村が4つ（徳之島町, 天城町, 名瀬市, 与論町）入っている[181]。生産年齢人口は, 比率では高くなっている（50.9%

---

180) 1970年4月,「過疎地域緊急対策措置法」が制定された。その後, 同法は,「振興法」,「活性化法」と改正されてきた。同法の目的は, 人口の減少が進行中の地域に対し, 緊急の対策として生活環境におけるナショナル・ミニマムを確保しつつ, 開発可能な地域には産業基盤等を整備することにより, 人口の過度の減少を防ぐとともに, 地域社会の崩壊及び市町村財政の破綻を防止することにあった。過疎地域の要件としては, 人口要件及び財政力要件の両方を満たす市町村の区域とされ, 人口要件は1960年と65年の国勢調査人口を比較して10%以上減少していること, 財政力要件としては, 66年度から68年度までの3年平均の財政力指数が0.4未満であることとされた（過疎地域活性化対策研究会『過疎対策の現況』1998年度版, 1999年9月）。2000年現在, 全国で1,230市町村, 鹿児島県72市町村, 奄美群島では, 名瀬市と与論町を除く9町3村が指定されている。

181)『南海日日新聞』2002年2月5日。

182) 片桐資津子「少子高齢化の『離島福祉』と家族研究―『沖永良部的家族関係』の類型化とその普遍化の試み―」鹿児島大学全学合同プロジェクト『離島の豊かな発展のための学際的研究―離島学の構築―』(No.2), 2002年3月。なお, 2002年の合計特殊出生率は1.32に低下し, 将来の人口減少に歯止めがかかっていないことを示している。

終章 奄美における少子・高齢・長寿と医療福祉

表64 市町村別の年齢3区分別人口割合の推移

	1960				2001			
	総人口	15歳未満	15-64歳	65歳以上	総人口	15歳未満	15-64歳	65歳以上
名瀬市	42,539	38.2	55.7	6.1	42,493	17.8	62.4	19.8
大和村	5,105	40.3	52.1	7.6	2,113	16.9	52.9	30.1
宇検村	5,446	43.8	47.8	8.4	2,161	12.7	50.8	36.5
瀬戸内町	23,798	41.0	49.5	9.5	11,530	16.2	52.7	31.1
住用村	3,890	39.8	52.6	8.1	1,920	16.1	53.8	30.1
龍郷町	8,343	39.1	51.5	10.4	6,054	16.6	54.8	28.7
笠利町	11,126	40.8	50.1	9.9	6,901	15.1	54.2	30.7
喜界町	14,738	37.6	50.2	12.2	8,963	15.9	51.8	32.3
徳之島町	19,804	40.8	49.5	9.7	13,006	18.4	55.8	25.8
天城町	12,606	44.5	47.4	8.1	7,204	17.8	52.5	29.7
伊仙町	16,234	42.5	48.7	8.8	7,703	16.1	51.5	32.4
和泊町	12,231	40.0	49.0	11.0	7,614	17.0	54.7	28.3
知名町	12,831	40.6	49.1	10.3	7,347	15.9	56.1	28.0
与論町	7,792	39.3	51.1	9.6	6,049	17.5	56.3	26.2
計	196,483	40.2	50.9	8.9	131,058	17.0	56.7	26.4

(出典) 大島支庁『奄美大島の概況』(1961年度版) 及び県統計課調査 (2003年2月).
(注) 1960年当時は, 龍郷村, 笠利村, 天城村, 伊仙村, 与論村であった.

から56.7%へ) が, 絶対数では大幅に減少 (10万人から7万43百人へ) している。65歳以上人口は8.9%から26.4%へと大幅に増加している。7町村で高齢化率が30%を超えている。

社会学的な観点から少子高齢化と医療福祉の問題を調査研究されている片桐資津子 (鹿児島大学法文学部) は, 「わが国の高齢化は少子化とセットになって急速に進展しているところにその特徴がある。少子化現象とは, 合計特殊出生率が著しく減少することである。日本の合計特殊出生率は1.34 (2000年) まで低下している。2.08で現在の人口が維持できることを意味しているので, 1.34という数字はかなり危機的であると想定される。こういった人口激減は生産労働人口が減ることを示唆しており, 経済成長が停滞する危惧がある。

---

183) 片桐前掲論文。

また年金や老人医療費の激増等も合わせて心配されている。」と指摘している[182]。

　厚生省が1999年5月に発表した全国市町村の合計特殊出生率によると，全国第1位は和泊町の2.58，ついで喜界町，天城町，伊仙町，知名町と上位5位までを占めており，徳之島町は8位である。10位までに入っている町村は，すべて島嶼または山間部の町村である。

　なぜ，奄美の市町村，とりわけ，沖永良部島（和泊町と知名町）は，合計特殊出生率が高いのであろうか。

　2001年2月，和泊町で開催された「少子化問題シンポジューム」で，和泊町の高出産率の要因について，「家族・地域全体で子育てを支援する気風などがあり，出産や育児に対する安心感を育んでいる」と指摘されている。気候温暖・人情温和・勤勉な農業の盛んな沖永良部島なるがゆえの結果だと考えられる。とはいっても，前出の片桐も指摘しているように，「子作り・子育て天国」であるというわけではない[183]。というのは，和泊町，知名町ともに，60～01年の間の人口減少率は37.7%と42.7%に及んでおり，また，高齢化率においても両町とも28%を超す状態にあるからである。

　高齢化社会は，医療福祉問題にも大きく波及する。2000年度に施行された介護保険制度では，保険者である各市町村が保険料を含む介護保険事業を3年ごとに見直しをすることになっているが，奄美群島内でも介護保険料の引き上げが相次いでなされている。名瀬市では第1期の保険料は月額800円であったが，03年度から5,500円に引き上げられた。郡内すべての市町村で引き上げが行われた。わが国の1999（平成11）年度の医療費総額は30兆円を超える見込みで，しかも年々増加傾向をたどっている。国民1人当りの医療費は約25万円である。奄美の人口は約13万5千であるが，1人当りの医療費を25万円とすると，医療費総額は362億5千万円となる。うち，国民健康保険による総医療費は262億6百万円で，老人分医療費だけで157億16百万円，全体の60%に及んでいる。離島の場合，大がかりな手術や救急医療はもちろんのこと，眼科の治療や人間ドックの受診のために，名瀬市や鹿児島市までこなければならない。医療費のほかに，旅費・宿泊費や仕事の休暇を考えると，離島の

人々は本土に比べて，医療費以外のより多くの経済的・精神的な負担をしていることになる。なお，人口1万4千人の沖永良部島の老人医療費総額（老人医療受給者2,806人）は23億40百万円で，老人1人当りの医療費は83万5,760円である。それゆえに，ヒューマン・ベイシック・ニーズである島嶼医療システムの拡充整備が必要である。和泊町では，老人医療費がサトウキビの生産額を超えている。今後，健康づくりを推進して，医療費の軽減に努める方針であるという[184]。

む　す　び

戦後の50年間に，奄美の人口は35%減少したにもかかわらず，90歳以上人口は23.7倍も増加したのは，医療保健技術や施設，運輸通信情報手段の発達とともに，食料事情の改善等によるものである。これらは，従前，離島である奄美諸島がもっていたハンデイキャップが改善されたことによるものである。これには奄美群島振興開発計画による諸事業が大きな役割を果たしたことはいうまでもない。とはいっても，奄美には明治生まれの人（90歳以上の人）が2003年3月現在，1,894人いる。総人口に占める割合は1.44%である。医療保健の施設や技術，交通通信手段，運輸通信手段が日本本土においてもそれほど発展していなかった明治という時代に，絶海の離島といわれた奄美諸島に生まれた人々が90歳以上を生きてこられたというのは，個人のもって生まれた遺伝子的なものに加えて，自然的・社会的環境に恵まれていたことによるものである。つまり，人間の寿命を司さどるテロメアを作る酵素テロメラーゼの生産に好都合な条件が存在するのかも知れない。

奄美を含めた島嶼には，まだ「子は家の宝・地域の宝」という考えが根強く残っている。出産や子育てのしやすい環境づくりや支援とともに，若者が働ける職場，住みたくなる環境，高齢者が安心して健やかで和やかな老後が遅れる

184）2002年10月30日に開催された和泊町教育懇談会における泉貞吉和泊町長談による。

ような長寿社会のための制度や施設の整備が必要である[185]。このような条件整備には，住民の主体的な参加と多額の資金が必要である。財政面においては，地方自治体の自助努力だけでは困難である。国による福祉，教育，環境，産業の整備が必要である[186]。

　奄美の研究者の1人として，奄美の市町村が人々の生活の場として，21世紀の全国的なモデルになるような「町づくり・村づくり」を期待しているところである。

---

185) 2003年6月，「少子化社会対策基本法案」が国会に提出されている。中山太郎衆議員によれば，法案提出の理由は，「日本の少子高齢化のスピードは世界でも例をみない。15歳から64歳の生産年齢人口が減少し，高齢化が進むと，社会保障制度の基盤が破綻し，産業面でも労働力不足は深刻化する」からであるという（『朝日新聞』2003年6月12日）。

186) 和泊町では2002年3月，「子育て支援計画——和泊子どもハッピープラン」を策定した。施策の目標として，1.安心して子育てをするための体制づくり，2.夢をもって子どもを育てる環境づくり，3.ゆとりのある子育てのための環境づくり，をかかげ，きめの細かい施策を展開している。

あとがき

　歴史や政治・経済は，人間の営みや活動によってつくられ，支えられる。人間は与えられた自然的・社会的な環境や制度・慣習に拘束・規定されることもあれば，それらを打破・克服して新たな地平を切り拓いていこうとするものである。

　奄美に生きた人々は，外海島嶼という厳しい自然的・社会的と，政治的・経済的には，中心部と周辺部という関係の中で，弱者の立場，忘れ去られた島々としての立場に置かれてきた。

　復帰後は，再び日本の完全な主権の下におかれ，行政，立法，司法等の諸制度が施行され，また，国土政策や地域政策の一環として，奄美群島特別措置法を中核として，本土との一体化，地域格差是正やシビル・ミニマムを保証するために巨額の国家資金が投入された。経済社会の復興・振興・開発は大いに進んだが，反面において，人口減少（過疎化）と少子高齢化が進行し，経済・財政は衰退し，自立性の低下，他力依存的傾向が強まてきた。つまり，いま，奄美群島は，開発と自立のジレンマに陥っているといえるのである。そのジレンマをいかに解決し，克服していくか，いま奄美群島が直面しているが大きな課題である。

　復帰に伴う奄美群島復興事業と高度経済成長は，奄美群島の島々に本土化・近代化をもたらし，その結果，「ムラ」や「シマ」の組織・慣行・景観も大きく変わっていった。1960年頃までは，役人，教師，医者等の特別な職業人でなければ，鹿児島や大阪・神戸・東京はもとより，島外に旅行するという人はほとんどいなかったし，日刊新聞を定期購読している人も名瀬市周辺を除いてほとんどいなかった。60年代に入って，奄美群島をめぐる諸条件は大きく変わっていった。

　「ムラ」や「シマ」では，ガジュマル，ソテツ，アダン，シュロ等の亜熱帯植物の防風林が伐採され，代わりに外来種のモクマオウが植えられ，石垣の塀

が取り壊されて，ブロックの塀にかわった。飲料水も川水や雨水の濾過水に代わって完全に消毒された水道水になり，下水道も整備された。水田や村の杜(もり)が消え，砂浜やアダンの自然海岸はコンクリートの人口防波堤にとって代わられた。赤土の農道は舗装された自動車道になった。シマムニ（方言），シマ唄，伝統行事，相互扶助システムも衰退していった。

　復帰50年は，このようにして，本土化・近代化をもたらし，所得も福祉も機会便益（チャンスを生かすことで利益をうること）も格段に向上した。学校を卒業して，本土へ就職しても言葉や学力の壁はほとんどなくなってしまった。しかしながら，奄美の所得水準や機会便益を本土と比較した時，依然として「格差」が存在する。この「格差」を是正するために，「奄美振興開発特別措置法」を継続延長していくのか，それとも，奄美と本土の別の格差，たとえば，奄美独自の文化，伝統，自然，産業を創造していくことで，本土との違いを作り出すために，同法を刷新延長していくのか，あるいは，二者択一ではなく，両者をいかに融合させていくのか，問われている。従来のような開発政策を遂行していけば，ますます外部依存性が高まり，自立化の道はさらに遠のくであろうし，郡民の主体的な取り組みによる郡内資源を最大限に活用した内発的な開発政策は，自立（律）性を高めていくであろう。開発と自立のジレンマを克服し，開発と生態系の調和が図をいくためにも，従来の方針の見直しが必要である。行政も郡民も奄美の価値を再認識し，次第に前者から後者の方へ方向転換しつつあり，2004年度以降の事業計画（案）にもそのような方向性が打ちだされることを期待したい。

【参考文献・資料】

久野謙次郎著『南島誌』(第1,2,3分冊) (1895年3月,但し,執筆は1873年)。
外務省特・資料部編『日本占領及び管理重要文書集』第2巻,1950年。
鹿児島県商工振興課『奄美群島の開発に関する総合調査―大島紬関係抜粋』1951年。
鹿児島県広報渉外課『奄美群島の現況』1953年。
奄美地方庁「奄美大島経済の窮状」『自由』Vol.5, No.5 (1953年5月号)。
琉球政府統計部『奄美群島概況』(琉球統計報告別冊) 1953年。
鹿児島県『奄美群島視察報告書』1954年。
名瀬市『市勢要覧』1954年。
鹿児島大学南方産業科学研究所『奄美大島学術調査概要報告』1955年8月。
九学会連合奄美大島共同調査委員会『奄美の島々』毎日新聞社,1956年4月。
北川隆吉「田検部落の社会組織―経済構造と社会集団との関連―」『人類科学』
　XI,1958年度九学会連合年報。
名瀬市役所『名瀬市財政実態調査報告書』1958年12月。
九学会連合奄美調査委員会編『奄美―自然と文化』日本学術振興会,1959年。
鹿児島県大島支庁『奄美産業の展開構造―笠利村―』1961年1月。
名瀬市『名瀬市行財政実態調査報告書』1962年9月。
鹿児島県『奄美群島復興の成果』1963年12月。
大熊壮年団『大熊誌』1964年。
名瀬市誌編纂委員会編『名瀬市誌』1968年。
鹿児島県大島支庁『大島郡民所得推計報告書』1969年度。
沖縄返還同盟奄美支部編『奄美の復帰と復興』1969年4月。
徳之島町誌編集委員会『徳之島町誌』1970年。
村山家国著『奄美復帰史』南海日日新聞社,1971年。
九州経済調査協会『奄美群島の開発に関する総合調査』1971年7月。
岡本清著『足利・桐生の絹織物業の賃織制度と買継の性格の分析』1971年。
笠利町誌執筆委員会『笠利町誌』1973年。
奄美ペン会議編『道之島通信』第3号,1974年12月。
高橋良宣「奄美群島の域際収支」鹿児島経済大学地域経済研究所『地域研究』第6巻
　第2号,1976年12月。

島尾敏雄『名瀬だより』農山漁村文化協会，1977年。
九大・鹿大・鹿児島県短大総合研究『大島紬の生産，流通に関する調査』1979年3月。
松田清著『奄美社会運動史』JCA出版，1979年5月。
名瀬市紬観光課『本場大島紬産地診断勧告書』1979年。
中村安太郎著『祖国への道』文理閣，1980年。
和泊町・知名町『亜熱帯の島―沖永良部島』1980年。
松原治郎編著『地域の復権』学陽書房，1980年。
名瀬市観光課『昭和54年度本場奄美大島紬産地診断勧告書』1980年。
松原治郎・戸谷修・蓮見音彦編著『奄美農村の構造と変動』御茶の水書房，1981年。
本場奄美大島紬協同組合『本場奄美大島紬協同組合創立80周年記念誌』1981年。
鹿児島県水産商工部『鹿児島県の地場産業―地場産業実態調査報告書―』1981年3月。
奄美ペン会議編『道の島通信』(松田清発行) 第1号～第80号 (1974年9月15日～1981年4月15日)。
九学会連合奄美調査委員会編『奄美―自然・文化・社会―』弘文堂，1982年。
知名町誌編集委員会『知名町誌』1982年。
奄美郷土研究会編『軍政下の奄美―日本復帰30周年記念誌―』1983年。
鹿児島県『奄美群島振興開発総合調査報告書』1983年。
和泊町誌編集委員会『和泊町誌』(歴史編，民俗編) 1985年。
下野敏見著『ヤマト文化と琉球文化』PHP，1986年。
関満博著『伝統的地場産業の研究―八王子機業の発展構造分析―』中央大学出版部，1986年6月。
大島本島南部地域振興調査会『大島本島南部地域振興調査報告書』1987年3月。
大島本島南部地域振興調査研究会『大島本島南部地域振興調査報告書』1987年3月。
沖縄国際大学南島文化研究所『鹿児島県大島郡瀬戸内町調査報告書1～5』1987～90年。
名瀬市『なぜ―市制施行40周年記念市勢要覧』1987年7月。
龍郷町誌編纂委員会『龍郷町誌』(歴史編) 1988年。
喜界町『喜界―88町勢要覧』1988年3月。
鹿児島県『奄美群島振興開発総合調査報告書』1988年3月。
亀井フミ著『祖国復帰運動覚書・夢ごよみ』夢ごよみ刊行会，1988年。
皆村武一著『奄美近代経済社会論』晃洋書房，1988年。

与論町誌編集委員会『与論町誌』1988年。
山田誠「奄美群島振興開発事業と地域振興」仲村政文編『過疎地域における産業の構造的特質と政策効果に関する実証的研究―奄美群島を事例として―』1989年度科学研究員補助金総合研究(A)研究成果報告書。1990年3月。
横山政敏「大島紬と地域経済」仲村政文編『過疎地域における産業構造の構造的特質と政策効果に関する実証的研究―奄美群島を事例として―』平成元年度科学研究費補助金，総合研究（A）研究成果報告書，1990年3月。
拵嘉一郎著『喜界島風土記』（神奈川大学日本常民文化叢書1）平凡社，1990年4月。
沖縄国際大学南島文化研究所『鹿児島県大島郡瀬戸内町調査報告書』(1)～(5) 1990年。
宮山清著『黒潮の譜―戦時中の十島記―』自家製本，1991年。
大島郡笠利町勢要覧『かさり』1991年度版。
奄美振興研究協会編『奄美自立化指標調査報告書』1992年3月。
深佐源三著『アメリカ占領下の苦難の奄美―うらみの北緯30度線―』1992年10月。
実島隆三「奄美返還の記録―公開外交文書から―」『南海日日新聞』1991年11月14日～1992年12月25日。
基俊太郎『島を見直す』南海日日新聞社，1993年。
鹿児島県統計課『物資流通実態調査』1993年。
水野修著『炎の軌跡―奄美復帰の父・泉芳朗の半生―』潮風出版社，1993年。
奄美振興研究協会編『奄美経済自立化指標調査報告書』1993年3月。
西村富明著『奄美群島の近現代史』海風社，1993年。
鮫島正道著『東洋のガラパゴス―奄美の自然と生き物たち―』南日本新聞社，1995年。
吉田慶喜著『奄美の振興開発―住民からの検証―』あまみ庵，1995年。
皆村武一著『戦後日本の形成と発展―占領と改革の比較研究―』日本経済評論社，1995年。
薗博明「奄美の自然と開発―やり過ぎた開発のツケをだれが払うのか―」（ゲラ刷り），1995年。
名瀬市紬商工課95年度『本場奄美大島紬従業者実態調査』1996年。
名瀬市誌編纂委員会『名瀬市誌』上・下，1983年及び『改訂名瀬市誌』第1～3巻，1996年版。
宇検部落郷土誌編集委員会『宇検部落郷土誌』1996年。
森崎和江・川西到著『与論島を出た民の歴史』葦書房，1971年12月，1996年5月

(改訂版)。
実島隆三著『あの日あの時』南海日日新聞社, 1996年9月。
鹿児島県農政部『奄美群島振興開発総合調査報告書(案)』1997年9月。
鹿児島県農政部『奄美群島振興開発総合調査報告書』1997年9月。
九州電力株式会社『国際化時代における九州地場産業の展開動向』九州電力株式会社事業開発部地域振興室発行, 1998年3月。
鹿児島県『奄美群島振興開発総合調査報告書』1998年10月。
山下欣一著『南島説話生成の研究』第一書房, 1998年。
小川秀樹著『イタリアの中小企業』日本貿易振興会, 1998年。
鹿児島県立短期大学地域研究所編『奄美群島の経済社会の変容』1999年。
先田光演『奄美の歴史とシマの民俗』まろうど社, 1999年。
奄美振興研究協会『奄振研15年のあゆみ』1999年3月。
和泊町『第4次和泊町総合振興計画―平成12年度―平成21年度―』1999年12月。
喜界町誌編纂委員会『喜界町誌』2000年。
九州農政局鹿児島統計情報事務所編集『かごしまの花卉』2000年3月。
皆村英治著『皆川字のあゆみ』(株)コラム印刷, 2000年。
九州農政局鹿児島統計情報事務所編集『かごしまの花卉』2000年3月。
アマルティア・セン著, 石塚雅彦訳『自由と経済開発』日本経済新聞社, 2000年6月。
鹿児島県の農政部農産課『サトウキビ及び甘蔗糖生産実績の推移』2000年7月。
徳廣茂著『生物資源の王国「奄美」』技報堂出版2000年11月。
仲村政文「奄美群島の日本復帰と大島紬絹織物業―市場問題を中心に―」鹿児島短期大学付属南日本文化研究所, 叢書26号 (2001年1月) 所収。
皆村武一「島嶼経済の自立の可能性について―奄美を事例にして―」鹿児島大学全学合同プロジェクト『離島の豊かな発展のための学際的研究―離島学の構築―』2001年3月。
鹿児島県名瀬市『統計書―なぜ』1991, 94, 97, 2001年度版。
冨永茂人「鹿児島県島嶼域の果樹農業」鹿児島大学多島圏研究センター第3回『多島域における小島嶼の自立性』コロキウム報告要旨 (2001.2.19)。
名瀬市産業振興部紬観光課紬特産係『本場奄美大島紬及び特産品振興策』2001年。
鹿児島県地方自治研究所編『鹿児島における開発政策と地方財政』2001年3月。
鹿児島県『かごしま農業・農村ビジョン21』2001年3月。
鹿児島県企画部『平成12年度大島郡民所得推計報告書』2001年3月。

地方財務協会刊「市町村決済状況調」平成11年度版2001年3月。
南海日日新聞社編『それぞれの奄美論・50―21世紀への序奏―』南方新社, 2001年5月。
古川俊一・北大路信郷『公共部門評価の理論と実際』日本加除出版, 2001年12月。
財団法人・国土計画協会『奄美群島における情報通信技術を活用した振興策に関する調査研究——報告書概要版―』2002年3月。
高橋彦芳・岡田知弘著『自立をめざす村―長野県栄村―』自治体研究社, 2002年7月。
日本甘蔗糖工業会『日本甘蔗糖工業会年報』第37号, 2002年7月。
鹿児島県企画部交通政策課『鹿児島県離島物流効率化検討委員会参考資料』2002年8月。
鹿児島県『奄美群島振興開発意向調査報告書』2002年9月。
下野敏見・松下志朗編『鹿児島の湊と薩南諸島』吉川弘文館, 2002年11月。
友岡学他著『田舎の町村をつぶせ！』南方新社, 2002年。
民間版「奄振」委員会「奄振新法の骨格つくり」懇談会政策提言「21世紀にふさわしい新しい奄美の骨格つくり―『奄振新法の骨格』民間からの提案―」2002年11月25日。
吉野清勇・岩井茂彦編著『奄美漁業誌』奄美群島水産振興協議会2002年。
鹿児島県『鹿児島県統計年鑑』各年度版。
鹿児島県大島支庁『奄美群島の概況』各年度版。
佐竹京子編著『軍政下奄美の密航・密貿易』南方新社, 2003年1月。
間弘志著『全記録分離期・軍政下時代の奄美復帰運動, 文化運動』南方新社, 2003年2月。
国土交通省都市・地域整備局『奄美群島における経済自立化調査』(報告書), 2003年3月。
鹿児島県『奄美群島振興開発総合調査報告書』2003年3月。
鹿児島県大島支庁『奄美群島の概況』2002年度版, 2003年3月。
名瀬市産業振興部紬観光課紬特産係『本場奄美大島紬及び特産品振興策』。
鹿児島県統計協会『市町村民所得推計報告書』各年度版。
鹿児島県企画部情報統計課『大島郡民所得推計報告書』各年度版。
奄美瑠璃懸巣之会『ルリカケス』1号（1980年7月）～30号（2003年5月）。
鹿児島県大島支庁・奄美群島農政推進協議会『奄美農業の動向』1981年版～各年度版。

日本甘蔗糖工業会『日本甘蔗糖工業会年報』各年度版。
名瀬市中央青果株式会社『名瀬市地方卸売市場の青果物流通の現状』2003 年 3 月。
古川俊一・北大路信郷「統計でみる高齢・長寿王国の奄美諸島」鹿児島大学全学合同プロジェクト『離島の豊かな発展のための学際的研究―離島学の構築―』2003 年 3 月。
鹿児島県, 2003 年 3 月。
楠田豊春著『奄美群島日本復帰 50 年の回想』楠田書店, 2003 年 4 月。

(沖縄関係)
真境名安興著『沖縄現代史』琉球新報社, 1967 年。
九学会連沖縄調査委員会『沖縄―自然・文化・社会―』弘文堂, 1976 年。
(財) 沖縄地域科学研究所『沖縄振興開発論の系譜Ⅲ』1978 年 3 月。
仲原善忠著『琉球の歴史』文教図書, 1978 年。
沖縄県『沖縄振興計画の後期における課題と施策及び県事業計画』1978 年 2 月。
沖縄県『沖縄振興開発計画の後期における課題と施策及び県事業計画』1978 年 2 月。
財団法人・沖縄地域科学研究所『沖縄振興開発論の系譜Ⅲ』1978 年 3 月。
真栄城守定著『沖縄経済―格差から個性へ―』ひるぎ社, 1986 年。
嘉数啓著『島しょ経済』ひるぎ社, 1986 年。
来間泰男『沖縄経済論批判』日本経済評論社, 1988 年 3 月。
向井清史著『沖縄近代経済史』日本経済評論社, 1988 年。
来間泰男著『沖縄経済論批判』日本経済評論社, 1990 年。
与那国暹著『ウェーバーの社会理論と沖縄』第一書房, 1993 年。
山本英治・高橋明善・蓮見音彦編著『沖縄の都市と農村』東京大学出版会, 1995 年。
琉球新報政経部編『沖縄農業の最先端』琉球新報社, 1998 年。
高橋明善『沖縄の基地移設と地域振興』日本経済評論社, 2001 年。
松島泰勝著『沖縄―島嶼経済史―』藤原書店, 2002 年。
嘉数啓「島嶼経済の自立をめぐる諸課題」日本島嶼学会『島嶼研究』第 3 号, 2002 年 10 月。

索引

[あ行]

奄美大島　1, 19-20, 25
奄美大島母国政府連絡会　42
奄美大島日本復帰協議会　5, 35, 42, 45
奄美群島振興計画　65-74
奄美群島振興開発計画　77-87
奄美群島復興特別措置法　1, 4, 47, 53, 58, 78, 153, 179, 219
アマミノクロウサギ　186, 187
伊波普猷　18
ウリミバエ　201
ウルグアイ・ラウンド　133
域際収支　173, 190
泉芳朗　5, 45
遠隔地補正　60
大島郡振興計画　23, 26-29, 75, 101
大島紬　21, 38, 55, 71, 108, 115-8, 192
沖縄振興開発計画　3, 4, 23, 75-6, 102, 105
沖永良部島　1, 15, 19, 45, 80, 93, 143, 146, 195

[か行]

嘉数啓　167, 185
格差是正　45, 60, 65, 76, 80, 191
家計呂麻島　1, 162
過疎地域振興法　78, 162, 215
金久正　7
ガリオア資金　40, 43
環境保全型農業　110, 153
甘味資源　54, 122, 143
喜界島　1, 143, 146, 163, 201
近代経済合理性　104, 108, 142, 192
近代経済理論　166, 173-6
九学会連合　2, 11, 21, 23
旧慣温存　10, 13, 14
来間泰男　14, 17
グローバル化　4, 149, 205

経済停滞　13, 16
限界消費性向　92
合計特殊出生率　217
高度経済成長　20, 48, 69, 77
公共事業　2, 3, 52, 66, 71, 90, 93
甑島　211-3
黒糖焼酎　148-9
国土総合開発（法）　47
国民所得倍増計画　48
講和条約　10, 20, 44, 49

[さ行]

財政移転　180, 188
財政再建団体　60, 73, 158
サトウキビ（糖業）　108, 121-49
サトウキビ戦争　129
ザル経済　94, 95
自然の権利訴訟　96, 188
島尾敏雄　7, 19
下田将美　11, 25
下野敏見　11, 19, 25
乗数効果　91, 92, 94, 156
自立経済　3, 54, 87, 101, 118, 167, 173, 180, 191
自立収支　174, 179
循環型社会　111, 147, 194, 200, 205
世界自然遺産　1, 188
信託統治　44, 49
生活保護　82, 98, 100, 191
生産力格差　174, 176
瀬戸内町　85, 162-3
セン，A.　3, 110
全国総合開発計画　47, 65, 73, 77
相互扶助制度　206
ソテツ地獄　25
薗博昭　96

[た行]

ダレス声名　41, 43, 44-45
知名町　84, 196, 207, 215
地場産業　97, 113-4
地方交付税　50, 55, 60, 67, 73, 89, 164
地方債残高　84
地方分権　4, 112, 164, 205
長寿の島　95, 207, 212
町村合併　162
通貨交換　48
停滞社会　12, 14
伝統工芸品　114
伝統社会（慣習）　10, 12, 14, 20, 102
糖価安定法　125, 126
島嶼経済　168, 183
徳之島　1, 19, 201, 207
独立経済　26, 28
トロピカル・フルーツ　204

[な行]

内発的発展　35
中江兆民　1
仲原善忠　18
名瀬市　8, 44, 60, 84, 151, 155, 164
南西諸島　1, 10, 21, 49, 51, 122, 187
２．２宣言（プライス宣言）　31, 35
西沢栄一郎　111
昇曙夢　8
ニミッツ　45

[は行]

廃藩置県　13, 15
蓮見音彦　11, 22
パッション・フルーツ　204
B円　41, 49, 50

比較優位　116, 172, 186, 193, 205
復帰運動　11
平均寿命　205-7
米国軍政府　1, 31, 37, 44, 48, 53

[ま行]

マッカーサー　45
松原治郎　11, 21, 112
満州開拓団　27
水野修　35, 45
ムラ　13, 19, 219
村山家国　11, 44, 71
明治維新　9
基俊太郎　95-6
モノカルチュア　14, 106, 168, 171

[や行]

柳田国男　8, 11, 18
ヤポネシア　19
山田誠　102-5
ヤマト文化　19
ユイ　17, 18
吉田慶喜　107, 110
与那国遥　12, 14
与論島（町）　1, 27, 28, 45, 160-1, 208

[ら行]

離島振興法　47, 51-2, 95, 103, 191
琉球処分　9
連合国の占領政策　32

[わ行]

ワトキンス文書　31
和泊町　147, 196, 207, 215

【著者紹介】

皆村　武一（みなむら　たけいち）
　1945年（昭和20年），鹿児島県沖永良部島に生まれる．1968年，鹿児島大学文理学部卒業．1973年，九州大学大学院経済学研究科博士課程単位取得退学．1977〜78年，イタリア・シエナ大学経済学部留学．現在，鹿児島大学法文学部教授（国際経済論），経済学博士（九州大学）．
　著書『イタリアの戦後改革—戦後経済序説—』（晃洋書房，1985年）
　『奄美近代経済社会論—黒砂糖と大島紬経済の展開—』（晃洋書房，1988年）
　『近代の鹿児島』（高城書房，1990年）
　『戦後日本の形成と発展—占領と改革の比較研究』（日本経済評論社，1995年）
　『「ザ・タイムズ」にみる幕末維新』（中公新書，1998年）
　『鹿児島県の歴史』（共著）（山川出版，1999年）

戦後奄美経済社会論——開発と自立のジレンマ——

2003年7月25日　第1刷発行　　　定価（本体3000円＋税）

著　者　皆　村　武　一
発行者　栗　原　哲　也

発行所　株式会社　日本経済評論社
〒101-0051　東京都千代田区神田神保町3-2
電話 03-3230-1661　FAX 03-3265-2993
E-mail : nikkeihy@js7.so-net.ne.jp
URL : http://www.nikkeihyo.co.jp

装丁＊静野あゆみ(ハリロン・デザイン)　　印刷＊新栄堂　製本＊協栄製本

©MINAMURA Takeichi, 2003　　　　　　　　Printed in Japan
乱丁落丁本はお取替えいたします．　　　　　ISBN 4-8188-1535-7

Ⓡ〈日本複写権センター委託出版物〉
本書の全部または一部を無断で複写複製（コピー）することは，著作権法上での例外を除き，禁じられています．本書からの複写を希望される場合は，日本複写権センター（03・3401・2382）にご連絡ください．

| 皆村武一著
戦後日本の形成と発展
―占領と改革の比較研究―
0817-2 C3036　　　A5判　530頁　7200円 | 近年公開された占領期の新資料を駆使して、占領政策が日本経済に及ぼした影響、軍政下の琉球列島に対する政策を分析。ドイツ、イタリアにおける占領の比較もする。　　　（1995年） |

| 向井清史著
沖縄近代経済史
―資本主義の発達と辺境地農業―
0240-9 C3033　　　A5判　342頁　5500円 | 日本の資本主義発展のなかで、沖縄がもつ経済的内部構造、農村社会の階層的構造を、膨大な資料分析を通して実証的に究明する。新視点による沖縄史。　　　（1988年） |

| 三木　健著
沖縄・西表炭坑史
0896-2 C0036　　　四六判　224頁　2200円 | 沖縄の南端・西表島では、明治初年から約70年間、幾千人もの坑夫たちが汗と血を流した。沖縄の歴史からも切り離されてきた彼らの全体像に迫る。　　　（1996年） |

| 三木　健著
ドキュメント・沖縄返還交渉
1188-2 C0036　　　四六判　350頁　2600円 | 「核ぬき・本土なみ」を求める国民の願いをよそに、沖縄の返還は冷戦の力学に翻弄される。30年前、第一線の記者が具に記録した、迫真の"沖縄返還交渉"ドキュメント！　　　（1999年） |

| 来間泰男著
沖縄経済論批判
0357-X C3033　　　四六判　340頁　2500円 | 沖縄の本土復帰から24年。沖縄経済の性格を「基地経済」と捉える見方が多い。戦前から現代までの関係主要論文を詳細に検討し、鋭い批判を展開する著者30年余の沖縄経済論。（1990年） |

| 来間泰男著
沖縄経済の幻想と現実
0982-9 C3036　　　四六判　340頁　3000円 | 沖縄経済の特質をふまえ、日本復帰後の状況分析から、自由貿易地域をめぐる議論とアメリカ軍事基地とその経済の関係等について問題の本質をさぐる。1998年度伊波普猷賞受賞。　（1998年） |

| 高橋明善著
沖縄の基地移設と地域振興
1331-1 C3036　　　A5判　480頁　6500円 | 沖縄の基地移設は何を解決しようとするのか、地域振興にどれほどの効果があるのか。沖縄社会の特色を踏まえ、県民の本音に耳を傾け、住民主体の振興策を日常の中に捉えた、著者永年の結晶。（2001年） |

| 冨山一郎著
戦場の記憶
0812-1 C3036　　　四六判　190頁　1800円 | 戦場には、命令としての死がある。それゆえに、戦場の記憶は、人間性に深く影響を与える。沖縄と南洋諸島の戦場で何が行われたかを検証しつつ「戦争」を掘り下げる。　　　（1995年） |

| 冨山一郎著
近代日本社会と「沖縄人」
―「日本人」になるということ―
0444-4 C3036　　　A5判　320頁　3200円 | 近代資本主義社会の論理が「沖縄人」をつくり上げる過程で、「立派な日本人」になるために沖縄出身者はいかなる営為を展開したか？沖縄民衆の深部に視座を置く近代日本社会論。（1990年） |

| 白井　厚編
大学とアジア太平洋戦争
―戦争史研究と体験の歴史化―
0903-9 C3036　　　A5判　452頁　5800円 | 「太平洋戦争と慶応義塾」のテーマでスタートした調査は、戦争体験や戦時下の各大学の状況ならびにその国際比較にまで及ぶ。戦後50年の反省と将来の展望に向けた渾身の「戦争史」。（1996年） |

表示価格に消費税は含まれておりません